Jack London

Männergeschichten · Frauengeschichten

Jack London
(1876–1916)

Jack London

Männergeschichten Frauengeschichten

Abenteuerliche Leben

Neu übersetzt und herausgegeben
von Herbert Schnierle-Lutz

marixverlag

Inhalt

Männergeschichten

Krieg 9
Der Wahnsinn des John Harned 18
Ein Stück Fleisch 41
Wie Argos in den alten Zeiten 69
Es lebe der Mann auf dem Trail 110
Das Vertrauen der Männer 124

Frauengeschichten

Die große Frage 147
Siwash 167
Eine Tochter des Nordlichts 186
Goldblüte 200
Die Nachtgeborene 222

Anhang

Nachwort 243
Wort- und Sacherklärungen 248
Quellenverzeichnis 254

Männergeschichten

Krieg

I

Er war ein junger Mann, nicht älter als vier- oder fünfundzwanzig, und er hätte auf seinem Pferd mit der unbekümmerten Lässigkeit der Jugend gesessen, wäre er nicht so katzenartig angespannt gewesen. Seine schwarzen Augen musterten alles genau, bemerkten jede Bewegung von Zweigen und Ästen, auf denen kleine Vögel herumhüpften, suchten beständig die neu auftauchenden Bäume und Büsche ab und kehrten dann wieder zurück zu dem Gestrüpp zu beiden Seiten. Und so wie er beobachtete, lauschte er auch, während er dahinritt durch eine Stille, die nur von dem Donnern schwerer Kanonen weit im Westen unterbrochen wurde. Dieses drang bereits seit Stunden monoton an seine Ohren, sodass lediglich eine Unterbrechung seine Aufmerksamkeit erregt hätte. Die Aufgabe, die er zu erledigen hatte, war mehr hier in der Nähe. Quer über seinem Sattel lag ein Karabiner.

Er war so angespannt, dass eine Schar Wachteln, die plötzlich vor der Nase seines Pferdes explosionsartig aufflog, ihn in solchem Maße erschreckte, dass er unwillkürlich das Pferd zügelte und den Karabiner halb zur Schulter hochriss. Er grinste verlegen, fasste sich wieder und ritt weiter.

Er war so angespannt, so konzentriert auf die Aufgabe, die er zu erledigen hatte, dass ihm der Schweiß in die Augen lief, ohne dass er ihn wegwischte, und unbeachtet an seiner Nase herunterfloss und auf seinen Sattelknauf tropfte. Das Band seines Kavalleristenhutes war fleckig von frischem Schweiß. Der Fuchsschimmel unter ihm war ebenfalls schweißnass.

Es war zwölf Uhr mittags an einem atemraubend heißen Tag. Sogar die Vögel und Eichhörnchen getrauten sich nicht in die Sonne, sondern versteckten sich an schattigen Stellen in den Bäumen.

Der Mann und das Pferd waren von abgestreiftem Laub bedeckt und von Blütenpollen bestaubt, denn sie wagten sich nicht weiter als unbedingt nötig ins offene Gelände hinaus. Sie hielten sich im Gebüsch und unter den Bäumen, und stets hielt der Mann an und spähte prüfend hinaus, bevor sie eine freie Lichtung oder eine buschlose Weide des Hochlandes überquerten.

Er arbeitete sich unablässig nordwärts, obwohl sein Weg gewunden war, und im Norden schien das zu lauern, was er am meisten befürchtete und nach dem er beständig Ausschau hielt. Er war kein Feigling, aber sein Mut war lediglich der eines durchschnittlich zivilisierten Mannes, und er wollte leben, nicht sterben.

Einen kleinen Hügel hinauf folgte er einem Kuhpfad durch so dichtes Gestrüpp, dass er gezwungen war abzusteigen und sein Pferd zu führen. Als sich der Pfad aber nach Westen wandte, verließ er ihn und ging erneut nordwärts über den eichenbestandenen Kamm des Hügels. Der Kamm endete an einem steilen Abstieg – so steil, dass er im Zickzack absteigen musste, immer wieder im vermoderten Laub ausrutschend oder über wuchernde Schlingpflanzen stolpernd und dabei das Pferd im Auge behaltend, das auf ihn zu stürzen drohte. Der Schweiß lief an ihm herunter, und der Pollenstaub, der sich ätzend in Mund und Nase festsetzte, verstärkte seinen Durst. Er konnte tun, was er wollte, der Abstieg verursachte Lärm, und er hielt deshalb häufig an, in der trockenen Hitze nach Luft schnappend, und lauschte nach eventuellen Gefahren von da unten.

Krieg

Auf dem Talboden kam er in eine Ebene, die so dicht bewaldet war, dass er deren Ausmaße nicht ermessen konnte. Doch hier änderte sich die Art des Waldes, und er konnte wieder reiten. Anstelle des auf dem Hügel verbreiteten Eichengestrüpps wuchsen hier hohe gerade Bäume mit großen gesunden Stämmen aus dem feuchten fetten Boden. Nur hier und da waren kleine, leicht zu umgehende Dickichte, und bald erreichte er ausgedehnte parkartige Lichtungen, auf denen das Vieh geweidet hatte in den Tagen, bevor der Krieg es vertrieb.

Sein Fortkommen beschleunigte sich, als er in das Tal kam, und nach einer halben Stunde hielt er an einem alten Weidezaun am Rande einer Lichtung. Er mochte ihre Offenheit nicht, aber sein Weg führte über sie hinweg zu einer Baumreihe, welche das Ufer eines Flusses säumte. Es war nur eine Viertelmeile bis dahin, aber die Vorstellung, sich über diese freie Fläche wagen zu müssen, widerstrebte ihm. Ein Gewehr, dutzende, gar tausende konnten dort entlang der Böschung des Flusses lauern.

Zweimal versuchte er loszureiten, und zweimal zögerte er. Er war entsetzt über seine Verlassenheit. Der Pulsschlag des Krieges, der von Westen her hörbar war, vermittelte ihm die Vorstellung der Kameradschaft tausender Kämpfer, aber hier war nichts als Stille, und er selbst, und möglicherweise todbringende Kugeln aus unzähligen Hinterhalten.

Und doch es war seine Aufgabe, das zu finden, vor dessen Auffinden er sich fürchtete. Er musste vorwärts gehen, immer vorwärts, bis er irgendwo, irgendwann einen anderen Mann oder andere Männer von der gegnerischen Seite entdecken würde, die spähten, wie er spähte, um dann Bericht zu erstatten, wie er Bericht erstatten musste über das Erspähte.

Er änderte sein Vorhaben, wich ein Stück seitlich in den Wald aus und schaute sich wieder um. Nun erblickte er in der Mitte der Lichtung ein kleines Farmhaus. Es waren keine Zeichen von Leben zu erkennen. Kein Rauch kräuselte aus dem Kamin, kein Geflügel gackerte oder bevölkerte den Hofraum. Die Küchentür stand offen, und er starrte so lange und intensiv in die schwarze Öffnung, dass er fast glaubte, es müsse jeden Moment eine Farmersfrau herauskommen.

Er leckte die Pollen und den Staub von seinen trockenen Lippen, fasste sich ein Herz und ritt in den grellen Sonnenschein hinaus. Nichts rührte sich. Er ritt weiter hinter das Haus und näherte sich der Hecke aus Bäumen und Büschen am Ufer des Flusses. Ein Gedanke peinigte ihn weiterhin. Es war der Gedanke, dass eine Kugel mit hoher Geschwindigkeit in seinen Körper einschlagen könnte. Das gab ihm das Gefühl großer Verwundbarkeit und Wehrlosigkeit, sodass er sich tiefer in den Sattel duckte.

An der Ecke des Waldes band er sein Pferd an und ging dann zu Fuß hundert Yards weiter, bis er ans Ufer des Flusses kam. Er war zwanzig Fuß breit, ohne wahrnehmbare Strömung, kühl und einladend, und der Mann spürte seinen großen Durst. Aber er wartete in der Deckung des Gebüschs ab und beobachtete das gegenüberliegende Gebüsch. Um das Warten erträglich zu machen, setzte er sich hin mit seinem Karabiner auf den Knien.

Die Minuten verstrichen, und allmählich fiel die Spannung von ihm ab. Schließlich entschied er, dass hier keine Gefahr vorhanden sei; aber gerade als er beschloss, die Deckung des Gebüschs zu verlassen und zum Wasser hinabzugehen, fiel ihm eine Bewegung im Gebüsch am anderen Ufer ins Auge.

Krieg

Es konnte ein Vogel sein. Aber er wartete ab. Erneut war da eine Bewegung im Gebüsch, und dann, so plötzlich, dass es ihn beinahe aufschreien ließ, teilte sich das Gebüsch und ein Gesicht starrte heraus. Es war ein Gesicht, das von einem mehrere Wochen alten kupferroten Bart bedeckt war. Die Augen waren blau und standen weit auseinander mit Lachfalten in den Winkeln, die sichtbar waren trotz der Müdigkeit und des misstrauischen Ausdrucks im ganzen Gesicht.

All das konnte er mit mikroskopischer Genauigkeit erkennen, denn die Entfernung betrug nicht mehr als zwanzig Fuß. Und all das sah er in so kurzer Zeit, wie er benötigte, um seinen Karabiner an die Schulter zu heben. Er schaute entlang des Visiers und wusste, dass er auf einen Mann blickte, der schon so gut wie tot war. Es war unmöglich, ihn auf diese kurze Reichweite zu verfehlen.

Aber er schoss nicht. Er ließ den Karabiner langsam sinken und beobachtete. Eine Hand, die eine Wasserflasche umklammerte, wurde sichtbar, und der Rotbart beugte sich hinab, um die Flasche zu füllen. Er konnte das Gluckern des Wassers hören. Dann verschwanden Arm und Flasche und der rote Bart hinter dem sich schließenden Gebüsch. Er wartete eine lange Zeit, bis er mit ungestilltem Durst zu seinem Pferd zurückkroch, langsam über die sonnenbeschienene Lichtung ritt und in der Deckung des dahinter liegenden Waldes verschwand.

II

Ein anderer Tag, heiß und atemraubend. Ein verlassenes Farmhaus, groß, mit vielen Nebengebäuden und einem Obstgarten auf einer Lichtung stehend. Aus dem Wald, auf seinem Fuchsschimmel, das Gewehr quer über dem Sattel, ritt der junge Mann mit den wachsamen schwarzen Augen. Er atmete erleichtert auf, als er das Haus erreichte. Es war ersichtlich, dass früher im Jahr an diesem Ort ein Kampf stattgefunden hatte. Lederstreifen und leere Patronenhülsen, mit Grünspan überzogen, lagen auf dem Boden, der, während er nass war, von Pferdehufen zertrampelt worden war. Dicht beim Küchengarten waren Gräber, beschriftet und nummeriert. An der Eiche bei der Küchentür hingen in zerlumpter, wettergebleichter Kleidung die Körper zweier Männer. Die Gesichtszüge, vertrocknet und verunstaltet, ließen keine Ähnlichkeit mehr mit menschlichen Gesichtern erkennen. Der Fuchsschimmel schnaubte bei ihrem Anblick, und der Reiter zügelte und beruhigte ihn und band ihn in einiger Entfernung an.

Als er das Haus betrat, fand er die Einrichtung in Trümmern. Er trat auf leere Patronenhülsen, als er von Raum zu Raum ging, um von den Fenstern aus die Umgebung zu erkunden. Überall hatten Männer gelagert und geschlafen, und auf dem Fußboden eines Raumes bemerkte er Flecken, wo unzweifelhaft die Verwundeten gelegen hatten.

Wieder draußen führte er das Pferd hinter die Scheune und drang in den Obstgarten ein. Ein Dutzend Bäume hing voll reifer Äpfel. Er füllte seine Taschen und aß, während er pflückte. Dann kam ihm ein Gedanke, und er schaute zur Sonne, die Zeit abschätzend, die er zur Rückkehr in sein Lager benötigte. Er zog sein Hemd aus, verknotete die

Krieg

Ärmel und machte einen Beutel daraus, den er anschließend mit Äpfeln füllte.

Als er dabei war, sein Pferd zu beladen, spitzte das Tier plötzlich die Ohren. Der Mann lauschte ebenfalls und hörte das näherkommende Geräusch von Hufen auf weicher Erde. Er schlich hinter die Ecke der Scheune und hielt Ausschau. Ein Dutzend berittener Männer tauchte in unregelmäßiger Reihe von der anderen Seite der Lichtung her auf und war nur noch etwa hundert Yards entfernt. Sie ritten zum Haus. Einige stiegen ab, während andere im Sattel blieben, was auf einen kurzen Aufenthalt hindeutete. Sie schienen eine Beratung abzuhalten, denn er konnte sie aufgeregt in der verhassten Sprache der ausländischen Eindringlinge sprechen hören. Die Zeit verging, aber sie schienen unfähig zu sein, eine Entscheidung zu fällen. Er steckte den Karabiner in den Halfter, saß auf und wartete ungeduldig, während er sein Hemd voller Äpfel auf dem Sattelknauf balancierte.

Er hörte Schritte näherkommen und schlug seine Sporen so wild in die Flanken des Fuchsschimmels, dass das Tier ein überraschtes Stöhnen von sich gab, als es vorwärtssprang. An der Ecke der Scheune sah er den Eindringling, einen Jungen von höchstens neunzehn oder zwanzig in voller Uniform, der zurücksprang, um nicht niedergeritten zu werden. Im selben Augenblick schlug der Fuchsschimmel einen Bogen, und sein Reiter erhaschte einen Blick auf die beim Haus versammelten Männer. Einige sprangen von ihren Pferden, und er konnte sehen, wie sie ihre Gewehre anlegten. Er passierte die Küchentür mit den im Schatten pendelnden mumifizierten Leichen und zwang seine Gegner, um die Vorderseite des Hauses herum zu rennen. Ein Gewehr feuerte, dann ein zweites, aber er ritt schnell, vorwärtsgebeugt und tief im Sattel, mit einer Hand das Hemd voller Äpfel haltend und mit der anderen das Pferd lenkend.

Die oberste Stange des Zaunes war vier Fuß hoch, aber er kannte seinen Fuchsschimmel und sprang in vollem Galopp darüber, begleitet von vielen verstreuten Schüssen. Achthundert Yards geradeaus begann der Wald, und der Fuchsschimmel überbrückte die Distanz mit mächtigen Sprüngen. Jetzt schossen alle auf ihn. Sie feuerten ihre Gewehre so schnell ab, dass er keine einzelnen Schüsse mehr hörte. Eine Kugel durchlöcherte seinen Hut, aber er bemerkte es nicht, während er es durchaus wahrnahm, als eine andere Kugel die Äpfel auf dem Sattel durchschlug. Er zuckte zusammen und machte sich noch flacher, als eine dritte, zu tief gefeuerte Kugel zwischen den Hufen seines Pferdes einen Stein traf und als Querschläger durch die Luft davonflog, schwirrend und sirrend wie ein fremdartiges Insekt.

Die Schüsse ließen nach, als die Magazine leer wurden, bis sie plötzlich ganz aufhörten. Der junge Mann jubelte. Er war unverletzt durch diese unglaubliche Schießerei gekommen. Er blickte zurück. Ja, sie hatten ihre Magazine leergeschossen. Er konnte sehen, wie einige wieder luden. Andere rannten hinter das Haus zu ihren Pferden. Als er schaute, kamen zwei, bereits im Sattel, scharf um die Ecke reitend in Sicht. Und im selben Augenblick sah er den Mann mit dem unverwechselbaren kupferroten Bart sich auf den Boden hinknien, sein Gewehr anlegen und sich ruhig Zeit nehmen für den Distanzschuss.

Der junge Mann schlug seine Sporen in das Pferd, duckte sich tief und schlug Haken bei seinem Ritt, um dem Rotbart das Zielen zu erschweren. Und immer noch fiel der Schuss nicht. Mit jedem Sprung des Pferdes rückte der Wald näher.

Krieg

Es waren nur noch zweihundert Yards, und der Schuss ließ immer noch auf sich warten.

Und dann hörte er ihn. Es war das Letzte, was er hören sollte, denn er war tot, noch bevor er bei seinem langen Sturz aus dem Sattel krachend auf dem Boden aufschlug. Und die, die ihn vom Haus aus beobachteten, sahen ihn stürzen, sahen seinen Körper auf den Boden aufprallen und sahen die Explosion von rotbackigen Äpfeln, die über ihn rollten. Sie lachten bei diesem unerwarteten Sturzregen von Äpfeln und klatschten mit ihren Händen Beifall für den gelungenen Schuss des Mannes mit dem kupferroten Bart.

Der Wahnsinn des John Harned

Ich erzähle die Wahrheit. Es geschah in der Stierkampf-Arena in Quito. Ich saß in der Loge mit John Harned, und mit Maria Valenzuela, und mit Luis Cervallos. Ich sah, wie es geschah. Ich sah es vom Anfang bis zum Ende.

Ich reiste auf dem Dampfer *Ecuadore* von Panama nach Guayaquil. Maria Valenzuela ist meine Cousine. Ich kenne sie schon immer. Sie ist sehr schön. Ich bin Spanier – ein Ecuadorianer, gewiss, aber ein Nachkomme von Pedro Patino, der einer von Pizzaros Hauptmännern war. Es waren tapfere Männer. Es waren Helden. – Führte Pizzaro nicht dreihundertfünfzig spanische Ritter und viertausend Indianer auf der Suche nach Schätzen weit in die Berge der Anden? Und starben bei dieser vergeblichen Suche nicht alle viertausend Indianer und dreihundert der tapferen Ritter? Aber Pedro Patino starb nicht. Er überlebte, um die Familie der Patinos zu gründen. Ich bin Ecuadorianer, gewiss, aber ich bin spanischstämmig. Ich bin Manuel de Jesus Patino. Ich besitze viele Haziendas, und zehntausend Indianer sind meine Sklaven, obwohl das Gesetz sagt, sie seien freie Menschen, welche aus freiem Willen arbeiten. Das Gesetz ist eine komische Sache. Wir Ecuadorianer lachen darüber. Es ist unser Gesetz. Wir machen es für uns. Ich bin Manuel de Jesus Patino. Merken Sie sich diesen Namen. Er wird eines Tages in die Geschichte eingehen. Es gibt Revolutionen in Ecuador. Wir nennen sie Wahlen. Ist das nicht ein guter Witz – oder was Ihr ›ein Wortspiel‹ nennt?

John Harned war Amerikaner. Ich traf ihn erstmals im *Tivoli*-Hotel in Panama. Er hatte viel Geld, wie ich hörte. Er wollte nach Lima reisen, aber er traf im *Tivoli*-Hotel Maria

Der Wahnsinn des John Harned

Valenzuela. Sie ist meine Cousine, und sie ist schön. Es ist wahr, sie ist die schönste Frau in Ecuador. Aber sie wäre auch die schönste Frau in jedem anderen Land – in Paris, in Madrid, in New York, in Wien. Überall schauen alle Männer auf sie, und John Harned schaute sie lange an in Panama. Er liebte sie, das weiß ich sicher. Sie war Ecuadorianerin, gewiss, – aber sie war aus allen Ländern, sie gehörte der ganzen Welt. Sie sprach viele Sprachen. Sie sang – oh! wie eine Künstlerin. Ihr Lächeln – wundervoll, göttlich. Ihre Augen – ach! habe ich nicht Männer in sie blicken sehen? Sie waren, was Ihr ›erstaunlich‹ nennt. Sie waren Verheißungen des Paradieses. Männer ertränkten sich in ihren Augen.

Maria Valenzuela war reich – reicher als ich, der ich in Ecuador als sehr reich galt. Aber John Harned interessierte sich nicht für ihr Geld. Er besaß ein Herz – ein seltsames Herz. Er war ein Narr. Er ging nicht nach Lima. Er verließ den Dampfer in Guayaquil und folgte ihr nach Quito. Sie war auf der Rückreise aus Europa und anderswo. Ich kann nicht begreifen, was sie an ihm fand, aber sie mochte ihn. Das weiß ich genau, denn sonst wäre er ihr nicht nach Quito gefolgt. Sie forderte ihn auf, mitzukommen. Ich erinnere mich gut an die Angelegenheit. Sie sagte:

»Kommen Sie nach Quito, und ich werde Ihnen den Stierkampf zeigen – den tapferen, intelligenten, prachtvollen!«

Aber er erwiderte: »Ich gehe nach Lima, nicht Quito. So ist meine Passage auf dem Dampfer gebucht.«

»Sie reisen doch zum Vergnügen – oder nicht?«, sagte Maria Valenzuela, und sie blickte ihn an, wie nur Maria Valenzuela blicken konnte, mit warmen Augen voll Versprechen. Und er kam. Nein, er kam nicht wegen des Stierkampfes. Er kam wegen dem, was er in ihren Augen gesehen hatte. Frauen wie Maria Valenzuela werden nur einmal in hundert Jahren geboren. Sie gehören zu keinem Land und zu keiner Zeit. Sie sind, was Ihr ›universal‹ nennt. Sie sind Göttinnen. Männer knien zu ihren Füßen nieder. Sie spielen mit Männern und rinnen diesen durch die Finger wie Sand. Kleopatra war eine solche Frau, sagt man, und auch Kirke. Die verwandelte Männer in Schweine. Ha! Ha! Es ist doch wahr – oder?

Es geschah alles, weil Maria Valenzuela sagte: »Ihr englischen Menschen seid – wie soll ich sagen – brutal – oder? Ihr liebt Boxkämpfe. Zwei Männer schlagen sich dabei mit ihren Fäusten, bis ihre Augen zugeschwollen und ihre Nasen gebrochen sind. Scheußlich! Abscheulich! Und die anderen Männer schauen zu und schreien laut und sind begeistert. Es ist barbarisch – oder etwa nicht?«

»Aber sie sind Männer«, erwiderte John Harned, »und sie boxen, weil sie es wollen. Niemand zwingt sie zum Kämpfen. Sie tun es, weil sie es mehr wollen, als alles andere in der Welt.«

In Maria Valenzuelas Lächeln war Verachtung, als sie sagte: »Sie töten einander oft – ist es nicht so? Ich habe es in den Zeitungen gelesen.«

»Aber der Stier«, wandte John Harned ein. »Der Stier wird während des Stierkampfes immer getötet, und der Stier kommt nicht freiwillig in den Ring. Es ist nicht fair gegenüber dem Stier. Er wird zum Kämpfen gezwungen. Dagegen der Mann beim Boxkampf – nein, er wird nicht gezwungen.«

»Aber er ist der Brutalere«, sagte Maria Valenzuela. »Er ist grausam. Er ist primitiv. Er ist ein Tier. Er schlägt mit seinen Pranken zu wie ein Bär in einem Käfig, und er ist bösartig. Dagegen der Stierkampf – ach! Sie haben noch keinen Stierkampf gesehen – oder? Der Torero ist intelligent. Er muss

Kunstfertigkeit besitzen. Er ist modern. Er ist romantisch. Er ist nur ein Mensch, schwach und verletzlich, und er stellt sich dem wilden Stier zum Kampf. Und er tötet mit einem Schwert, einem schmalen Degen, mit einem Stich – so – direkt in das Herz des mächtigen Tieres. Es ist erhebend. Es lässt das Herz schlagen, wenn man es sieht – der schmächtige Mann, das mächtige Tier, die weite sandbestreute Arena, die Tausenden, die atemlos zuschauen: Das mächtige Tier setzt zum Angriff an, er fürchtet sich nicht, und in seiner Hand blitzt der schmale Degen wie Silber in der Sonne; näher und näher stürmt das gewaltige Tier mit seinen scharfen Hörnern, aber der Mann bewegt sich nicht, und dann – so – blitzt das Schwert auf, der Stoß ist vollbracht, ins Herz, bis zum Griff, der Stier fällt in den Sand und ist tot, und der Mann ist unverletzt. Das ist tapfer. Das ist bewundernswert. Ach! – ich könnte den Torero lieben. Dagegen der Mann beim Boxkampf – er ist der Brutale, er ist das menschliche Tier, der wilde Primitive, der Besessene, der zahllose Schläge in sein dumpfes Gesicht erhält und sich darüber auch noch freut. Kommen Sie nach Quito, und ich werde Ihnen den tapferen Sport, den Sport der Männer, den Torero und den Stier zeigen.«

John Harned ging jedoch nicht des Stierkampfs wegen nach Quito. Er ging wegen Maria Valenzuela. Er war ein großer Mann mit größerer Schulterbreite als wir Ecuadorianer, höher gewachsen und schwerer im Körperbau. Er war sogar größer als die meisten Männer seiner eigenen Herkunft. Seine Augen waren blau, obwohl ich sie auch grau gesehen habe und manchmal kalt wie Stahl. Seine Gesichtszüge waren ebenfalls ausladend – nicht feingliedrig wie unsere, und seine Kinnlade sah sehr stark aus. Sein Gesicht war glattrasiert wie das eines Priesters. – Warum sollte ein Mann

Scham über das Barthaar in seinem Gesicht empfinden? Hat es Gott nicht dahin gepflanzt? Ja, ich glaube an Gott. Ich bin kein Heide, wie viele von euch Englischen. Er machte mich zu einem Ecuadorianer mit zehntausend Sklaven. Und wenn ich sterbe, werde ich zu Gott gehen. Ja, die Priester haben recht.

Aber zurück zu John Harned. Er war ein ruhiger Mann. Er sprach immer mit leiser Stimme, und er bewegte beim Sprechen nie seine Hände. Mancher wird geglaubt haben, sein Herz sei ein Stück Eis; doch er hatte eine Spur von Wärme in seinem Herzen, denn er folgte Maria Valenzuela nach Quito. Aber obwohl er immer leise sprach, ohne seine Hände zu bewegen, war er ein Tier, wie Ihr sehen sollt – der tierische Primitive, der dumme, grausame Wilde der Vorzeit, der sich in rohe Felle kleidete und zusammen mit den Bären und Wölfen in Höhlen hauste.

Luis Cervallos ist mein Freund, der beste der Ecuadorianer. Er besitzt drei Kakaoplantagen in Naranjito und Chobo. Bei Milagro ist seine große Zuckerplantage. Er besitzt große Haziendas bei Ambato und Latacunga, und an der Küste drunten ist er an Ölquellen beteiligt. Außerdem hat er viel Geld investiert in Anpflanzungen von Gummibäumen entlang des Guayas. Er ist auf der Höhe der Zeit wie ein Yankee und wie ein Yankee immer geschäftig. Er hat viel Geld, aber es steckt in vielen Unternehmungen, und er benötigt ständig mehr Geld für neue Unternehmungen und für die alten. Er ist überall gewesen und hat alles gesehen. Als er noch ein sehr junger Mann war, ging er auf die Yankee-Militärakademie, die Ihr West Point nennt. Dort geschah irgendwas. Er war gezwungen zu gehen. Er mag die Amerikaner nicht. Aber er liebte Maria Valenzuela, die aus seinem eigenen Land war. Zudem benötigte er ihr Geld für seine Unternehmungen und für seine Goldmine in Ost-Ecuador, wo die Indios leben, die sich bemalen. Ich war sein Freund. Es war mein Wunsch, dass er Maria Valenzuela heiraten sollte. Außerdem hatte ich viel von meinem Geld in seine Unternehmungen investiert, am meisten in seine Goldmine, die sehr vielversprechend war, aber zunächst viel Geld benötigte, bevor sie ihren Reichtum zeigen würde. Wenn Luis Cervallos nun Maria Valenzuela heiratete, würde ich sehr bald mehr Geld bekommen.

Aber John Harned folgte Maria Valenzuela nach Quito, und es war sehr schnell ersichtlich für uns – für Luis Cervallos und mich –, dass sie John Harned mit großer Herzlichkeit behandelte. Es wird gesagt, dass eine Frau ihren Willen durchsetzt, aber in diesem Fall traf das nicht zu, denn Maria Valenzuela bekam ihren Willen nicht – jedenfalls nicht bei John Harned.

Vielleicht wäre alles geschehen, wie es geschah, auch wenn Luis Cervallos und ich an diesem Tag nicht in der Loge in der Stierkampf-Arena von Quito gewesen wären. Aber eins weiß ich: Wir saßen in der Loge an diesem Tag. Und ich werde Ihnen erzählen, was geschah:

Wir saßen zu viert in der Loge, als Gäste von Luis Cervallos. Ich saß direkt neben der Präsidentenloge. Auf der anderen Seite war die Loge von General José Eliceo Salazar. Bei ihm waren Joaquin Endara und Uricisino Castillo, beide Generäle, und Colonel Jacinto Fierro sowie Captain Baltazar de Echeverria. Nur Luis Cervallos hatte die Stellung und den Einfluss, die Loge neben dem Präsidenten zu bekommen. Ich weiß mit Sicherheit, dass der Präsident selbst gegenüber der Organisation den Wunsch geäußert hatte, dass Luis Cervallos diese Loge bekommen sollte.

Die Kapelle hatte gerade die Nationalhymne von Ecuador gespielt. Der Einmarsch der Toreros war beendet, und der Präsident gab das Zeichen für den Beginn. Die Fanfaren ertönten, und der Stier stürmte herein – Sie kennen das: erregt, verwirrt durch die Wurfpfeile, die wie Feuer in seinen Schultern brannten, wie wahnsinnig auf der Suche nach einem Gegner, den er vernichten könnte. Die Toreros verbargen sich hinter ihren Schutzwänden und warteten. Plötzlich erschienen die Capeadores, fünf von ihnen, von allen Seiten mit ihren weiten flatternden Capas. Der Stier erstarrte angesichts dieses Überangebots von Gegnern und war nicht fähig zu entscheiden, wen er zuerst attackieren sollte. Da trat einer der Capeadores allein vor, um sich dem Stier zu stellen. Der Stier war sehr wütend. Mit seinen Vorderhufen scharrte er im Sand der Arena, bis der Staub alles um ihn herum einhüllte. Dann griff er mit gesenktem Haupt den einzelnen Capeador frontal an.

Der erste Angriff des ersten Stiers ist immer besonders interessant. Nach einer gewissen Zeit ermüdet man natürlich ein wenig; ein Umstand, der die Leidenschaftlichkeit etwas abstumpfen lässt. Aber diese erste Attacke des ersten Stiers! John Harned sah das zum ersten Mal, und er konnte sich der Erregung nicht entziehen – dem Anblick des Mannes, bewaffnet nur mit einem Stück Tuch, und des Stiers, der durch den Sand auf ihn zuraste mit seinen weit ausladenden spitzen Hörnern.

»Schauen Sie!«, schrie Maria Valenzuela. »Ist es nicht großartig?«

John Harned nickte, sah sie aber nicht an. Seine Augen funkelten und waren ganz auf die Arena fixiert. Der Capeador machte einen Schritt seitwärts, täuschte den Stier mit

Der Wahnsinn des John Harned

einer wirbelnden Bewegung der Capa und ließ ihm diese über die Schultern gleiten.

»Was sagen Sie dazu?«, fragte Maria Valenzuela. »Ist das nicht – wie sagt Ihr – eine sportliche Herausforderung – oder?«

»Das ist es sicherlich«, erwiderte John Harned. »Es ist sehr clever.«

Sie klatschte in die Hände vor Vergnügen. Es waren kleine Hände. Das Publikum applaudierte. Der Stier wendete und kam zurück. Wieder täuschte ihn der Capeador und ließ die Capa über seine Schultern gleiten, und wieder applaudierte das Publikum. Drei Mal wiederholte sich das. Der Capeador war exzellent. Dann trat er zurück, und ein anderer Capeador spielte mit dem Stier. Danach platzierten sie die Banderillas in den Schultern des Stiers, auf beiden Seiten des Nackens, je zwei auf einmal. Anschließend trat Ordonez vor, der Chefmatador, mit dem langen Degen und dem scharlachroten Tuch. Die Fanfaren kündigten den Tod an. Ordonez ist nicht so gut wie Matestina, aber er ist gut, und mit einem einzigen Stoß senkte er den Degen mitten ins Herz, und dem Stier knickten die Beine weg, und er legte sich hin und starb. Es war ein gelungener Stoß, sauber und sicher; es gab eine Menge Beifall, und eine Menge Zuschauer warfen ihre Hüte in die Arena. Maria Valenzuela klatschte in die Hände wie die anderen, und John Harned, dessen kaltes Herz von dem Ereignis nicht berührt war, schaute mit Neugier auf sie.

»Sie mögen das?«, fragte er.

»Immer«, sagte sie, weiter in die Hände klatschend.

»Schon als kleines Mädchen«, sagte Luis Cervallos. »Ich erinnere mich an ihren ersten Kampf. Sie war vier Jahre alt.

Sie saß bei ihrer Mutter, und wie jetzt klatschte sie in die Hände. Sie ist eine echte spanische Frau.«

»Nun haben Sie es gesehen«, sagte Maria Valenzuela zu John Harned, als die Maultiere vor den toten Stier gespannt wurden, um ihn aus der Arena zu ziehen. »Sie haben den Stierkampf gesehen, und Sie mögen ihn – oder? Was denken Sie?«

»Ich denke, der Stier hatte keine Chance«, sagte er. »Der Stier war dem Tod geweiht von Anfang an. Es gab keinen Zweifel bezüglich des Endes. Jedermann wusste schon bevor der Stier die Arena betrat, dass er sterben würde. Damit etwas eine sportliche Veranstaltung ist, muss das Ende aber offen sein. Es war ein unwissender Stier, der noch nie gegen einen Mann gekämpft hatte, gegen fünf erfahrene Männer, die bereits gegen viele Stiere gekämpft haben. Es wäre möglicherweise ein wenig fairer, wenn es nur ein Mann gegen einen Stier wäre.«

»Oder ein Mann gegen fünf Stiere«, sagte Maria Valenzuela, und wir lachten alle, Luis Cervallos am lautesten.

»Ja«, sagte John Harned, »gegen fünf Stiere, und der Mann dürfte wie die Stiere noch nie im Stierkampfring gewesen sein – ein Mann wie Sie, Señor Cervallos.«

»Wir Spanier mögen jedenfalls den Stierkampf«, erwiderte Luis Cervallos, und ich schwöre darauf, dass ihm der Teufel dabei ins Ohr flüsterte, das zu tun, was ich berichten werde.

»Dann muss es eine Sache des anerzogenen Geschmacks sein«, meinte John Harned. »Wir töten tausende Stiere jeden Tag in Chicago, aber niemand würde Eintritt dafür bezahlen, um es anzuschauen.«

»Das ist bloße Schlachterei«, sagte ich, »aber dies – dies ist eine Kunst. Es ist gefühlvoll. Es ist durchdacht. Es ist außergewöhnlich.«

»Nicht immer«, wandte Luis Cervallos ein. »Ich habe unfähige Matadore gesehen, und ich sage Euch, das war nicht schön.« Er schüttelte sich, und sein Gesicht verriet Ekel, sodass ich wusste, dass der Teufel ihm ins Ohr flüsterte und er anfing, eine Rolle zu spielen. »Señor Harned mag recht haben«, sagte er. »Es mag dem Stier gegenüber nicht fair sein. Denn es wird nicht allen von uns bekannt sein, dass dem Stier zuvor vierundzwanzig Stunden lang kein Wasser gegeben wird, er aber unmittelbar vor dem Kampf sich volltrinken darf?«

»Er kommt also voll mit Wasser in die Arena?«, fragte John Harned sofort, und ich sah, dass seine Augen sehr grau, sehr scharf und sehr kalt wurden.

»Das ist notwendig für diesen Sport«, sagte Luis Cervallos. »Würden Sie den Stier so stark wollen, dass er die Toreros töten könnte?«

»Ich würde wollen, dass er im Kampf eine Chance hätte«, erwiderte John Harned, die Arena beobachtend, in die jetzt der zweite Stier kam. Es war kein guter Stier. Er war ängstlich. Er rannte im Kreis herum auf der Suche nach einem Fluchtweg. Die Capeadores gingen vorwärts und schwenkten ihre Capas, aber er weigerte sich, sie anzugreifen.

»Das ist ein blöder Stier«, sagte Maria Valenzuela.

»Ich bitte um Verzeihung«, erwiderte John Harned, »aber mir kommt er eher klug vor. Er weiß, dass er nicht gegen Menschen kämpfen sollte. Schauen Sie! Er riecht den Tod da in der Arena.«

Tatsächlich. Der Stier verharrte, wo der vorherige gestorben war, beschnupperte den nassen Sand und schnaubte. Dann rannte er wieder um das Rund mit erhobenem Haupt und blickte in die Gesichter der Tausenden, die ihn ausbuhten, Orangenschalen nach ihm warfen und ihn verhöhnten. Aber der Geruch des Blutes brachte ihn zu einem Entschluss, und er griff einen Capeador ohne jede Vorwarnung an, sodass der Mann nur knapp entkam. Er ließ seine Capa fallen und hechtete hinter eine Schutzwand. Der Stier prallte krachend gegen die Wand. Und John Harned sagte mit ruhiger Stimme, als würde er mit sich selbst reden: »Ich werde einen Tausender an das Krankenhaus von Quito spenden, wenn ein Stier heute einen Mann tötet.«

»Sie mögen Stiere?«, fragte Maria Valenzuela mit einem Lächeln.

»Ich mag diese Männer weniger«, erwiderte John Harned. »Ein Torero ist kein tapferer Mann. Er kann mit Sicherheit kein tapferer Mann sein. Schauen Sie, dem Stier hängt schon die Zunge raus. Er ist müde, und es hat noch gar nicht begonnen.«

»Das macht das Wasser«, erläuterte Luis Cervallos.

»Ja, es ist das Wasser«, sagte John Harned. »Würde es nicht noch sicherer sein, ihm die Füße zu fesseln, bevor er in die Arena kommt?«

Maria Valenzuela wurde ärgerlich bei diesem Hohn in John Harneds Worten. Aber Luis Cervallos lächelte, was nur ich sehen konnte, und da erkannte ich plötzlich das Spiel, das er spielte. Er und ich waren dabei die Banderilleros. Der mächtige amerikanische Stier war mit uns in dieser Loge. Wir hatten die Banderillas in ihn zu stechen, bis er wütend würde, und dann würde es keine Hochzeit mehr mit Maria geben. Es war eine sportliche Herausforderung. Der Geist des Stierkämpfers steckte uns in Fleisch und Blut.

Der Stier war nun wütend und aufgebracht. Die Capeadores hatten leichtes Spiel mit ihm. Er war sehr schnell, und manchmal wendete er so scharf, dass seine Hinterläufe einknickten und er mit dem Hinterteil durch den Sand pflügte.

Der Wahnsinn des John Harned

Aber er griff immer nur die geschwungenen Capas an und verletzte niemand.

»Er hat keine Chance«, sagte John Harned. »Er kämpft gegen den Wind.«

»Er denkt, die Capa sei der Feind«, erklärte Maria Valenzuela. »Schauen Sie, wie geschickt die Capeadores ihn täuschen.«

»Es liegt in seiner Natur, sich täuschen zu lassen«, erwiderte John Harned. »Deshalb ist er dazu verdammt, gegen den Wind zu kämpfen. Die Toreros wissen das, das Publikum weiß das, Sie wissen es, ich weiß es – wir alle wissen von Anfang an, dass er gegen den Wind kämpfen wird. Nur er weiß es nicht. Das ist seine unwissende Tiernatur. Er hat keine Chance.«

»Es ist ganz simpel«, sagte Luis Cervallos. »Der Stier schließt seine Augen, wenn er angreift. Deshalb –«

» – tritt der Mann beiseite und der Stier rennt vorbei«, unterbrach ihn John Harned.

»Genau«, bestätigte Luis Cervallos, »das ist alles. Der Stier schließt die Augen, und der Mann weiß das.«

»Kühe dagegen schließen ihre Augen nicht«, sagte John Harned. »Ich kenne eine Kuh bei mir daheim, das ist eine Jersey und gibt Milch, die würde die ganze Mannschaft über den Haufen rennen.«

»Aber Toreros kämpfen nicht mit Kühen«, warf ich ein.

»Sie fürchten sich davor, mit Kühen zu kämpfen«, erwiderte John Harned.

»Ja«, sagte Luis Cervallos, »sie fürchten sich vor Kämpfen mit Kühen. Es wäre kein Sport, Toreros zu töten.«

»Es wäre durchaus sportlich«, antwortete John Harned, »wenn ab und zu ein Torero getötet würde. Wenn ich ein alter Mann werde und vielleicht ein Krüppel und meinen

Lebensunterhalt verdienen muss, aber unfähig zu harter Arbeit bin, werde ich Stierkämpfer. Es ist ein leichter Beruf für ältere Männer und Pensionäre.«

»Aber sehen Sie doch!«, rief Maria Valenzuela, als der Stier tapfer angriff und der Capeador sich mit einem Schwung seiner Capa ihm entzog. »Es erfordert Geschicklichkeit, das Tier so abzuwehren.«

»Sicherlich«, sagte John Harned. »Aber glauben Sie mir, es benötigt tausend Mal mehr Geschicklichkeit, die zahlreichen und schnellen Schläge eines Boxers abzuwehren, der seine Augen offen hält und mit Überlegung schlägt. Außerdem möchte dieser Stier nicht kämpfen. Sehen Sie, er rennt weg.«

Es war kein geeigneter Stier, denn erneut rannte er um das Rund und versuchte einen Ausgang zu finden.

»Aber diese Stiere sind manchmal die gefährlichsten«, erklärte Luis Cervallos. »Man kann nie wissen, was sie als nächstes tun. Sie sind schlau. Sie sind halbe Kühe. Die Stierkämpfer mögen sie überhaupt nicht. – Sehen Sie! Er hat gewendet!«

Noch einmal, verwirrt und wütend gemacht durch die Wände des Arenarings, die ihn nicht entkommen ließen, attackierte der Stier mutig seine Feinde.

»Seine Zunge hängt heraus«, sagte John Harned. »Zuerst füllen sie ihn mit Wasser. Dann ermüden sie ihn, ein Mann nach dem anderen, verführen ihn, bis zur Erschöpfung gegen den Wind zu kämpfen. Während die einen ihn ermüden, ruhen die anderen aus. Aber den Stier lassen sie nie ausruhen. Danach, wenn er völlig erschöpft und nicht mehr schnell ist, sticht der Matador den Degen in ihn.«

Es war nun die Zeit für die Banderilleros gekommen. Drei Mal versuchte einer der Kämpfer die Spieße zu platzieren, und drei Mal missglückte es ihm. Er verletzte den Stier nur und machte ihn rasend. Die Banderillas müssen, wie Sie wissen, in den Schultern stecken bleiben, zwei gleichzeitig, auf jeder Seite des Nackens eine und nahe beisammen. Wenn nur eine Banderilla platziert wird, ist es ein Fehler. Die Menge buhte und rief nach Ordonez. Und Ordonez machte es tadellos. Vier Mal trat er vor den Stier, und vier Mal steckte er im ersten Versuch die Banderillas, sodass acht von ihnen, gut platziert, gleichzeitig aus dem Nacken des Stiers ragten. Die Menge war außer sich, und ein Regen von Hüten und Goldstücken flog in den Sand der Arena.

Und eben in diesem Augenblick griff der Stier unerwartet einen der Capeadores an. Der Mann glitt aus und verlor seine Beherrschung. Der Stier erwischte ihn – glücklicherweise nur zwischen seinen weit ausladenden Hörnern. Und während das Publikum atemlos und gebannt zuschaute, stand John Harned auf und schrie vor Genugtuung. Allein, mitten in unserem Schweigen, schrie John Harned. Und er schrie für den Stier. Wie Sie selbst daraus ermessen können, wollte John Harned den Tod des Capeadors. Das war sein brutales Herz. Dieses schlechte Benehmen machte jene ärgerlich, die in der Loge von General Salazar saßen, und sie beschimpften John Harned. Und Urcisino Castillo sagte ihm ins Gesicht, dass er ein Hund von einem Gringo sei, und andere Dinge. Allerdings in Spanisch, sodass John Harned es nicht verstand. Er stand und schrie vielleicht zehn Sekunden lang, bis der Stier durch die anderen Capeadores abgelenkt wurde und der Mann unverletzt aufsprang.

»Der Stier hatte keine Chance«, bemerkte John Harned missmutig, als er sich wieder setzte. »Der Mann war unverletzt. Sie lockten den Stier trotzdem von ihm weg.«

Dann wandte er sich Maria Valenzuela zu und sagte: »Ich bitte Sie um Verzeihung. Ich war erregt.«

Sie lächelte und schlug ihm mit ihrem Fächer tadelnd gegen den Arm.

»Es ist ihr erster Stierkampf«, sagte sie. »Sobald sie mehr davon gesehen haben, werden Sie nicht mehr für den Tod des Mannes schreien. Ihr Amerikaner seid, wie man sieht, brutaler als wir. Das kommt von den Boxkämpfen. Wir kommen nur, um den Tod des Stiers zu sehen.«

»Aber ich wünschte lediglich, der Stier bekäme eine Chance«, erwiderte er. »Zweifellos werde ich mit der Zeit aufhören, mich aufzuregen über Männer, welche die Vorteile für den Stier zunichtemachen.«

Die Fanfaren kündigten den Tod an. Ordonez hatte Aufstellung genommen mit dem Degen und dem scharlachroten Tuch. Aber der Stier hatte es sich wieder anders überlegt und wollte nicht kämpfen. Ordonez stampfte mit dem Fuß auf den Sand und schrie und schwenkte das scharlachrote Tuch. Daraufhin griff der Stier an, aber ohne Beherztheit. Da war keine Wucht in seinem Angriff. Aber auch der Stoß war armselig. Der Degen traf einen Knochen und bog sich. Ordonez ließ sich einen frischen Degen geben. Der Stier, erneut zum Kampf gezwungen, griff noch einmal an. Fünf Mal versuchte Ordonez, den Stoß zu setzen, und jedes Mal drang das Schwert nur halb ein oder traf einen Knochen. Bei sechsten Mal drang der Degen bis zum Griff ein. Aber es war ein schlechter Stoß. Der Degen verfehlte das Herz und ragte eine halbe Länge aus den Rippen auf der anderen Seite heraus. Das Publikum buhte den Matador aus. Ich schielte zu John Harned hinüber. Er saß still da, ohne Bewegung, aber ich konnte sehen, dass seine Zähne zusammengebissen waren, und seine Hände klammerten sich fest an das Geländer der Loge.

Der Wahnsinn des John Harned

Den Stier hatte nun jeder Kampfeswille verlassen, und obwohl es kein tödlicher Stich war, trottete er nur lahm herum wegen des Degens, der von einer Seite zur anderen in ihm steckte. Er bewegte sich vom Matador und den Capeadores weg und lief um das Rund und blickte in die vielen Gesichter.

»Er will sagen: Um Gotteswillen, lasst mich hier heraus; ich möchte nicht kämpfen«, sagte John Harned.

Das war alles. Mehr sagte er nicht, aber er saß da und beobachtete, während er manchmal seitwärts zu Maria Valenzuela blickte, um zu sehen, wie sie es nahm. Sie war wütend auf den Matador. Er war stümperhaft, und sie hatte sich eine gelungene Vorstellung gewünscht.

Der Stier war nun sehr müde und schwach durch den Blutverlust, wenn auch noch entfernt vom Sterben. Er lief langsam entlang der Wände der Arena und suchte einen Weg hinaus. Er würde nicht mehr angreifen. Er hatte genug davon. Aber er musste getötet werden. Es gibt da eine Stelle im Nacken eines Stieres hinter den Hörnern, wo das Rückgrat ungeschützt ist und wo ein kurzer Stich schnell tötet. Ordonez stellte sich vor den Stier und senkte das scharlachrote Tuch zum Boden. Der Stier würde nicht angreifen. Er stand still und schnupperte am Tuch, wozu er seinen Kopf hinabsenkte. Ordonez stach zwischen den Hörnern durch auf die Stelle im Nacken. Der Stier warf den Kopf hoch. Der Stich hatte sein Ziel verfehlt. Dann beobachtete der Stier den Degen. Als Ordonez das Tuch zum Boden senkte, vergaß der Stier jedoch das Schwert und senkte erneut seinen Kopf, um das Tuch zu beschnuppern. Wieder stach Ordonez zu, und wieder fehlte er. Er versuchte es mehrmals. Es war schwer erträglich. Aber John Harned sagte nichts. Schließlich traf ein Stich ins Ziel, und der Stier fiel in den Sand, starb schnell, und die Maultiere wurden vorgespannt und er wurde hinausgeschleift.

»Die Gringos sagen, es sei ein grausamer Sport – nicht wahr?«, sagte Luis Cervallos. »Das sei nicht menschlich. Das sei brutal für den Stier – oder nicht?«

»Nein«, erwiderte John Harned. »Der Stier zählt nicht so viel. Es ist brutal für die, die es sehen. Es ist entwürdigend für die, die zuschauen. Es verführt sie zum Genuss am Leiden des Tieres. Es ist feige, einen dummen Stier gegen fünf Männer kämpfen zu lassen. Dadurch lernen die, die zuschauen, auch feige zu sein. Der Stier stirbt, aber die, die zuschauen, leben weiter und lernen die Lektion. Die Mannestugenden werden jedoch nicht befördert durch Szenen der Feigheit.«

Maria Valenzuela sagte nichts. Sie blickte auch nicht zu ihm hin. Aber sie hörte jedes Wort, und ihre Wangen waren weiß vor Wut. Sie schaute über die Arena und fächelte sich Luft zu, aber ich sah, dass ihre Hand zitterte. Auch John Harned blickte nicht zu ihr. Er fuhr fort, als ob sie gar nicht da wäre. Auch er war wütend, von kaltem Zorn erfüllt.

»Es ist der feige Sport eines feigen Volkes«, sagte er.

»Ah«, entgegnete Luis Cervallos sanft. »Sie denken, uns zu verstehen?«

»Ich verstehe nun die Spanische Inquisition«, sagte John Harned. »Sie muss noch genussreicher gewesen sein als der Stierkampf.«

Luis Cervallos lächelte, aber sagte nichts. Er blickte zu Maria Valenzuela, und er wusste, dass der Stierkampf in der Loge gewonnen war. Niemals würde sie weiterhin mit diesem Gringo zu tun haben wollen, der solche Dinge sagte.

Aber weder Luis Cervallos noch ich waren vorbereitet auf das Ende dieses Tages. Ich fürchte, wir verstanden den Gringo nicht. Woher sollten wir wissen, dass John Harned, der so kaltblütig war, plötzlich wahnsinnig werden würde? Aber wahnsinnig wurde er, wie Sie sehen werden.

Der Stier zählt nicht so viel – so sagte er selbst. Warum sollte dann ein Pferd plötzlich so viel für ihn zählen? Das kann ich nicht verstehen. John Harneds Denken fehlte die Logik. Das ist die einzige Erklärung dafür.

»Es ist nicht üblich, Pferde in der Stierkampf-Arena in Quito zu haben«, sagte Luis Cervallos vom Programm aufschauend. »In Spanien haben sie immer welche. Aber heute werden wir sie mit einer besonderen Genehmigung auch haben. Wenn der nächste Stier kommt, werden es Pferde und Picadores sein, wissen Sie, die Männer, die Lanzen tragen und auf Pferden reiten.«

»Die Stiere sind von Anfang an verurteilt«, sagte John Harned. »Sind die Pferde in gleicher Weise verurteilt?«

»Ihnen werden die Augen verbunden, sodass sie die Stiere nicht sehen können«, erwiderte Luis Cervallos. »Ich habe viele Pferde sterben sehen. Es ist ein ansehnlicher Anblick.«

»Ich habe das Abschlachten der Stiere gesehen«, sagte John Harned. »Ich werde nun das Abschlachten der Pferde sehen, damit ich noch besser die feinen Seiten dieses noblen Sports verstehen werde.«

»Es sind alte Pferde«, meinte Luis Cervallos. »Sie taugen zu nichts anderem mehr.«

»Ach so«, sagte John Harned.

Der dritte Stier kam herein, und bald standen ihm Capeadores und Picadores gegenüber. Ein Picador bezog seinen Platz direkt unter uns. Ich muss zugeben, es war ein mageres und betagtes Pferd, das er ritt, ein Haufen Knochen, von schäbigem Fell zusammengehalten.

»Es ist ein wahres Wunder, dass die arme Kreatur noch das Gewicht des Reiters tragen kann«, bemerkte John

Harned. »Und wenn nun das Pferd gegen den Stier kämpfen soll, welche Waffen hat es dazu?«

»Das Pferd kämpft nicht gegen den Stier«, antwortete Luis Cervallos.

»Oh«, erwiderte John Harned, »dann ist das Pferd da, um aufgespießt zu werden? Das muss der Grund sein, warum ihm die Augen verbunden werden, sodass es den Stier nicht sieht, der kommt, um es aufzuspießen.«

»Nicht ganz so«, sagte ich. »Die Lanze des Picadors ist dazu da, den Stier davon abzuhalten, das Pferd aufzuspießen.«

»Dann werden Pferde selten aufgespießt?«, fragte John Harned.

»Nein«, erwiderte Luis Cervallos. »Ich habe in Sevilla gesehen, wie achtzehn Pferde an einem Tag getötet wurden, und die Zuschauer forderten noch mehr Pferde.«

»Waren sie geblendet, wie diese Pferde?«, wollte John Harned wissen.

»Ja«, sagte Luis Cervallos.

Danach unterhielten wir uns nicht weiter, sondern beobachteten den Kampf. Und John Harned war drauf und dran, wahnsinnig zu werden, und wir wussten es nicht.

Der Stier weigerte sich, das Pferd anzugreifen. Und das Pferd stand still. Da es nichts sehen konnte, wusste es nicht, dass die Capadores versuchten, den Stier zum Angriff auf es zu bringen. Die Capadores reizten den Stier mit ihren Capas, und wenn er sie angriff, rannten sie auf das Pferd zu und hinter die Schutzwände. Schließlich war der Bulle sehr wütend und sah das Pferd vor sich.

»Das Pferd weiß es nicht, das Pferd weiß es nicht«, flüsterte John Harned wie im Selbstgespräch und sich dessen nicht bewusst, dass er seinen Gedanken hörbar aussprach.

Der Wahnsinn des John Harned

Der Stier griff an, und das Pferd ahnte natürlich nichts, bis der Picador danebenstach und das Pferd sich von unten auf die Hörner des Stiers aufgespießt fand. Der Stier war unglaublich stark. Seine Stärke war deutlich zu sehen. Er hob das Pferd vollständig in die Luft; und als das Pferd seitwärts auf den Boden fiel, sprang der Picador ab und flüchtete, während die Capadores den Stier ablenkten.

Aus dem Pferd quollen die Gedärme und Organe hervor. Schreiend erhob es sich. Es war der Schrei des Pferdes, der John Harned komplett wahnsinnig werden ließ, denn er begann sich nun ebenfalls zu erheben. Ich hörte ihn leise, aber intensiv fluchen. Er ließ dabei keinen Augenblick das Pferd aus den Augen, welches, immer noch schreiend, wegzurennen versuchte, aber stattdessen niederstürzte und auf den Rücken rollte, sodass alle vier Beine in die Luft ausschlugen. Da griff der Stier wieder an und spießte es wieder und wieder auf, bis es tot war.

John Harned war nun auf den Füßen. Seine Augen waren nicht länger kalt wie Stahl. Sie waren blau flammend. Er schaute Maria Valenzuela an und sie ihn, und in seinem Gesicht war eine große Abscheu. Der Moment seines Wahnsinns war gekommen. Jetzt, da das Pferd tot war, blickten alle auf ihn, und John Harned war ein großer Mann und nicht zu übersehen.

»Setzen Sie sich«, sagte Luis Cervallos, »oder Sie werden einen Narren aus sich machen.«

John Harned erwiderte nichts. Er ballte seine Faust und schmetterte sie Luis Cervallos ins Gesicht, sodass dieser wie ein toter Mann über die Stühle fiel und sich nicht mehr erhob. Er sah nichts von dem, was folgte. Aber ich sah viel.

Urcisimo Castillo, der sich über die Brüstung seiner Loge lehnte, schlug John Harned mit seinem Spazierstock voll übers Gesicht. Und John Harned schlug ihn mit seiner Faust nieder, sodass er im Fallen General Salazar mitriss. John Harned war nun in dem Zustand, den Ihr ›Berserkerwut‹ nennt – oder? Das primitive Tier war in ihm entfesselt und brüllte – die primitive Bestie aus den Höhlen der Vorzeit.

»Ihr wolltet einen Stierkampf sehen«, hörte ich ihn brüllen, »und bei Gott, ich werde Euch nun einen Männerkampf zeigen!«

Es war eine Schlacht. Die Soldaten, welche die Präsidentenloge schützten, sprangen herüber, aber er entriss einem von ihnen das Gewehr und schlug ihnen damit auf die Köpfe. Aus der anderen Loge schoss Colonel Jacinto Fierro mit einem Revolver auf ihn. Der erste Schuss tötete einen Soldaten. Das weiß ich genau. Ich sah es. Aber der zweite Schuss traf John Harned in die Seite, worauf er fluchte und mit einem Ausfallschritt das Bajonett des Gewehrs in Jacinto Fierros Leib stieß. Es war schrecklich anzuschauen. Die Amerikaner und die Engländer sind eine brutale Rasse. Sie regen sich auf über unseren Stierkampf, aber lieben es selbst, Blut zu vergießen. Mehr Männer wurden an diesem Tag wegen John Harned getötet als in der gesamten Geschichte des Stierkampfes in Quito, ja, und in Guayaquil und in ganz Ecuador.

Es war der Schrei des Pferdes, der das auslöste, aber warum wurde John Harned nicht wahnsinnig, als der Stier getötet wurde? Ein Tier ist ein Tier, ob Stier oder Pferd. John Harned war verrückt. Es gibt keine andere Erklärung. Er war blutrünstig und selbst ein Tier. Ich überlasse es Eurem Urteil. Was ist verwerflicher – das Aufspießen des Pferdes durch den Stier oder das Aufspießen von Colonel Jacinto Fierro durch das Bajonett in den Händen von John Harned? Und John Harned spießte noch andere auf mit dem Bajonett. Er war vom Teufel besessen. Er kämpfte noch mit mehreren Kugeln im Leib und war kaum umzubringen.

Aber Maria Valenzuela war eine tapfere Frau. Sie schrie nicht und fiel auch nicht in Ohnmacht wie die anderen Frauen. Sie saß ruhig in ihrer Loge und starrte über die Stierkampf-Arena hinweg. Ihr Gesicht war weiß, und sie fächelte sich Luft zu, aber sie schaute sich zu keinem Zeitpunkt um.

Von allen Seiten kamen Soldaten und Offiziere und einfache Leute tapfer heran, um den wahnsinnig gewordenen Gringo zu überwältigen. Es stimmt – aus der Menge erhob sich der Ruf, alle Gringos zu töten. Es ist ein altbekannter Ruf in lateinamerikanischen Ländern, was an der Unbeliebtheit der Gringos und ihrer ungehobelten Art liegt. Es ist wahr, dieser Ruf erhob sich. Aber die braven Ecuadorianer töteten nur John Harned, und zuvor tötete er sieben von ihnen. Außerdem wurden zahlreiche verwundet. Ich habe viele Stierkämpfe gesehen, aber niemals habe ich etwas so Entsetzliches gesehen, wie die Szenerie in den Logen, als der Kampf vorüber war. Es war wie ein Schlachtfeld. Die Toten lagen überall herum, während die Verwundeten jammerten und stöhnten und manche noch starben. Ein Mann, den John Harned mit dem Bajonett durch den Bauch gestochen hatte, hielt ihn mit beiden Händen umklammert und schrie. Ich versichere Ihnen, es war schrecklicher als das Schreien von tausend Pferden.

Nein, Maria Valenzuela heiratete nicht Luis Cervallos. Ich bedaure das. Er war mein Freund, und viel von meinem Geld war in seinen Unternehmungen investiert. Es dauerte fünf Wochen, bis die Chirurgen die Verbände von seinem Gesicht nahmen. Und bis heute ist eine Narbe geblieben, auf der Wange unter dem Auge. Dabei hat John Harned ihn nur einmal geschlagen und nur mit seiner bloßen Faust.

Männergeschichten

Maria Valenzuela ist nun in Australien. Es wird gesagt, sie heirate einen Erzherzog oder einen hochgestellten Adligen. Ich weiß es nicht. Ich denke, sie hat John Harned geliebt, bevor er ihr nach Quito folgte, um einen Stierkampf zu sehen. Aber was war mit dem Pferd? Das würde ich gerne wissen. Warum beobachtete er den Stier und sagte, dass es nicht zählt, um dann anschließend sofort und auf höchst entsetzliche Weise wahnsinnig zu werden, nur weil ein Pferd schreit? Die Gringos sind nicht zu verstehen. Sie sind Barbaren.

Ein Stück Fleisch

Mit dem letzten Stückchen Brot wischte Tom King den Rest Mehlsoße von seinem Teller und kaute diesen Bissen langsam und nachdenklich. Als er sich vom Tisch erhob, quälte ihn eindeutig das Gefühl, immer noch hungrig zu sein. Dabei hatte nur er gegessen. Die zwei Kinder im anderen Raum waren früh zu Bett geschickt worden, in der Hoffnung, sie würden im Schlaf vergessen, dass sie kein Abendessen hatten. Seine Frau hatte nichts angerührt und war still dabeigesessen und hatte ihn mit besorgten Augen beobachtet. Sie war eine dünn und erschöpft aussehende Arbeiterfrau, obwohl noch Spuren früherer Schönheit in ihrem Gesicht vorhanden waren. Das Mehl für die Soße hatte sie bei der Nachbarin geborgt. Um das Brot zu kaufen, waren die letzten zwei Pennys draufgegangen.

Er setzte sich ans Fenster auf einen wackeligen Stuhl, der unter seinem Gewicht ächzte, steckte sich gedankenverloren seine Pfeife in den Mund und griff mit der Hand in seine Jackentasche. Als er dabei keinerlei Tabak fand, wurde ihm seine vergebliche Aktion bewusst, und er steckte mit einem ärgerlichen Gesichtsausdruck über seine Vergesslichkeit die Pfeife wieder weg. Seine Bewegungen waren langsam, fast schwerfällig, als würde er von der schweren Last seiner Muskeln erdrückt. Er war ein kräftig gebauter, grobschlächtig aussehender Mann, und sein Erscheinungsbild wirkte nicht gerade übermäßig anziehend. Seine groben Kleider waren alt und abgetragen. Das Obermaterial seiner Schuhe war fast zu schwach, um die schweren Sohlen halten zu können, die selbst nicht die neuesten waren. Und sein Baumwollhemd, ein billiger Gelegenheitskauf, hatte einen ausgefransten Kragen und nicht herauswaschbare Farbflecken.

Aber es war Tom Kings Gesicht, das ihn unverkennbar als das auswies, was er war. Es war das typische Gesicht eines Preisboxers; eines Mannes, der lange Jahre im Boxring verbracht und dabei all die Merkmale einer kämpfenden Bestie ausgebildet und verinnerlicht hat. Es hatte einen ausgesprochen finsteren Ausdruck, und damit keiner seiner Gesichtszüge unbemerkt blieb, war es glattrasiert. Die Lippen waren formlos und bildeten einen schroffen Mund, der wie eine Wunde in seinem Gesicht klaffte. Die Kinnlade ragte brutal und schwer vor. Die Augen bewegten sich träge unter den wulstigen Lidern und lagen fast ausdruckslos unter den struppig herabhängenden Brauen. Tierisch wie er war, waren die Augen das tierischste an ihm. Sie waren schläfrig, löwenartig – die Augen eines lauernden Tieres. Die Stirn floh rasch zu den Haaren zurück, die kurzgeschoren jede Beule des hässlich anzuschauenden Schädels offenbarten. Eine Nase, vielfach gebrochen und verformt durch zahllose Boxhiebe, und ein ständig geschwollenes und auf doppelte Größe blumenkohlartig aufgequollenes Ohr vervollständigten sein schmuckes Aussehen, während der Bartwuchs, obwohl er frisch rasiert war, auf Kinn und Wangen das Gesicht schwarzblau schimmern ließ.

Alles in allem war es das Gesicht eines Mannes, vor dem man sich in einer dunklen Gasse oder an einem einsamen Ort gefürchtet hätte. Aber Tom King war weder ein Krimineller noch hatte er je etwas Kriminelles getan. Außerhalb der Kämpfe, in seinem alltäglichen Leben, hatte er noch nie jemand verletzt. Ebenso wenig war er als einer bekannt, der Streit suchte. Er war ein professioneller Boxer, und seine gesamte kämpferische Brutalität war seinen professionellen Kämpfen vorbehalten. Außerhalb des Rings war er eine gutmütige Natur, und in früheren Tagen, als das Geld noch floss, war er freigiebiger gewesen, als es für ihn gut war. Er trug niemand etwas nach und hatte wenig Feinde. Boxen war eine geschäftliche Angelegenheit für ihn. Im Ring schlug er zu, um zu treffen, zu verletzen und zu zerstören; aber es lag keine Feindseligkeit darin. Es war eine rein geschäftliche Angelegenheit. Das Publikum kam und zahlte für das Spektakel, bei dem Männer einander niederschlugen. Der Sieger bekam den größeren Teil der Börse. Als Tom King vor zwanzig Jahren Wool Gouger gegenüberstand, wusste er, dass Gougers Kinn gerade erst verheilt war, nachdem es vier Monate zuvor bei einem Kampf in Newcastle gebrochen worden war. Und er hatte seinen Kampf auf dieses Kinn ausgerichtet und es in der neunten Runde erneut gebrochen; nicht weil er Gouger übelwollte, sondern weil es der sicherste Weg war, um Gouger auszuschalten und das dickere Ende der Börse zu gewinnen. Und auch Gouger hatte ihm das nicht übelgenommen. So waren eben die Spielregeln, und beide kannten diese und kämpften danach.

Tom King war nie besonders redselig gewesen, und so saß er missmutig schweigend am Fenster und starrte auf seine Hände. Die Adern quollen dick und geschwollen aus seinen Handrücken; und die zerschlagenen, übel zugerichteten und verformten Knöchel zeugten davon, welcher Gebrauch von ihnen gemacht worden war. Er hatte noch nie gehört, dass der Zustand eines Mannes dem Zustand seiner Adern gleicht, aber er wusste genau, was diese großen hervorquellenden Adern bedeuteten. Sein Herz hatte unter Hochdruck zu viel Blut durch sie gepumpt. Sie erfüllten nicht länger ihre Aufgabe. Er hatte ihre Elastizität überdehnt, und mit ihrer Überdehnung schwand seine Ausdauer. Er ermüdete nun rascher. Er konnte nicht länger zwanzig schnelle Runden durchhalten, alles gebend, unablässig kämpfend von Gong zu Gong, mit einem wildem Schlagabtausch nach dem anderen, in die Seile getrieben und den Gegner in die Seile treibend und am wildesten und entschlossensten in der letzten, zwanzigsten Runde kämpfend, wenn alle in der Arena aufsprangen und brüllten, und er vorwärts schnellte, schlug, abduckte und Schauer von Schlägen austeilte und Schauer von Schlägen zurückbekam, während die ganze Zeit das Herz tapfer das pulsende Blut durch die entsprechenden Adern pumpte. Diese Adern, die dabei anschwollen, hatten sich danach immer wieder zusammengezogen, wenn auch nicht ganz. Jedes Mal, unmerklich zunächst, blieben sie ein wenig größer als zuvor. Er starrte auf sie und auf seine zerschlagenen Knöchel, und einen Moment lang kam ihm die Erinnerung hoch an die jugendliche Perfektion dieser Hände, bevor der erste Knöchel zerschmettert wurde am Kopf von Benny Jones, auch bekannt unter dem Namen »Walisischer Terror«.

Das Hungerfühl überkam ihn wieder.

»Verflucht, warum kann ich kein Stück Fleisch bekommen?«, brummte er laut, ballte seine großen Fäuste und stieß einen unterdrückten Fluch aus.

»Ich hab's bei *Burke's* und auch bei *Sawley's* versucht«, erwiderte seine Frau, sich halb entschuldigend.

»Und sie wollten nichts geben?«, fragte er.

»Nicht für einen halben Penny. Burke sagte –« Sie zögerte.

»Heraus damit! Was hat er gesagt?«

»Er denkt, dass Sandel dich heute Nacht fertig macht und dass du bereits hoch genug bei ihm in der Kreide stehst.«

Tom King knurrte, aber entgegnete nichts. Er war damit beschäftigt, an den Bullterrier zu denken, den er in früheren Tagen gehalten und ständig mit fetten Steaks gefüttert hatte. Burke hätte ihm Kredit für tausend Steaks gegeben – damals. Aber die Zeiten hatten sich geändert. Tom King wurde alt,

Ein Stück Fleisch

und alte Männer, die nur noch in zweitklassigen Klubs kämpften, konnten nicht erwarten, dass Kaufleute irgendwelche Rechnungen anschrieben.

Er war am Morgen mit dem Verlangen nach einem Stück Fleisch aufgestanden, und dieses Verlangen war nicht verschwunden. Er hatte nicht genug Training für diesen Kampf gehabt. Es war ein Dürrejahr in Australien, die Zeiten waren hart, und selbst die unregelmäßigste Arbeit war schwer zu finden. Er hatte keinen Sparringspartner gehabt, und seine Ernährung war weder gut gewesen noch ausreichend. Er hatte ein paar Tage im Straßenbau gearbeitet, wenn es möglich war, und war frühmorgens um den Wohnbezirk gerannt, um seine Beine in Form zu bringen. Aber es war hart, ohne einen Partner zu trainieren und auch noch eine Frau und zwei Kinder zu ernähren. Seine Kreditwürdigkeit war nur wenig gestiegen, als er gegen Sandel aufgestellt wurde. Der Sekretär des *Gayety Club* gab ihm drei Pfund Vorschuss – das war die Börse für den Verlierer – und weigerte sich, mehr zu geben. Hin und wieder schaffte er es, ein paar Schillinge von alten Kumpeln zu leihen, die ihm auch mehr geliehen hätten, wenn es nicht ein Dürrejahr gewesen wäre und sie es nicht selbst schwer gehabt hätten. Nein – es hatte keinen Sinn, sich diesbezüglich etwas vorzumachen –, seine Vorbereitung auf den Kampf war nicht zufriedenstellend. Er hätte eine bessere Ernährung und weniger Sorgen haben müssen. Außerdem ist es für einen vierzigjährigen Mann nicht mehr so einfach, wieder in Form zu kommen, wie für einen Zwanzigjährigen.

»Wie viel Uhr ist es Lizzie?«, fragte er.

Seine Frau ging nachschauen und kam zurück. »Viertel vor acht.«

»Sie werden den ersten Kampf in wenigen Minuten starten«, sagte er. »Nur ein Probekampf. Dann gibt es ein

Vierrundensparring zwischen Dealer Wells und Gridley und zehn Runden zwischen Starlight und einem Kerl von der Marine. Ich komme nicht dran vor einer Stunde.«

Nach weiteren schweigenden zehn Minuten erhob er sich. »Die Wahrheit ist, Lizzie, dass ich kein vernünftiges Training gehabt habe.«

Er griff nach seinem Hut und ging zur Tür. Er bot ihr keinen Kuss an – das tat er nie, wenn er ging –, aber an diesem Abend getraute sie sich, ihn zu küssen, ihre Arme um ihn zu schlingen und ihn zu zwingen, sich zu ihrem Gesicht herunterzubeugen. Sie sah sehr klein aus im Vergleich zu dem massigen Körper des Mannes.

»Viel Glück, Tom«, sagte sie. »Du wirst ihn schaffen.«

»Ja, ich werd' ihn umhauen«, antwortete er. »Das ist alles, was ich tun muss. Ich werd' ihn einfach umhauen.«

Er lachte mit einem Anfall von Herzlichkeit, während sie sich enger an ihn presste. Er blickte über ihre Schulter in den kahlen Raum. Das war alles, was er außer ihr und den Kindern auf Erden hatte, und dann war da noch die in Rückstand befindliche Miete. Und er war dabei, in die Nacht hinauszugehen, um Fleisch für sie und die Kinder zu beschaffen – nicht wie ein moderner Arbeiter in einer Maschinenhalle, sondern in der alten, primitiven, königlichen, tierischen Weise – indem er darum kämpfte.

»Ich werd' ihn umhauen«, wiederholte er, diesmal mit einer Spur von Verzweiflung in seiner Stimme. »Wenn ich gewinne, gibt's dreißig Pfund – dann kann ich alle Schulden bezahlen und hab' einen Batzen Geld übrig. Wenn ich verlier', krieg' ich nix – nicht einmal einen Penny für meine Heimfahrt mit der Tram. Der Sekretär hat mir den Anteil des Verlierers bereits ausgezahlt. Gute Nacht, alte Frau. Ich werd' sofort heimkommen, wenn ich gewinne.«

Ein Stück Fleisch

»Und ich werde darauf warten«, rief sie ihm hinterher.

Es waren zwei volle Meilen zum *Gayety Club*, und als er dahinlief, erinnerte er sich, wie er in seinen ruhmreichen Tagen – er war einst der Schwergewichtschampion von New South Wales gewesen – in einer Kutsche zum Kampf gefahren war und wie meistens die Kutsche von einigen treuen Anhängern bezahlt wurde, die mit ihm fuhren. Jetzt waren da Tommy Burns und dieser Yankee-Nigger Jack Johnson, die sogar in Motorkutschen vorbeifuhren. Und er musste laufen! Dabei war, wie jedermann weiß, ein Zweimeilenmarsch nicht die beste Vorbereitung für einen Kampf.

Er war ein alter Kerl, und die Welt ging mit alten Kerlen nicht gut um. Er war jetzt zu nichts mehr zu gebrauchen, außer für Arbeit im Straßenbau, und selbst dabei waren ihm seine gebrochene Nase und seine Blumenkohlohren hinderlich. Er ertappte sich dabei, wie er den Wunsch verspürte, ein Handwerk gelernt zu haben. Auf die Dauer wäre das besser gewesen. Aber niemand hatte ihm das gesagt, und er wusste auch tief in seinem Herzen, dass er nicht darauf gehört hätte, wenn es ihm jemand gesagt hätte. Es war so einfach gewesen. Viel Geld – schnelle ruhmreiche Kämpfe – Zeiten der Erholung und des Müßiggangs dazwischen – eine Anhängerschaft von eifrigen Bewunderern, mit Schulterklopfen, Händeschütteln, mit feinen Pinkeln, die glücklich waren, ihm einen Drink spendieren zu können für das Privileg eines Fünfminutengesprächs – und der Ruhm, das jubelnde Publikum, das stürmische Finish, der Ruf des Schiedsrichters »Der Sieger heißt King!«, und am nächsten Tag sein Name in den Sportseiten der Zeitungen.

Das waren Zeiten gewesen! Aber er erkannte in seiner langsamen grüblerischen Art allmählich, dass es die alten Kerle gewesen waren, die er damals umgehauen hatte. Er war die Jugend gewesen und stieg auf; sie waren das Alter und gingen unter. Kein Wunder, dass es leicht gewesen war – gegen die mit ihren geschwollenen Adern und zerschmetterten Knöcheln und der Schwäche in den Knochen von den vielen Schlachten, die sie bereits ausgefochten hatten. Er erinnerte sich an die Zeit, als er den alten Stowsher Bill in Rush-Cutters Bay in der achtzehnten Runde k.o. geschlagen hatte und wie der alte Bill danach im Umkleideraum geheult hatte wie ein Baby. Vielleicht war der alte Bill auch mit der Miete im Rückstand. Vielleicht hatte er zu Hause eine Frau und eine Schar Kinder. Und vielleicht gierte Bill damals am Tag des Kampfes auch nach einem Stück Fleisch. Bill hatte sich auf den Kampf eingelassen und unglaubliche Prügel bezogen. Nun konnte Tom King sehen, nachdem er selbst durch die Knochenmühle gegangen war, dass Stowsher Bill in jener Nacht vor zwanzig Jahren für einen größeren Einsatz kämpfte, als der junge Tom King, der auf Ruhm und schnelles Geld aus war. Kein Wunder, dass Stowsher Bill danach im Umkleideraum geheult hatte.

Nun, ein Mann kann eben nur eine bestimmte Anzahl an Kämpfen durchstehen. Das war das eherne Gesetz des Spiels. Der eine trägt vielleicht das Potenzial für hundert harte Kämpfe in sich, ein anderer nur für zwanzig; jeder hat, abhängig von der Beschaffenheit und Qualität seiner Stärke, nur eine bestimmte Anzahl, und wenn er diese ausgefochten hat, ist er am Ende. Ja, Tom King hatte die Reserven für mehr Kämpfe in sich als die meisten anderen, und er hatte weit mehr als seinen Anteil an harten, mörderischen Kämpfen gehabt – Kämpfe jener Art, die Herz und Lungen zum Bersten bringen, welche den Adern die Elastizität stehlen und die jugendlichen Muskeln verknoten, Kämpfe, die durch die fortwährende Anstrengung die Nerven und das

Ein Stück Fleisch

Durchhaltevermögen verschleißen, Gehirn und Knochen schwach werden lassen und die Ausdauer überfordern. Ja, er hatte es besser gemacht als alle anderen. Es war keiner seiner alten Kampfpartner mehr übrig. Er war der Letzte der alten Garde. Er hatte sie alle untergehen sehen, und er war selbst am Untergang von einigen beteiligt gewesen.

Sie hatten ihn gegen die alten Kerle aufgestellt, und einen nach dem andern hatte er sie beseitigt – darüber lachend, wenn sie im Umkleideraum heulten, wie der alte Stowsher Bill. Und nun war er selbst ein alter Kerl, und sie stellten die Youngsters gegen ihn auf. Da war dieser Bursche namens Sandel. Er war aus Neuseeland herübergekommen mit einer stolzen Kampfbilanz hinter sich. Aber niemand in Australien wusste etwas Genaues über ihn, und so stellten sie ihn gegen den alten Tom King auf. Wenn Sandel eine gute Schau lieferte, würden sie ihm einen besseren Mann für den Kampf zuteilen mit einer besseren Börse als Gewinn; aber das hing nun davon ab, ob er einen wilden Kampf entfachen würde. Er besaß die Voraussetzungen, um alles zu gewinnen – Geld und Ruhm und Karriere; und Tom King war der ergraute alte Haudegen, der ihm nun noch den Weg zu Ruhm und Ehre verstellte. Und der hatte nichts zu gewinnen, außer dreißig Pfund, um seinen Vermieter zu bezahlen und den Kaufmann. Als Tom King so vor sich hin grübelte, erschien vor seinem abgestumpften Blick die Gestalt der Jugend, der glorreichen Jugend, die triumphierend und unbesiegbar aufstieg mit geschmeidigen Muskeln und glatter Haut, mit Herzen und Lungen, die noch nie ermüdet und ausgezehrt waren und die lachten über Leistungsgrenzen. Ja, Jugend war die rächende Göttin. Sie zerstörte die alten Kerle und begriff dabei nicht, dass sie sich dadurch auch selbst zerstörte. Sie vergrößerte ihre Adern und zerschmetterte ihre Knöchel und wurde ihrerseits durch die nachrückende Jugend zerstört. Denn Jugend war immer jugendlich. Es war nur das Alter, das alt wurde.

An der Castlereagh Street bog Tom King nach links ab, und drei Häuserblöcke weiter kam er zum *Gayety Club*. Eine Horde Halbstarker, die vor dem Eingang herumlungerte, machte ihm respektvoll Platz, und er hörte wie einer von ihnen zu einem anderen sagte: »Das ist er! Das ist Tom King!«

Drinnen, auf dem Weg zu seiner Umkleidekabine, traf er den Clubsekretär, einen jungen Mann mit durchdringendem Blick und scharfen Gesichtszügen, der ihm die Hand schüttelte. »Wie fühlst du dich, Tom?«, fragte er.

»Fit wie ein Turnschuh«, antwortete King, obwohl er wusste, dass er log und sein Geld, wenn er welches besäße, sofort für ein gutes Stück Fleisch ausgegeben hätte.

Als er mit seinem Sekundanten hinter sich von der Umkleidekabine den Gang zum Boxring in der Mitte der Halle hinunterschritt, wurde er von der Menge mit lautem Applaus begrüßt. Er erwiderte die Grüße rechts und links, soweit er die Gesichter kannte. Die meisten waren jedoch Gesichter von Jugendlichen, die noch nicht geboren waren, als er seine ersten Lorbeeren im Boxring gewann. Er hüpfte leichtfüßig zum Ringboden hinauf und schlüpfte durch die Seile in seine Ecke, wo er sich auf einen Klappstuhl setzte. Jack Ball, der Ringrichter kam zu ihm und schüttelte ihm die Hand. Ball war ein ehemaliger Faustkämpfer, der schon über zehn Jahre nicht mehr den Ring als Hauptperson betreten hatte. King war froh, dass er ihn als Ringrichter hatte. Sie waren beide alte Kämpen. Wenn er es beim Kampf gegen Sandel mit den Regeln mal nicht so genau nehmen würde, konnte er sich darauf verlassen, dass Ball es durchließ.

Ein Stück Fleisch

Es kletterten nun aufstrebende junge Schwergewichtler nacheinander in den Ring, wo sie vom Ringrichter dem Publikum vorgestellt wurden. Außerdem gab er ihre Herausforderer bekannt.

»Young Pronto«, kündigte Bill an, »aus North Sidney; er fordert den Sieger des folgenden Kampfes gegen einen Einsatz von fünfzig Pfund heraus.«

Das Publikum applaudierte, und erneut kam Applaus auf, als Sandel durch die Seile kletterte und sich in seine Ecke setzte. Tom King schaute über den Ring hinweg neugierig zu ihm, denn in ein paar Minuten würden sie zu einem gnadenlosen Kampf aufeinandertreffen, jeder mit aller Kraft bemüht, den anderen bewusstlos zu schlagen. Aber er konnte wenig erkennen, da Sandel, wie er selbst auch, einen Trainingsanzug über seinem Boxdress trug. Sein Gesicht war sehr ansehnlich, mit energischem Ausdruck und gekrönt von einem lockigen Busch blonder Haare, während sein dicker muskulöser Nacken auf einen gut ausgebildeten Körper schließen ließ.

Young Pronto ging von einer Ringecke zur anderen, schüttelte allen die Hände und verließ dann den Ring. Die Bekanntgabe der Herausforderungen ging weiter. Die Youngsters kletterten durch die Seile – alle unbekannt, aber ehrgeizig – und verkündeten dem Publikum, dass sie es durch ihre Stärke und Geschicklichkeit mit dem Sieger aufnehmen würden. Ein paar Jahre zuvor, auf dem Höhepunkt seiner eigenen Unbesiegbarkeit, wäre Tom King bei diesem Vorgeplänkel amüsiert oder gelangweilt gewesen. Aber nun war er fasziniert, da er nicht in der Lage war, den Blick von ihrer Jugendlichkeit abzuwenden. Unaufhörlich kamen diese Youngsters im Boxgeschäft hoch, sprangen durch die Ringseile und schrien ihre Kampfansage hinaus; und unaufhörlich waren es die alten Kämpen, die durch sie untergingen. Ihr Weg zum Erfolg führte über die Körper der Alten. Und unaufhörlich kamen mehr und mehr Youngsters – unersättliche und unwiderstehliche Jugendliche –, und immer putzten sie die alten Kerle weg, um selbst alt zu werden und denselben Abstiegsweg zu gehen, während hinter ihnen ewige Jugend drängte – die neuen Babys, kräftig herangewachsen und ihre Vorgänger verdrängend, hinter ihnen bereits die nächsten Babys, bis ans Ende aller Tage –, Jugend, die ihren Willen haben muss und niemals sterben wird.

King blickte zur Presseloge hinüber und nickte Morgan vom *Sportsman* und Corbett vom *Referee* zu. Dann streckte er seine Hände vor, damit seine zwei Sekundanten Sid Sullivan und Charley Bates ihm die Handschuhe anziehen und verschnüren konnten – dabei scharf beobachtet von einem von Sandels Sekundanten, der zuvor misstrauisch die Bandagen um Kings Knöchel überprüft hatte. Ein Sekundant von King war seinerseits in der Ringecke von Sandel und erledigte dort dieselbe Aufgabe. Dann wurden Sandels Trainingshosen ausgezogen, und als er aufstand, zog man ihm den Pullover über den Kopf. Und Tom King, der das beobachtete, sah die verkörperte Jugend mit mächtigem Brustkorb, schwer bepackt mit Muskeln, die unter der glatten weißen Haut wie selbstständige Lebewesen hin und her glitten. Der ganze Körper war von Leben erfüllt, und Tom King wusste, dass es Leben war, dessen Frische noch nie durch die Poren hinausgequetscht worden war während langer Kämpfe, in denen die Jugend ihren Tribut zahlen musste und welche sie nicht ganz so jung verließ, wie sie diese begonnen hatte.

Die beiden Männer gingen aufeinander zu, und als der Gong ertönte und die Sekundanten mit den Klappstühlen

Ein Stück Fleisch

aus dem Ring kletterten, schüttelten sie sich die behandschuhten Hände und nahmen danach sofort ihre Kampfstellung ein. Und sogleich sprang Sandel vor und zurück, wie ein Mechanismus aus Stahlfedern, und wieder vor mit einer Linken in Richtung Auge, eine Rechte in den Rippen landend, einen Konter abduckend, leichtfüßig wegtänzelnd und erneut attackierend. Er war schnell und clever. Es war eine blendende Demonstration seines Könnens. Der Saal schrie vor Begeisterung. Aber Tom King war davon nicht geblendet. Dazu hatte er zu viele Kämpfe gehabt und zu viele Youngsters. Er kannte diese Art von Attacken, die zu schnell und zu überhastet waren, um gefährlich zu sein. Offensichtlich wollte Sandel ihn gleich vom Start weg beeindrucken. Das war zu erwarten gewesen. Das war die Art der Jugend, ihre Frische und Leistungsfähigkeit in wilden Angriffen und heftigen Attacken zu verausgaben, geblendet von der Glorie ihrer scheinbar grenzenlosen Kraft und Gier.

Sandel war hier und dort und überall, leichtfüßig und beherzt, ein leibhaftiges Wunder aus weißem Fleisch und zuckenden Muskeln, was sich zu einem überwältigenden Geflecht von Attacken verwob, vor- und zurückspringend wie eine Pendelmaschine, von Aktion zu Aktion durch tausend Aktionen, die alle nur das Ziel hatten, Tom King zu zerstören, der zwischen ihm und dem Ruhm stand. Aber Tom King hielt gelassen stand. Er kannte sein Geschäft, und er kannte die Jugend, nun, da er längst nicht mehr zu ihr gehörte. Es war ihm klar, dass da nichts anderes zu machen war, als zu warten, bis der andere seinen Dampf etwas abgelassen hatte, und er grinste in sich hinein, als er sich absichtlich duckte, um einen schweren Schlag mit der Schädeldecke abzufangen. Dies war eine hinterhältige Aktion, obwohl sie durchaus mit den Boxregeln vereinbar ist. Ein Boxer hat selbst auf seine Knöchel achtzugeben, und wenn er sich trotzdem darauf einlässt, seinem Gegner auf die Schädeldecke zu schlagen, so tut er es auf eigenes Risiko. King hätte sich auch tiefer ducken und den Schlag ins Leere gehen lassen können, aber er erinnerte sich an seine eigenen frühen Kämpfe und wie er sich dabei den ersten Knöchel am Schädel des »Walisischen Terrors« zertrümmert hatte. Nun war er es, der dieses Spiel spielte. Seine Aktion hatte Sandel einen Knöchel gekostet. Sandel bemerkte das momentan noch nicht. Er würde weiterkämpfen, ohne darauf zu achten, und während des Kampfes weiterhin so hart zuschlagen wie bisher. Aber später einmal, wenn die langen Ringschlachten ihre Wirkung zu zeigen beginnen, würde er sich zurückerinnern, wie er sich diesen Knöchel an Tom Kings Schädel zerschmettert hatte, und er würde das bedauern.

Die erste Runde ging komplett an Sandel, und er brachte das Publikum zum Toben durch die Geschwindigkeit seiner wirbelnden Angriffe. Er überfiel King mit einem Schlaghagel, und King setzte nichts dagegen. Er schlug nicht einmal zurück, sondern begnügte sich damit, sich zu schützen, zu blocken und abzuducken und zu klammern, um Schlimmeres zu verhindern. Ab und zu täuschte er an, schüttelte den Kopf, sobald er einen Schlag einstecken musste, bewegte sich bedächtig, nie hüpfend und springend, um keine Kraft zu verschwenden. Sandel musste zuerst seine überschäumende Jugend austoben, bevor das umsichtige Alter riskieren konnte zu kontern. Kings Bewegungen waren stets bedächtig und methodisch, und seine hängenden Lider und seine sich träge bewegenden Augen erweckten den Anschein, dass er halb schlief oder benommen sei. Aber seine Augen sahen alles, sie waren während seiner über zwanzig Jahre im Ring trainiert worden, alles zu sehen. Es waren Augen, die nicht zuckten

Ein Stück Fleisch

oder flackerten vor einem heftigen Schlag, sondern diesem gelassen entgegenblickten und die Distanz einschätzten. Während der Minutenpause am Ende der Runde saß King in seiner Ecke, lehnte sich mit ausgestreckten Beinen zurück, die Arme auf die Ringseile gelegt, während sein Brustkorb und sein Unterleib sich frei und tief hoben und senkten, als er den Luftstrom der von seinen Ringhelfern geschwenkten Handtücher einatmete. Er lauschte mit geschlossenen Augen auf die Stimmen aus dem Publikum:

»Warum beginnst du nicht zu kämpfen, Tom?«, schrien viele. »Du hast doch keine Angst vor ihm, oder?«

»Lahme Muskeln«, hörte er einen in der ersten Reihe kommentieren. »Er kann nicht schneller. Ich wette zwei gegen eins auf Sandel.«

Der Gong ertönte, und die beiden Boxer erhoben sich in ihrer Ringecke. Sandel kam King dreiviertel des Ringdurchmessers entgegen, begierig wieder zu beginnen. King war zufrieden, die kürzere Strecke zu haben. Es passte in seine Strategie des Kräfteschonens. Er hatte nicht genug trainieren können und hatte tagelang nicht genug zu essen gehabt, deshalb zählte jeder Schritt. Außerdem war er bereits zwei Meilen zur Boxhalle gelaufen.

Es war eine Wiederholung der ersten Runde, mit einem Sandel, der wie ein Wirbelwind attackierte, und einem Publikum, das sich empört darüber beschwerte, dass King nicht kämpfte. Außer antäuschen und einigen lasch vorgetragenen und wirkungslosen Schlägen machte er nichts außer blocken, verzögern und klammern. Sandel versuchte das Tempo zu erhöhen, während King sich dem aus seiner Erfahrung heraus verweigerte.

Er grinste mit einem gewissen wehmütigen Ausdruck in seinem vom Kampf gezeichneten Gesicht vor sich hin und fuhr fort, seine Kräfte zu sparen mit einer Hartnäckigkeit, zu der nur das Alter befähigt. Sandel war die Jugend, und er verschleuderte seine Kraft mit deren verschwenderischer Unbekümmertheit. King war dagegen im Besitz der Ringerfahrung, dem aus langen, schmerzvollen Kämpfen geborenen Wissen. Er beobachtete alles mit scharfem Auge und kühlem Kopf, bewegte sich bedächtig und wartete darauf, dass Sandels Überschwang verschäumen würde. Für die Mehrheit der Zuschauer sah es so aus, als ob King hoffnungslos unterlegen sei, und sie taten ihre Meinung mit Wetten von drei zu eins auf Sandel kund. Aber es gab da auch ein paar Erfahrene, die King aus alten Zeiten kannten und die dagegen hielten in der Hoffnung auf leicht zu gewinnendes Geld.

Die dritte Runde begann wie bisher, einseitig, mit einem Sandel, der beständig angriff und Schläge austeilte. Es war eine halbe Minute verstrichen, als er übermütig wurde und seine Deckung vernachlässigte. Kings Augen und seine rechte Faust reagierten sofort. Es war sein erster richtiger Treffer – ein Aufwärtshaken mit angewinkeltem Arm, um ihn zu verstärken, und mit dem ganzen Gewicht des halb hineingedrehten Körpers dahinter. Es war, als ob ein schläfrig erscheinender Löwe plötzlich seine Pranke blitzartig hinausschnellen lasse. Sandel, der seitlich am Kinn erwischt wurde, fiel wie ein Schlachtochse. Ein Raunen ging durch das Publikum, und sie applaudierten respektvoll. Dieser Mann war offensichtlich doch nicht muskellahm, sondern konnte Schläge austeilen wie ein Dampfhammer.

Sandel war erschüttert. Er rollte sich zur Seite und versuchte aufzustehen, aber die scharfen Anweisungen seiner Sekundanten, das Anzählen abzuwarten, hielten ihn zurück. Er erhob sich auf die Knie, bereit aufzustehen, und wartete

Ein Stück Fleisch

dann ab, während der Ringrichter über ihm stand und laut die Sekunden in sein Ohr zählte. Bei »Neun« erhob er sich in Kampfstellung, und Tom King, der ihn beobachtete, bedauerte, dass der Schlag nicht ein Stück näher an der Kinnspitze gelandet war. Das wäre der Knockout gewesen, und er hätte die dreißig Pfund heim zu seiner Frau und seinen Kindern bringen können.

Die Runde ging weiter bis zum Ende ihrer drei Minuten. Sandel war erstmals respektvoll gegenüber seinem Gegner, und King agierte mit bedächtigen Aktionen und schläfrigem Blick wie zuvor. Als die Runde auf ihr Ende zuging, verlagerte King den Kampf in Richtung seiner Ringecke, als er sah, dass die Sekundanten sich fertigmachten, durch die Seile in den Ring zu klettern. Und als der Gong ertönte, setzte er sich sofort auf den bereitstehenden Stuhl, während Sandel erst noch durch den ganzen Ring in seine Ecke gehen musste. Es war eine Kleinigkeit, aber es war die Summe dieser Kleinigkeiten, die zählte. Sandel war gezwungen, diese zusätzlichen Schritte zu tun, dadurch überflüssige Energie zu verbrauchen und zudem einen Teil seiner wertvollen Ruhepause zu verlieren. Am Beginn jeder Runde erhob sich King gemächlich in seiner Ecke und zwang seinen Gegner wiederum, die längere Strecke auf sich zu nehmen. Und am Ende der Runde manövrierte King den Kampf erneut in seine eigene Ecke, damit er sich sofort hinsetzen konnte.

Zwei weitere Runden gingen vorüber, in denen King sparsam mit seinen Kräften umging, Sandel dagegen verschwenderisch. Der Versuch Sandels, ein höheres Tempo zu erzwingen, war für King unangenehm, denn ein ziemlicher Prozentsatz des Schlaghagels, der auf ihn niederging, traf ihn auch. Dennoch beharrte King zäh auf seiner Zurückhaltung, trotz der Aufforderung durch die jungen Heißsporne im Publikum, er solle vorwärtsgehen und kämpfen. In der sechsten Runde war Sandel aber erneut leichtsinnig, und Toms fürchterliche Rechte landete wieder auf seinem Kinn, und erneut musste Sandel das Anzählen bis Neun hinnehmen.

In der siebten Runde war Sandels Topkondition erschöpft, und er musste nun erkennen, dass er im härtesten Kampf seiner Karriere steckte. Tom King war ein alter Kerl – aber ein alter Kerl, der nie den Kopf verlor, der eine bemerkenswerte Fähigkeit zur Verteidigung besaß, dessen Schläge die Wirkung einer Keule hatten und der mit beiden Fäusten fähig zum Knockout war. Trotzdem wagte Tom King nicht oft zu schlagen. Er vergaß zu keiner Zeit seine malträtierten Knöchel und wusste, dass jeder Schlag sitzen musste, wenn die Knöchel bis zum Ende des Kampfes durchhalten sollten.

Als er in seiner Ringecke saß und zu seinem Gegner hinüberblickte, kam ihm der Gedanke, dass die Summe seiner Erfahrung gepaart mit Sandels Jugend einen Schwergewichtsweltmeister ergeben würde. Aber das war das Problem – Sandel würde nie Weltmeister werden. Er besaß dazu nicht die Erfahrung, und der einzige Weg, sie zu bekommen, war, dafür mit seiner Jugend zu bezahlen; und wenn er dann die Erfahrung besitzen würde, würde seine Jugend dafür als Preis draufgegangen sein.

King nutzte jeden Kniff, den er kannte. Er ließ keine Gelegenheit aus, zu klammern, und meist versäumte er in diesen Clinches nicht, seine Schulter dabei hart in die Rippen des Gegners zu rammen. In der Philosophie des Rings war ein Schulterstoß, was die Wirkung betrifft, ebenso gut wie ein Faustschlag, hinsichtlich des benötigten Kraftaufwands aber weitaus besser. In den Clinches legte King sich zudem mit seinem vollen Gewicht auf den Gegner und trennte sich nur widerwillig wieder von ihm. Das forderte das Einschreiten des Ringrichters heraus, der sie auseinanderzog und dabei stets von Sandel unterstützt wurde, der immer noch nicht gelernt hatte, Ruhepausen einzulegen. Er vermochte sich nicht zu zügeln, sondern setzte seine prächtigen Armmuskeln beständig zu weit ausholenden Schwingern ein, und wenn der andere sich dann wieder in den Clinch rettete, dabei die Schulter in seine Rippen rammte und mit dem Kopf unter Sandels linkem Arm ausruhte, schwang dieser fast immer seine Rechte hinter dem eigenen Rücken in Kings ungedecktes Gesicht. Es war ein hinterlistiger Schlag, der die Bewunderung des Publikums fand, aber er war nicht wirkungsvoll und deshalb nur Kraftverschwendung. Sandel war jedoch ruhelos und sich seiner Grenzen nicht bewusst, und King grinste darüber und hielt hartnäckig durch.

Sandel landete immer wieder eine grimmige Rechte auf Kings Körper, was den Eindruck erweckte, dass King eine enorme Menge Prügel einstecken müsse. Nur die alten Hasen unter den Zuschauern bemerkten den geschickten Stoß Kings mit seinem linken Handschuh gegen den Bizeps des Gegners, kurz bevor dessen Rechte einschlug. Gewiss, der Schlag traf jedes Mal; aber jedes Mal wurde ihm die Durchschlagskraft geraubt durch diesen Stoß gegen den Bizeps.

In der neunten Runde traf Kings angewinkelte Rechte innerhalb einer Minute drei Mal Sandels Kinn, und drei Mal sackte dessen Körper mit seinem ganzen Gewicht auf die Ringmatte. Jedes Mal nahm er die erlaubten neun Sekunden in Anspruch und erhob sich dann wieder, erschüttert und geschockt, aber immer noch kampffähig. Er hatte nun viel von seiner Schnelligkeit eingebüßt und vergeudete weniger Kraft. Aber er kämpfte verbissen und setzte weiterhin auf seinen Trumpf, welcher seine Jugend war.

Kings Trumpf war die Erfahrung. Als seine Kampfkraft nachließ und seine Energie abnahm, ersetzte er diese durch Schläue, geboren aus der Erfahrung der langen Kämpfe und aus dem durchdachten Umgang mit seinen Kräften. Er hatte nicht nur gelernt, niemals überflüssige Aktionen zu machen, sondern auch, wie er seinen Gegner dazu verführen konnte, seine Kräfte zu verschwenden. Wieder und wieder verlockte er Sandel durch Täuschungsmanöver mit Fuß, Hand und Körper zu Rückwärtsbewegungen, Abducken und Kontern. King verschaffte sich dadurch Ruhepausen, während er Sandel niemals erlaubte auszuruhen. Das war die Strategie des Alters.

Zu Beginn der zehnten Runde fing King an, die Angriffe des Anderen mit linken Geraden ins Gesicht zu stoppen, und Sandel, vorsichtig geworden, blockte mit der Linken, duckte sich dann und schlug mit einem weit ausgeholten Schwinger seitlich an Kings Kopf. Er war zu hoch angesetzt, um wirklich effektiv zu sein, aber sobald er einschlug, empfand King das altvertraute Gefühl des schwarzen Schleiers, der sich über sein Bewusstsein legte. Für einen Augenblick, oder besser gesagt, für den Bruchteil eines Augenblicks war er außer Gefecht. In diesem Moment sah er seinen Gegner aus dem Gesichtsfeld verschwinden vor dem Hintergrund weißer, ihn beobachtender Gesichter. Im nächsten Moment sah er seinen Gegner wieder und die Gesichter dahinter. Es war ihm, als habe er eine Zeitlang geschlafen und sei soeben wieder erwacht. Der Augenblick der Ohnmacht war aber so kurz gewesen, dass für ihn keine Zeit zum Fallen gewesen war. Das Publikum sah ihn wanken mit weichen Knien und sah ihn dann zurückkommen und sein Kinn tiefer in den Schutz seiner linken Schulter ducken.

Sandel wiederholte diesen Schwinger, der King halb betäubte, mehrere Male, bis dieser ein Gegenmittel fand,

Ein Stück Fleisch

das zugleich ein Konter war. Mit der Linken antäuschend, ging er einen halben Schritt zurück und schlug gleichzeitig mit der vollen Kraft der Rechten einen Aufwärtshaken. Dieser war so genau berechnet, dass er Sandels Gesicht voll traf, sodass dieser aus seiner geduckten Haltung in die Höhe gerissen wurde, rückwärts flog und mit Kopf und Schulter auf der Ringmatte aufschlug. Zwei Mal gelang King das, dann legte er los und hämmerte seinen Gegner in die Ringseile. Er gab Sandel keine Chance zum Ausruhen oder zum Erholen, sondern schlug Treffer auf Treffer, bis das Publikum aufsprang und die Luft von einem ununterbrochenen Anfeuerungsgeschrei erfüllt war.

Aber Sandels Stärke und Stehvermögen war unglaublich, und er blieb hartnäckig auf den Füßen. Ein Knockout schien jedoch sicher, und ein Polizeioffizier, der schockiert war von diesem fürchterlichen Schlaghagel, sprang an der Ringseite auf, um den Kampf zu stoppen. Da ertönte der Gong zum Ende der Runde, und Sandel torkelte in seine Ringecke und versicherte dem Polizeioffizier, dass er noch bei Kräften und kampffähig sei. Um das zu beweisen, vollführte er einige Luftsprünge, worauf der Polizeioffizier sich beruhigte.

Tom King, der sich heftig atmend in seiner Ringecke zurücklehnte, war enttäuscht. Wenn der Kampf abgebrochen worden wäre, hätte der Ringrichter notgedrungen ihm den Sieg zusprechen müssen, und die Kampfbörse hätte ihm gehört. Im Unterschied zu Sandel kämpfte er nicht für Ruhm und Karriere, sondern für 30 Geldscheine. Aber nun würde sich Sandel während der Minute der Ringpause wieder erholen.

Jugend triumphiert – diese Redensart ging King blitzartig durch den Kopf, und er erinnerte sich, wann er sie zum ersten Mal gehört hatte; es war in der Nacht, in der er Stowsher

Bill weggefegte. Der feine Pinkel, der ihm nach dem Kampf einen Drink spendierte und ihm dabei auf die Schulter klopfte, benutzte diese Redensart. Jugend triumphiert. Der Schnösel hatte recht. Und in jener Nacht vor langer Zeit war er die Jugend gewesen. Heute Nacht saß die Jugend aber in der gegenüberliegenden Ringecke. Was ihn selbst betraf, so hatte er nun bereits eine halbe Stunde gekämpft, und er war ein alter Mann. Wenn er wie Sandel gekämpft hätte, würde er keine fünfzehn Minuten durchgehalten haben. Das Hauptproblem war aber, dass er sich nicht mehr erholte. Diese hervorquellenden Arterien und das überforderte Herz würden ihm nicht ermöglichen, in den Pausen zwischen den Runden genügend Kraft zu sammeln. Und er hatte nicht einmal zu Beginn genug Kraft in sich gehabt. Seine Beine waren schwer und begannen zu krampfen. Er hätte die zwei Meilen zum Kampfring nicht laufen sollen. Und da war das Stück Fleisch, das er am Morgen gebraucht hätte und nicht bekommen hatte. Ein furchtbarer Hass stieg in ihm hoch auf den Fleischer, der ihm den Kredit verweigerte. Es war hart für einen alten Mann, in einen Kampf zu gehen ohne genügend Nahrung. Und ein Stück Fleisch war eine kleine Sache, die bestenfalls ein paar Pennys kostete; nun konnte sie ihn jedoch dreißig Pfund kosten.

Beim Gong, der die elfte Runde eröffnete, sprang Sandel auf und zog eine Show ab, um eine Frische zu zeigen, die er nicht mehr wirklich besaß. King wusste, wie das einzuschätzen war – als Bluff, der so alt war wie das Boxen selbst. Er klammerte, um sich zu schützen, dann, sich befreiend, erlaubte er Sandel, ihn anzugreifen. Das war, was King wünschte. Er täuschte mit der Linken an, forderte Sandels Abducken und den folgenden Versuch eines Aufwärtsschwingers heraus, machte dabei seinen halben Schritt

Ein Stück Fleisch

rückwärts, schlug den Aufwärtshaken Sandel voll ins Gesicht und schickte ihn auf die Ringmatte. Danach ließ er ihn nicht mehr zur Ruhe kommen, steckte dabei selbst Schläge ein, aber teilte weit mehr aus und trieb Sandel in die Ringseile, indem er das ganze Arsenal von Schlägen auf ihn losließ und ihn aus den Clinches zog oder ihn zurückschlug, wenn er den Clinch suchte; und immer, wenn Sandel zu fallen schien, schnappte er ihn mit einem Aufwärtshaken und prügelte ihn mit der anderen Faust in die Seile, damit er nicht fallen konnte.

Die Arena war zum Tollhaus geworden, und sie gehörte ihm, denn fast jede Stimme brüllte: »Vorwärts, Tom!«, »Mach ihn fertig! Mach ihn fertig!« und »Du hast ihn erwischt, Tom! Du hast ihn!«. Es war nun ein furioses Finale, und das war, was das Publikum sehen wollte und wofür es bezahlt hatte.

Und Tom King, der seine Kraft eine halbe Stunde lang aufgespart hatte, verausgabte diese nun intensiv in dem einzigen großen Angriff, von dem er wusste, dass er noch in ihm steckte. Es war seine einzige Chance – jetzt oder nie! Seine Kraft nahm rasch ab, und seine Hoffnung war, dass er seinen Gegner endgültig zu Boden geschickt haben werde, bevor die letzte Kraft ihn verließ. Aber als er fortfuhr anzugreifen und zu schlagen, wobei er die Kraft seiner Schläge und die Qualität ihrer Wirkung nüchtern einschätzte, wurde ihm klar, wie schwer ein Mann wie Sandel auszuknocken war. Er besaß Durchhaltevermögen und Standfestigkeit in einem extremen Grad – es war die unbeschädigte Durchhaltefähigkeit und Ausdauer der Jugend. Sandel war sicherlich ein kommender Mann. Er hatte es in sich. Nur aus solchem Holz wurden erfolgreiche Kämpfer gemacht.

Sandel taumelte und wankte, aber Tom Kings Beine verkrampften sich und seine Handknöchel ließen ihn im Stich.

Er riss sich noch einmal zusammen, um harte Schläge zu landen, von denen jeder einen heftigen Schmerz durch seine misshandelten Fäuste zucken ließ. Obwohl er nun selbst kaum noch Schläge einstecken musste, wurde er im gleichen Maße schwächer wie sein Gegenüber. Seine Schläge trafen, aber es war keine Kraft mehr dahinter, und jeder Schlag benötigte eine gewaltige Willensanstrengung. Seine Beine waren wie aus Blei, und sie wankten sichtbar unter ihm, was Sandels Unterstützer bemerkten, worauf sie, ermutigt durch diese Beobachtung, ihren Mann wieder anzufeuern begannen.

King wurde dadurch zu einem Endspurt genötigt. Er teilte zwei Schläge in Folge aus – eine etwas zu hohe Linke auf den Solarplexus und eine Rechte gegen das Kinn. Es waren keine schweren Schläge mehr, aber Sandel war jetzt so geschwächt und benommen, dass er zu Boden ging und zitternd dalag. Der Ringrichter stand über ihm und schrie das Herunterzählen der schicksalshaften Sekunden in sein Ohr. Wenn er sich nicht erheben würde, bevor die zehnte Sekunde ausgerufen wurde, wäre der Kampf für ihn verloren. Das Publikum verharrte in atemloser Stille. King ruhte sich auf zitternden Beinen aus. Eine tödliche Müdigkeit hatte ihn erfasst, und vor seinen Augen schwankte und schwappte das Meer der Gesichter hin und her, während an seine Ohren, wie aus weiter Ferne, das Zählen des Ringrichters drang. Trotzdem glaubte er nun, dass der Kampf der seine sei. Es war unmöglich, dass ein so geschlagener Mann sich wieder erheben würde.

Aber die Jugend vermochte das, und Sandel stand wieder auf. Bei »Vier!« rollte er sich auf die Seite und tastete nach den Seilen. Bei »Sieben!« zog er sich auf die Knie und hielt inne mit auf den Schultern hin und her rollendem Kopf. Als der Ringrichter »Neun!« rief, stand Sandel wieder aufrecht in Kampfstellung, mit dem linken Arm sein Gesicht deckend und mit dem rechten seinen Körper. Dadurch waren seine wichtigsten Partien geschützt, während er vorwärts auf King zu torkelte in der Hoffnung, klammern zu können und dadurch mehr Zeit zu gewinnen.

Als Sandel sich erhob, war King augenblicklich bei ihm gewesen, aber die zwei Schläge, die er austeilte, verpufften auf der Deckung der Arme. Im nächsten Augenblick war Sandel im Clinch und klammerte verzweifelt, während der Ringrichter bemüht war, die beiden Männer zu trennen. King half mit, um sich zu befreien. Er kannte die Schnelligkeit, in der sich die Jugend erholen konnte, und er wusste, dass Sandel ihm gehörte, wenn er diese Erholung verhindern konnte. Ein harter Schlag würde reichen. Sandel gehörte ihm, unzweifelhaft ihm. Er hatte ihn ausmanövriert, ihn ausgelaugt, ihn niedergekämpft. Sandel taumelte aus dem Clinch, balancierte auf der Schneide zwischen Untergang und Überleben. Ein guter Schlag würde ihn fällen, niederwerfen und erledigen. Und Tom King erinnerte sich mit einem Aufblitzen von Bitterkeit an das Stück Fleisch und wünschte, er hätte es gehabt für diesen notwendigen Punch, den er bringen musste. Er nahm seine Konzentration zusammen für diesen Schlag, aber er war weder wirkungsvoll noch genau genug. Sandel schwankte, aber er fiel nicht, sondern stolperte rückwärts in die Seile, an denen er sich festhielt. King stolperte ihm nach und teilte einen weiteren Schlag aus, verbunden mit einem sich ausbreitenden stechenden Schmerz. Sein Körper ließ ihn im Stich. Alles, was noch von ihm übrig war, war seine Kampfintelligenz, die jedoch durch seine Erschöpfung getrübt und behindert war. Der Schlag, der auf Sandels Kinn zielte, kam nicht höher als zur Schulter.

Er hatte den Schlag höher beabsichtigt, aber die erschöpften Muskeln waren nicht fähig gewesen zu gehorchen. Und durch den Aufprall des Schlages taumelte Tom King selbst zurück und wäre beinahe gestürzt. Er versuchte es erneut. Diesmal ging sein Schlag gänzlich daneben, und er fiel vor lauter Schwäche gegen Sandel und klammerte sich fest, um sich davor zu retten, zu Boden zu sinken.

King machte keinen Versuch, sich aus dem Clinch zu befreien. Er hatte sein Pulver verschossen. Er war fertig. Und Jugend triumphierte. Sogar im Clinch konnte er spüren, wie Sandel wieder an Kraft gewann. Als der Ringrichter sie trennte, sah er vor seinen Augen die Jugend, die auferstand. Von Augenblick zu Augenblick wurde Sandel wieder stärker. Seine Schläge, zunächst schwach und wirkungslos, wurden kräftig und präzise. Tom Kings getrübte Augen sahen die behandschuhte Faust auf sein Kinn zukommen, und er versuchte, es durch das Hochreißen des Arms zu decken. Er sah die Gefahr und wollte reagieren, aber sein Arm war zu schwer. Er schien mit einem Hundertpfundgewicht aus Blei beschwert zu sein. Er würde sich nicht von selbst heben, und er versuchte ihn mit seiner ganzen Willenskraft hochzureißen. Da schlug aber schon die behandschuhte Faust ein. Er nahm ein scharfes Knacken wahr, das wie ein elektrischer Schlag wirkte, und gleichzeitig umhüllte ihn der Schleier der Finsternis.

Als Tom King seine Augen wieder öffnete, war er in seiner Ringecke und hörte das brüllende Publikum wie das Dröhnen der Brandung am Bondi Beach. Ein nasser Schwamm wurde gegen seinen Hinterkopf gepresst, und Sid Sullivan sprühte kaltes Wasser zur Erfrischung über sein Gesicht und seine Brust. Seine Handschuhe waren bereits entfernt worden, und Sandel beugte sich über ihn und schüttelte seine

Ein Stück Fleisch

Hand. Er empfand keine Feindschaft gegenüber dem Mann, der ihn ausgeknockt hatte, und er erwiderte den Händedruck mit einer Festigkeit, die seine zerschlagenen Knöchel protestieren ließ. Dann ging Sandel zur Mitte des Rings, und das Publikum fiel in einen Begeisterungstaumel, als es von ihm zu hören bekam, dass er Young Prontos Herausforderung annahm und er selbst hundert Pfund auf seinen Sieg setzte.

King starrte apathisch vor sich hin, während die Sekundanten ihm das herabrinnende Wasser von seinem Gesicht und Körper wischten und ihn vorbereiteten, den Ring zu verlassen. Er fühlte sich hungrig. Es war nicht der gewöhnliche nagende Hunger, sondern eine umfassende Leere, ein schmerzendes Loch im Magen, das auf den gesamten Körper ausstrahlte. Er versetzte sich zurück in den Moment des Kampfes, als er Sandel taumelnd und torkelnd am Rande der Niederlage hatte. Ach, das Stück Fleisch hätte es vollends entschieden! Nur das hatte ihm gefehlt, um den entscheidenden Schlag zu landen, und deshalb hatte er verloren. Es war alles bloß wegen dieses Stückes Fleisch.

Seine Sekundanten wollten ihn stützen, um ihm aus dem Ring zu helfen. Er schüttelte sie jedoch ab, duckte sich ohne Hilfe durch die Seile, sprang schwerfällig auf den Boden und folgte ihnen dicht auf den Fersen, als sie für ihn eine Gasse durch die Menge bahnten.

Als er die Umkleidekabine in Richtung Straße verließ, sprach ihn in der Eingangshalle ein junger Bursche an. »Warum hast du nicht angegriffen und ihn vollends fertig gemacht, als du ihn hattest?«, fragte der Bursche.

»Ach geh zur Hölle!«, erwiderte Tom King und ging die Stufen zur Straße hinunter.

Die Türen der Kneipe an der Ecke standen weit offen, und er sah das Licht und die lächelnden Barmädchen, hörte die zahlreichen Stimmen den Kampf diskutieren und das Klimpern der Geldstücke auf der Theke. Jemand lud ihn zu einem Drink ein. Er zögerte einen Moment, lehnte dann ab und ging seinen Weg weiter.

Nicht einen Penny hatte er in der Tasche, und der Zweimeilenmarsch heimwärts erschien ihm sehr lang. Er wurde augenscheinlich alt. Als er die Domainstreet überquert hatte, setzte er sich plötzlich auf eine Bank, entnervt vom Gedanken an seine Frau, die auf ihn wartete, um den Ausgang des Kampfes zu erfahren. Das war schmerzlicher als jeder Niederschlag, und es schien ihm unmöglich, sich dem zu stellen. Er fühlte sich schwach und verletzt, und der Schmerz in seinen malträtierten Knöcheln warnte ihn, dass selbst, wenn er einen Job im Straßenbau finden könnte, es eine Woche dauern würde, bevor er eine Hacke oder Schaufel halten könnte. Das Hungerloch in seinem Magen machte ihn ganz krank. Er wurde von seinem Elend übermannt, und in seine Augen trat eine ungewohnte Feuchtigkeit. Er bedeckte sein Gesicht mit den Händen, und als er losheulte, erinnerte er sich an Stowsher Bill und wie er ihn in jener Nacht vor langer Zeit fertiggemacht hatte. Armer alter Stowsher Bill! Er konnte nun verstehen, warum Bill damals in der Umkleidekabine geheult hatte.

Wie Argos in den alten Zeiten

Es war im Sommer 1897, als es in der Familie Tarwater Ärger gab. Großvater Tarwater war wieder einmal aus der Familienordnung ausgebrochen, der er sich zuvor ein Jahrzehnt lang widerstandslos untergeordnet hatte. Diesmal hatte er das Klondike-Fieber. Das erste und untrügliche Symptom solcher Anfälle war sein Singen. Er sang nur ein Lied, von dem er nicht mehr als die erste Strophe kannte. Und sobald er seine krächzende, heisere und sich überschlagende Stimme erhob, wusste die Familie, dass ihn wieder seine Füße juckten und ihm die alten Verrücktheiten in seinem Kopf herumspukten:

Wie Argos in den alten Zeiten,
Kann uns keiner heut verwehren,
Tum-tum, tum-tum, tum-tum,
Hinauszuziehn in die Weiten,
um das Goldne Vlies zu scheren.

Bereits zehn Jahre zuvor hatte er dieses Lied zur Melodie eines kirchlichen Lobgesangs erschallen lassen, als er von dem Fieberwahn gepackt worden war, er müsse zum Goldschürfen nach Patagonien. Die gesamte Familie widersetzte sich ihm damals und hatte ihre liebe Not damit. Als alle Versuche, seinen Entschluss zu erschüttern, gescheitert waren, hatten sie ihm Rechtsanwälte geschickt mit der Drohung, ihn zu entmündigen und in eine staatliche Anstalt für Geisteskranke einweisen zu lassen – was durchaus angemessen schien für einen Mann, der ein Vierteljahrhundert zuvor den gesamten Familienbesitz bis auf magere zehn Morgen

Land in Kalifornien verspekuliert und seither geschäftlich nichts wieder gutgemacht hatte.

Das Auftauchen der Rechtsanwälte wirkte auf John Tarwater damals wie der Einsatz eines fiebersenkenden Senfpflasters, denn seiner Meinung nach war es vor allem ihre Zunft gewesen, die ihm die reichen Tarwater-Güter abgenommen hatte. Und so war zu Zeiten seines patagonischen Fiebers allein der Gedanke an solch drastische Folgen ausreichend gewesen, um ihn zu heilen. Er hatte umgehend bewiesen, dass er nicht verrückt war, indem er das Fieber abschüttelte und sich bereit erklärte, nicht nach Patagonien zu gehen. Gleich danach hatte er jedoch gezeigt, wie verrückt er tatsächlich war, indem er seiner Familie freiwillig die zehn Morgen Tarwater-Land überschrieb, samt Haus, Scheune, Schuppen und Wasserrechten. Zudem übergab er ihnen auch die achthundert Dollar von seinem Bankkonto, die der letzte gerettete Rest seines ruinierten Vermögens waren. Seine Familie fand solchermaßen keinen Grund mehr für eine Einweisung in eine Anstalt, zumal eine solche Einweisung die Erbregelungen, die er soeben vorgenommen hatte, wieder außer Kraft gesetzt hätte.

»Großvater ist ziemlich sonderbar«, sagte Mary, seine älteste Tochter, die selbst schon Großmutter war, als ihr Vater auch noch das Rauchen aufgab.

Alles, was er damals für sich behielt, war ein Gespann alter Pferde, ein leichter, geländegängiger Planwagen und sein Zimmer im überbevölkerten Haus der Familie. Sodann hatte er im festen Willen, niemand zur Last fallen zu wollen, mit der US-Post den Vertrag geschlossen, zweimal in der Woche die Post von Kelterville über die Tarwater-Berge nach Old Almaden zu befördern, wo bei den höhergelegenen Viehweiden eine noch in Betrieb befindliche Quecksilbermine lag. Mit seinen betagten Pferden benötigte er für die beiden wöchentlichen Rundfahrten seine gesamte Zeit. Aber in zehn Jahren hatte er, ob's regnete oder die Sonne schien, nie eine Fahrt ausgelassen. Und er hatte auch nie versäumt, seiner Tochter Mary das wöchentliche Kostgeld zu bezahlen. Auf dieses Kostgeld hatte er nach seiner Genesung vom patagonischen Fieber bestanden und es immer regelmäßig bezahlt, wozu er das Rauchen aufgab, um so das gesparte Tabakgeld dafür verwenden zu können.

»Hör mal!«, rief er dem zerbrochenen Wasserrad der alten Tarwater-Mühle zu, die er aus dem Holz des Landes, auf dem sie stand, gebaut hatte, um den Weizen der ersten Siedler zu mahlen. »Sie können mich nicht ins Armenhaus stecken, solang ich mich selbst ernähre. Und ohne einen Cent auf meinem Konto wird auch kein Rechtsanwalt kommen und mir hinterherschnüffeln.«

Aber gerade weil John Tarwater in so hohem Maße durchdacht und rational handelte, wurde er für etwas sonderbar gehalten.

Das Lied von »Argos in den alten Zeiten« hatte er zum ersten Mal 1849 angestimmt, als er zweiundzwanzig Jahre alt und heftig vom kalifornischen Goldfieber gepackt worden war. Damals hatte er seine zweihundertvierzig Morgen Land in Michigan, von denen vierzig bereits gerodet waren, zum Gegenwert von vier Ochsengespannen und einem Wagen verkauft, mit denen er zur Fahrt über die großen Prärien aufbrach.

»In Fort Hall, wo die Siedlertrecks nach Oregon nordwärts abbogen, trennten wir uns und zogen südwärts nach Kalifornien«, pflegte er seine Erzählungen über diese beschwerliche Reise zu schließen. »Und Bill Ping und ich haben dann die

Grizzlybären im Sacramento Valley im Unterholz vom Cache Slough mit dem Lasso gefangen.«

Es folgten damals Jahre mit Frachtfahrten und Goldsuchen, bevor er mit dem Gewinn aus den Goldfeldern von Merced seinen Landhunger, der ihn wie jeden seiner Rasse zu dieser Zeit antrieb, im Sonoma County befriedigen konnte.

In den zehn Jahren des Posttransports durch das Tarwater-Gebiet, dessen Berge und Täler einst zum großen Teil ihm gehört hatten, verbrachte er seine Zeit damit, davon zu träumen, dieses Land vor seinem Tod wieder zurückzugewinnen. Und deshalb stimmte er nun seinen uralten Gesang aufs Neue an, wobei er seine große hagere Gestalt aufrichtete, wie seit Jahren nicht mehr, mit einem Glitzern blauen Feuers in seinen kleinen engstehenden Augen.

»Hört nur mal – jetzt geht's wieder los«, sagte sein Sohn William, als der alte Tarwater singend heimkam.

»Niemand daheim!«, rief lachend der Tagelöhner Harvis Topping, der Ehemann von Tarwaters Tochter Annie und Vater ihrer neun Kinder.

Die Küchentür öffnete sich, um den alten Mann hereinzulassen, der vom Pferdefüttern kam. Er hatte aufgehört zu singen, aber Mary war dennoch gereizt, da sie sich die Hand verbrüht hatte und der Magen eines Enkelkindes sich weigerte, die ordnungsgemäß verdünnte Kuhmilch zu verdauen.

»Die Tour, die du da einschlägst, hat keinen Sinn«, fuhr sie ihn an. »Die Zeiten, alles hinzuschmeißen und an Orte wie den Klondike zu rennen, sind für dich vorbei, und durch deine Singerei wirst du nichts daran ändern.«

»Wie dem auch sei«, antwortete er ruhig, »ich wette, dass ich's schaffen würde, zu diesem Klondike zu gehen und dort genügend Gold zu sammeln, um das alte Tarwater-Land wieder zurückzukaufen.«

»Alter Narr!«, erwiderte Annie.

»Du könntest es nicht unter dreihunderttausend Dollar zurückkaufen, oder sogar noch mehr«, versuchte William ihn zum Schweigen zu bringen.

»Dann würde ich eben dreihunderttausend oder mehr auftreiben, wenn ich nur endlich dort wäre«, hielt der Alte gelassen dagegen.

»Gott sei Dank kannst du da nicht hinwandern, sonst wärst du sicherlich schon fort«, rief Mary. »Aber Schiffsreisen kosten Geld.«

»Ich hatte mal Geld«, erwiderte ihr Vater bescheiden.

»Ja, aber jetzt hast du keins mehr – also vergiss es«, wies ihn William zurecht. »Diese Zeiten sind ebenso vorbei wie das Bärenfangen mit Bill Ping. Es gibt keine Bären mehr.«

»Macht nichts –«, meinte der alte Tarwater.

Aber Mary unterbrach ihn. Sie nahm die Zeitung vom Küchentisch und fuchtelte damit erregt vor der Nase ihres betagten Erzeugers herum: »Und was sagen die Leute vom Klondike? Da steht's schwarz auf weiß: Nur die Jungen und Robusten halten's am Klondike aus. Es ist dort so schlimm wie am Nordpol. Und selbst die Jungen müssen einen hohen Todeszoll zahlen. Guck dir nur dieses Bild hier an. Du bist vierzig Jahre älter, als der Älteste von ihnen!«

John Tarwater warf einen Blick darauf, aber seine Augen wanderten zu anderen Fotos auf der reißerisch aufgemachten Zeitungsseite.

»Aber schau dir mal diese Goldbrocken an, die sie mitgebracht haben«, sagte er. »Ich kenn mich bei Gold aus. Hab ich nicht für zwanzigtausend am Merced River rausgebuddelt? Und wären's nicht leicht hunderttausend geworden, wenn der Wolkenbruch nicht meinen Staudamm zerstört hätte? Also, wenn ich jetzt am Klondike wäre –«

»Total übergeschnappt«, knurrte William vor sich hin, sodass die anderen es hören konnten.

»Eine nette Art über seinen Vater zu sprechen«, beschwerte sich der alte Tarwater. »Mein Vater hätte mir die Seele aus dem Leib geprügelt, wenn ich so über ihn gesprochen hätte.«

»Aber du bist doch wirklich verrückt, Vater –«, versuchte William zu entgegnen.

»Kann sein, dass du recht hast, Sohn. Mein Vater wäre nicht verrückt gewesen. Der hätt's einfach gemacht.«

»Unser alter Herr hat wohl ein paar Artikel in Magazinen gelesen über Männer jenseits der Vierziger, die noch Erfolg hatten«, spottete Annie.

»Und warum nicht, Tochter?«, fragte er zurück. »Warum kann ein Mann nicht Erfolg haben mit siebzig? Ich bin gerade erst siebzig geworden in diesem Jahr. Und vielleicht hätte ich noch Erfolg, wenn ich nur endlich zum Klondike könnte –«

»Wohin du nie kommen wirst«, unterbrach ihn Annie.

»Ja, nun gut«, seufzte er, »wenn's so ist, kann ich auch gleich ins Bett gehen.«

Er stand auf, groß, hager, grobknochig und knorrig; eine imponierende Ruine von Mann. Sein strubbeliges Haar und sein Backenbart waren nicht weiß, sondern schlohweiß, wie auch die Haarbüschel, die auf seinen langen knochigen Fingern wuchsen.

Er ging zur Tür, öffnete sie, seufzte und hielt inne mit einem Blick zurück.

»Wie dem auch sei«, murmelte er schwermütig, »meine Fußsohlen jucken irgendwie fürchterlich.«

Wie Argos in den alten Zeiten

Lange bevor die Familie am nächsten Morgen wach wurde, hatte der alte Tarwater bereits seine Pferde gefüttert und bei Laternenlicht angeschirrt, Frühstück zubereitet und bei Lampenlicht verzehrt und war dann das Tarwater-Tal hinab in Richtung Kelterville auf und davon. Zwei Dinge waren ungewöhnlich an dieser gewöhnlichen Fahrt, die er bereits tausendundvierzig Mal gemacht hatte, seit er den Postauftrag besaß: Er fuhr nicht nach Kelterville, sondern bog in die südliche Hauptstraße nach Santa Rosa ab. Noch bemerkenswerter war aber das mit Packpapier umwickelte Paket zwischen seinen Füßen. Es enthielt seinen einzigen schwarzen Anzug, in dem ihn Mary schon lange nicht mehr hatte sehen wollen – nicht weil er zu abgetragen gewesen wäre, sondern, was er als eigentlichen Grund ihres Verhaltens erriet, weil er noch vorzeigbar genug war, dass er in ihm beerdigt werden konnte.

Und diesen Anzug verkaufte er in Santa Rosa umgehend in einem Gebrauchtwarenladen für zweieinhalb Dollar. Vom selben entgegenkommenden Händler erhielt er weitere vier Dollar für den Ehering seiner lange verstorbenen Frau. Das Pferdegespann und den Wagen gab er für fünfundsiebzig Dollar ab, obwohl er davon nur fünfundzwanzig Dollar bar ausgezahlt bekam. Als er zufällig Alton Granger auf der Straße traf, den er noch nie wegen der zehn Dollar gemahnt hatte, die er ihm 1874 geliehen hatte, erinnerte er ihn an diese kleine Affäre und wurde tatsächlich ausbezahlt. Außerdem fand er unter all den Menschen, die unglaublicherweise bei Kasse waren, den größten Säufer der Stadt, dem er in den alten und unbeschwerten Zeiten manches Gläschen spendiert hatte, und der ihm nun tatsächlich einen Dollar borgte. So konnte er schließlich den Nachmittagszug nach San Francisco nehmen.

Männergeschichten

Zwölf Tage später landete er mit seinem halbleeren Segeltuchsack, gefüllt mit Decken und alten Kleidern, am Strand von Dyea, mitten im Trubel des Klondike-Goldrausches. Der Strand glich einem lärmenden Tollhaus. Zehntausend Tonnen Ausrüstung lagen hier aufeinandergestapelt und zerstreut, und zweimal zehntausend Männer kämpften und zerrten daran herum. Die Preise für die Beförderung der Fracht auf Indianerrücken über den Chilcoot Pass zum Lake Linderman war von sechzehn auf dreißig Cent für das Pfund hochgeschnellt, was einem Preis von sechshundert Dollar für die Tonne Gepäck entsprach. Und der arktische Winter rückte bereits bedrohlich heran. Alle wussten das, und alle wussten auch, dass von den Zwanzigtausend nur sehr wenige über die Pässe gelangen würden, während die anderen den langen Winter über bleiben und auf das Tauwetter im Frühjahr warten mussten.

So sah es an dem Strand aus, den der alte John Tarwater betrat, und den er sofort überquerte und in Richtung des Weges zum Chilcoot Pass verließ, als ein sehr großväterlicher Argos, der sein Lied krächzte und den keine Sorge um seine Ausrüstung plagte, da er keinerlei Ausrüstung besaß.

In dieser Nacht schlief er in der Ebene, fünf Meilen oberhalb von Dyea, wo der Transport mit den Kanus endete. Ab hier wurde der Dyea River zu einem reißenden Gebirgsfluss, der aus einer dunklen Schlucht herausströmte, die von den Gletschern herunterkam, durch die der Fluss weit oben in den Bergen gespeist wurde.

Und hier erblickte John Tarwater früh am nächsten Morgen einen kleinen Mann, der kaum hundert Pfund wog und mit einem auf seinen Rücken geschnallten Hundertpfundsack Mehl über einen als Steg dienenden Holzstamm balancierte. Und er beobachtete auch, wie der kleine Mann vom Baumstamm heruntertolperte, mit dem Gesicht voraus in einen knietiefen Wasserstrudel fiel und darin langsam zu ertrinken begann. Es war sicherlich nicht sein Wunsch, so leicht zu sterben, aber der Mehlsack auf seinem Rücken wog so viel wie er selbst und würde ihn nicht mehr hochkommen lassen.

»Ich danke Ihnen, alter Mann«, sagte er zu Tarwater, als dieser ihn aus dem Wasser und an Land gezogen hatte.

Während er seine Schuhe aufschnürte und das Wasser herauslaufen ließ, machten sie sich miteinander bekannt. Der kleine Mann war etwas über vierzig und sagte, sein Name sei Anson. Dann fischte er ein Zehndollargoldstück aus der Tasche und bot es seinem Retter an.

Der alte Tarwater schüttelte den Kopf und zitterte, da ihn das kalte Wasser bis zu den Knien durchnässt hatte. »Nein danke, aber ich hätte nichts dagegen, mich von Ihnen zu einer freundschaftlichen Mahlzeit einladen zu lassen«, sagte er dann.

»Sie hatten noch kein Frühstück?«, fragte der kleine Mann mit einem erstaunten und neugierigen Blick.

»Keinen Bissen«, antwortete Tarwater.

»Wo haben Sie Ihre Ausrüstung? Schon voraus?«

»Keine Ausrüstung.«

»Wollen Sie Ihren Proviant erst weiter drin im Land kaufen?«

»Hab' keinen Dollar, um welchen zu kaufen, Freund. Was aber nicht so wichtig ist, wie ein warmer Bissen Frühstück jetzt gleich.«

In Ansons Camp, eine Viertelmeile weiter, fand Tarwater einen schlaksigen rotbärtigen jungen Mann um die dreißig, der über ein Feuer aus nassem Weidenholz fluchte. Nachdem er als Charles vorgestellt worden war, übertrug er seine Verärgerung gleich auf Tarwater, der das gutmütig überhörte und sich sofort dem Feuer widmete, wobei er zur Gewinnung eines besseren Zuges die Morgenbrise nutzte, die der andere dummerweise durch Steine abgehalten hatte. So bekam er bald ein Feuer mit weniger Rauch und mehr Flamme.

Das dritte Mitglied der Gruppe, Bill Wilson oder Big Bill, wie sie ihn nannten, kam mit einem hundertundvierzig Pfund schweren Packen an. Dann teilte Charles das Frühstück aus, das Tarwater als hundsmiserabel empfand. Der Maisbrei war nur halb gar und ziemlich angebrannt, der Speck verkohlt und der Kaffee ungenießbar.

Kaum war der Fraß hinuntergeschlungen, nahmen die drei Partner ihre leeren Tragegestelle und eilten wieder den Weg hinunter, wo der Rest ihrer Ausrüstung in einem eine Meile entfernten Lager auf sie wartete. Auch der alte Tarwater machte sich ans Werk. Er spülte das Geschirr ab, suchte trockenes Holz, reparierte einen gebrochenen Packriemen, schärfte das Fleischermesser und die Axt und packte die Hacken und Schaufeln zu besser transportierbaren Bündeln zusammen.

Was ihn während des Frühstücks erstaunt hatte, war der Respekt, den Anson und Big Bill vor Charles hatten. Als Anson im Laufe des Morgens eine Verschnaufpause einlegte, nachdem er einen weiteren Hundertpfundpacken gebracht hatte, kam Tarwater vorsichtig auf diese Beobachtung zu sprechen.

»Schau'n Sie, die Sache ist so«, sagte Anson, »wir haben die Verantwortlichkeiten aufgeteilt. Jeder hat sein Spezialgebiet. Ich bin ein Zimmermann. Wenn wir an den Lake Linderman kommen, werde ich nach dem Fällen der Bäume und dem Sägen der Planken der Boss beim Bau des Bootes sein. Big Bill ist ein Holzfäller und Minenarbeiter. Deshalb wird er der Boss beim Holzfällen und Goldgraben sein. Ein Großteil unserer Ausrüstung ist bereits voraus. Wir waren blank, als wir die Indianer bezahlt hatten, die das meiste davon auf den Chilcoot Pass geschleppt haben. Deshalb ist unser vierter Partner dort und schafft nun das Zeug die andere Seite des Passes runter. Sein Name ist Liverpool, und er ist Seemann. Deshalb wird er auch der Boss sein, sobald das Boot gebaut ist, und er wird es die Seen und Stromschnellen des Yukon zum Klondike hinab steuern.«

»Und Charles – dieser Mr. Crayton –, was ist sein Spezialgebiet?«, fragte Tarwater.

»Er ist Geschäftsmann. Er ist der Boss, wenn es um Geschäftliches und Organisatorisches geht.«

»Hmmh«, meinte Tarwater, »das ist schon ein Glück, so viele Fachleute im Team zu haben.«

»Mehr als Glück«, stimmte Anson zu. »Und es war reiner Zufall. Jeder von uns brach allein auf. Wir trafen uns auf dem Dampfer von San Francisco herauf und haben uns zusammengetan. – So, ich muss mich jetzt wieder aufmachen. Charles kann unangenehm werden, wenn ich meinen Teil nicht trage. Aber eigentlich kann keiner erwarten, dass ein Hundertpfundmann so viel trägt wie ein Hundertsechzigpfünder.«

Als Charles mit seiner nächsten Ladung ankam und die Auswirkungen von Tarwaters Geschicklichkeit bemerkte, sagte er zu ihm: »Bleib da und koch uns was zu Mittag.«

Und Tarwater kochte ein Mittagessen, das diesen Namen verdiente, wusch das Geschirr und bereitete Schweinefleisch mit Bohnen für das Abendessen zu, das er mit in der Bratpfanne gebackenem Brot servierte, das den drei Männern so gut schmeckte, dass sie gar nicht genug davon bekommen konnten.

Sobald das Geschirr wieder gereinigt war, hackte er Späne und Feuerholz für ein schnelles und sicheres Frühstücksfeuer zurecht, zeigte Anson einen Trick zur Pflege des Schuhwerks, der für jeden Wanderer von großem Wert ist, sang sein »Wie Argos in den alten Zeiten« und erzählte ihnen schließlich noch von den großen Siedlertrecks durch die Prärien anno 1849.

»Mein Gott, das erste erfreuliche und angenehme Lager, seit wir die Küste hinter uns gelassen haben«, bemerkte Big Bill, als er seine Pfeife ausklopfte und seine Schuhe für die Nachtruhe auszuziehen begann.

»Hab's euch 'n bisschen einfacher gemacht. Was, Jungs?«, fragte Tarwater leutselig.

Alle nickten.

»Gut, dann hab' ich einen Vorschlag, Jungs. Ihr könnt ihn annehmen oder auch nicht. Ihr seid im Zeitdruck, es noch zu schaffen, bevor alles zufriert. Für einen von euch geht für's Kochen die Hälfte der Zeit drauf, die er zum Transportieren der Ausrüstung nutzen könnte. Wenn ich das Kochen für euch übernehme, würdet ihr viel schneller vorankommen. Und außerdem ist das Essen besser, was euch wiederum ermöglicht, besser zu tragen. Und ich kann zwischendurch auch noch ein bisschen schleppen, zwar nur ein bisschen, aber immerhin.«

Big Bill und Anson begannen bereits zustimmend zu nicken, als Charles sie stoppte.

»Was erwarten Sie dafür als Gegenleistung?«, wollte er von dem alten Mann wissen.

»Oh, das überlasse ich euch Jungs.«

»Das ist keine Geschäftsgrundlage«, erwiderte Charles scharf. »Sie haben den Vorschlag unterbreitet. Beenden Sie ihn nun auch.«

»Nun gut, es ist so –«

»Sie erwarten von uns, dass wir sie den ganzen Winter durchfüttern. Ist es so?«, unterbrach ihn Charles.

»Nein Sir, das tu ich nicht. Alles, was ich erwarte, ist eine Mitreisemöglichkeit in einem Boot zum Klondike. Das würde ich von euch mächtig anständig finden.«

»Sie besitzen kein Pfund Proviant, alter Mann. Sie werden verhungern, wenn sie dort hingelangen.«

»Ich habe bislang meine Ernährung immer ganz erfolgreich hinbekommen«, antwortete der alte Tarwater mit einem schalkhaften Blitzen in den Augen. »Ich bin nun siebzig und bin bis jetzt noch nie den Hungertod gestorben.«

»Würden Sie eine Erklärung unterschreiben, dass Sie für sich selbst sorgen, sobald Sie in Dawson ankommen?«, wollte der Geschäftsmann wissen.

»Aber sicher«, war die Antwort.

Charles sah, dass seine beiden Partner mit dieser Regelung zufrieden waren.

»Noch eins, alter Mann. Wir sind eine Gruppe von vier Leuten, und wir haben alle eine Stimme bei solchen Entscheidungen. Der junge Liverpool ist schon weiter mit der Hauptausrüstung. Er hat auch mitzusprechen und ist jetzt nicht hier, um das zu tun.«

»Was für einer ist er denn?«, fragte Tarwater.

»Er ist ein raubeiniger Seemann, und er kann schnell schlechte Laune bekommen.«

»Manchmal ziemlich ungestüm«, ergänzte Anson.

»Und seine Art zu fluchen, ist einfach gottlos«, bezeugte Big Bill und fügte dann hinzu: »Aber er ist ehrlich.«

Anson nickte herzhaft zu dieser Einschätzung.

»In Ordnung, Jungs«, fasste Tarwater zusammen. »Ich bin einst nach Kalifornien aufgebrochen und bin hingekommen. Und nun will ich an den Klondike. Es gibt nichts, was mich aufhalten könnte, nichts, weil ich einfach das Gold brauche. Ein schlechtes Benehmen macht mir nichts aus, solang der Junge ehrlich ist. Ich will meine Chance nutzen, und ich will weiter mit euch zusammenarbeiten, bis wir ihn treffen. Wenn er dann Nein zu meinem Vorschlag sagt, habe ich verloren. Aber irgendwie kann ich nicht glauben, dass er Nein sagen wird, denn das würde bedeuten, zu dicht an die Frostperiode zu kommen, und dann wär's zu spät für mich, eine andere Chance wie diese zu finden. Und weil ich sicher bin, an den Klondike zu kommen, ist's einfach unmöglich für ihn, Nein zu sagen.«

Der alte Tarwater wurde zu einer auffallenden Gestalt auf einem Weg, der nicht arm an auffälligen Gestalten war. Tausende von Männern, von denen jeder eine halbe Tonne an Ausrüstung mit sich schleppte und jede Meile des Weges deshalb zwanzig Mal gehen musste, lernten ihn kennen und nannten ihn bald wegen seines weißen Bartes »Vater Weihnacht«.

Bei der Arbeit stimmte er unverdrossen mit seiner altersbrüchigen Stimme sein Lied vom Goldenen Vlies an. Keiner der Männer, denen er sich angeschlossen hatte, fand einen Anlass, sich über seine Arbeit zu beklagen. Natürlich, seine Glieder waren ein wenig steif, und er gestand ein, etwas unter Rheuma zu leiden. Auch ging er bedächtig, und seine Gelenke schienen zu knirschen und zu knacken, wenn er sich bewegte; aber er blieb in Bewegung. Er war der Letzte, der abends unter die Decken kroch, und der Erste, der morgens aufstand, sodass die anderen drei Männer heißen Kaffee hatten, wenn sie vor dem Frühstück aufbrachen, um eine erste Traglast zu holen. Und zwischen Frühstück und Mittagessen sowie Mittagessen und Abendessen brachte er es stets fertig, ein paar Mal selbst zurückzugehen und einige Packstücke zu holen. Sechzig Pfund waren allerdings die maximale Last, die er zu tragen vermochte. Er konnte auch mal fünfundsiebzig tragen, aber nicht auf Dauer. Als er es einmal mit neunzig Pfund versuchte, brach er auf dem Weg zusammen und war danach etliche Tage ziemlich angeschlagen.

Arbeit! Auf diesem Weg, auf dem Männer zuerst einmal lernen mussten, was Arbeit bedeutet, arbeitete im Rahmen seiner Möglichkeiten niemand härter als der alte Tarwater. Verzweifelt vorangetrieben vom bedrohlichen Näherkommen des Winters und angestachelt von dem Traum vom Gold, schufteten sie bis an den Rand ihrer Kräfte und manchmal darüber hinaus. Manche schossen sich eine Kugel in den Kopf, wenn sie die Aussichtslosigkeit ihres Unternehmens erkannten. Andere wurden verrückt, und wieder andere zerstörten unter dem Druck der unmenschlichen Anstrengung lebenslange Freundschaften und Partnerschaften mit Freunden und Fremden, die ebenso fähig und ebenso überanstrengt und wahnsinnig waren wie sie selbst.

Arbeit! Der alte Tarwater vermochte sie alle zu beschämen, trotz seiner knirschenden und knackenden Gelenke und dem üblen trockenen Husten, der ihn seit einiger Zeit plagte. Von früh bis spät, unterwegs oder im Lager, war er stets aktiv, immer mit etwas beschäftigt und immer bereit, den Gruß für »Vater Weihnacht« freundlich zu erwidern. Müde Träger pflegten ihre Last auf einem Stamm oder Fels abzusetzen, wo auch er rastete, und baten ihn: »Sing uns dein Lied über 1849, Väterchen.« Und wenn er dann ihren Wunsch schmunzelnd erfüllt hatte, schulterten sie ihre Last wieder, meinten, es sei wirklich herzerquickend, und nahmen den Weg erneut in Angriff.

»Wenn jemals ein Mann seine Mitreise erarbeitet und verdient hat, dann ist's unser altes Schlitzohr«, meinte Big Bill seinen Partnern gegenüber.

»Darauf kannst du wetten«, bestätigte Anson. »Er ist wirklich eine ideale Ergänzung für unsere Gruppe, und ich hätte meinerseits nichts dagegen, ihn zu einem gleichberechtigten Partner zu machen.«

»Nichts da!«, mischte sich Charles Crayton ein. »Sobald wir nach Dawson kommen, trennen wir uns von ihm – so ist's vereinbart. Wir würden ihn womöglich begraben müssen, wenn wir ihn bei uns ließen. Im übrigen steht wahrscheinlich eine Hungersnot bevor, und da wird jedes Pfund Proviant zählen. Bedenkt, dass wir ihn bereits die ganze Zeit aus unseren eigenen Reserven füttern. Und wenn wir nächstes Jahr dadurch in Schwierigkeiten geraten, werdet ihr den Grund wissen. Die Dampfschiffe können nicht vor Mitte Juni neue Lebensmittel nach Dawson bringen, und bis dahin sind's noch neun Monate.«

»Nun ja, du hast so viel Geld und Ausrüstung eingebracht wie wir anderen«, stimmte Bill zu, »da hast du natürlich was zu sagen.«

»Genau, und deshalb sag ich das«, erwiderte Charles in zunehmend gereiztem Ton. »Bei eurer blöden Gutmütigkeit habt ihr großes Glück, jemand zu haben, der für euch mitdenkt, sonst würdet ihr alle bald den Hungertod sterben. Ich sag's euch, es wird eine Hungersnot geben. Ich hab' die Situation genau studiert. Mehl wird über zwei

Dollar kosten, oder zehn, oder gar nicht zu kaufen sein. Merkt euch meine Worte.«

Ob über die mit Geröll bedeckten Ebenen, die dunkle Schlucht nach Sheep Camp hinauf, vorbei an überhängenden und stets bedrohlichen Gletschern zu den Scales, und von den Scales die steilen Stufen über die vereisten Abhänge hinauf, wo die Lastenträger auf Händen und Füssen kletterten, der alte John Tarwater kochte und schleppte und sang dabei. Der erste herbstliche Wirbelsturm mit Schnee trieb ihn über den Chilcoot Pass. Diejenigen, die bereits am Crater Lake unten waren, ohne Brennholz am bitterkalten Ufer des Sees, hörten aus dem wirbelnden Schneegestöber von da droben eine gespenstische Stimme laut singen:

> *Wie Argos in den alten Zeiten,*
> *Kann uns keiner heut verwehren,*
> *Tum-tum, tum-tum, tum-tum,*
> *Hinauszuziehn in die Weiten,*
> *um das Goldne Vlies zu scheren.*

Und aus dem Schneegestöber sahen sie dann eine hohe, hagere Gestalt auftauchen, gebeugt unter der Last von 60 Pfund Campausrüstung und mit einem windzerzausten Backenbart, dessen Weiß ebenso blendend war wie das des Schnees.

»Vater Weihnacht«, jubelten dann alle und riefen: »Ein dreifach Hoch unserem Weihnachtsmann!«

Zwei Meilen hinter dem Crater Lake lag Happy Camp, das so genannt wurde, weil man hier wieder unter die Baumgrenze in die bewaldete Region kam und die Reisenden sich wieder an einem Lagerfeuer wärmen konnten. Wald konnte der Bewuchs allerdings kaum genannt werden, denn er bestand aus Zwergbergkiefern, deren höchste Zweige sich kaum mehr als kniehoch über das Moos erhoben und deren Stämmchen gebogen dahinkrochen.

Hier, am Weg, der zum Happy Camp führte, lehnte der alte Tarwater sein Gepäck im ersten Sonnenschein seit einem halben Dutzend Tagen gegen einen großen Felsen und schöpfte Atem. Der Weg führte um diesen Felsen herum und lastenbeladene Männer schleppten sich darauf mühsam vorwärts, während andere mit leeren Tragegestellen eilig zurückhumpelten, um neue Lasten zu holen. Zwei Mal versuchte der alte Tarwater sich wieder aufzurichten und weiterzugehen, und jedes Mal sank er, gewarnt durch sein Zittern, wieder zurück, um mehr Kraft zu sammeln. Von der anderen Seite des Felsens hörte er Männerstimmen, die sich begrüßten, und er erkannte Charles Craytons Stimme und begriff, dass dieser wohl den jungen Liverpool getroffen hatte. Charles kam rasch zur Sache, und Tarwater konnte deutlich jedes der Worte hören, mit denen Charles eine wenig schmeichelhafte Beschreibung von ihm sowie von den Umständen gab, unter denen ihm eine Mitfahrt nach Dawson gewährt worden war.

»Eine verdammt blöde Situation«, war Liverpools Urteil, als Charles alles erklärt hatte. »Ein alter Großvater von siebzig Jahren! Wenn er bereits auf dem Weg zum Sarg ist, warum lasst ihr euch dann mit ihm ein? Sollte demnächst eine Hungersnot ausbrechen – und alles spricht dafür –, brauchen wir jedes Gramm Proviant für uns selbst. Wir haben nur für vier vorgesorgt, nicht für fünf.«

»Das ist richtig«, hörte Tarwater Charles antworten. »Aber reg dich nicht auf. Der alte Kauz hat zugestimmt, dass die Entscheidung letztlich bei dir liegt. Alles, was du tun musst, ist deshalb den Daumen nach unten zu halten und Nein sagen.«

»Ihr lasst es also an mir hängen, den Alten rauszuschmeißen, nachdem ihr ihn von Dyea bis hierher vertröstet und von seiner Arbeit profitiert habt?«

»Ist 'n Weg für harte Männer, Liverpool, und nur die härtesten werden durchkommen«, erwiderte Charles.

»Und ich soll euch die Drecksarbeit abnehmen«, schimpfte Liverpool, während Tarwater der Mut sank.

»So ist's nun halt«, sagte Charles. »Du musst die Sache entscheiden.«

Der Mut des alten Tarwater begann wieder zu steigen, als die Stille von einem Orkan von Verwünschungen zerrissen wurde, aus dem Wortfetzen drangen wie diese: »Verdammte Stinktiere! ... Ihr werdet in der Hölle schmoren! ... Meine Entscheidung steht fest! ... Höllenfeuer und Schweinehandel, ... der alte Sack geht mit uns den Yukon runter, darauf kannst du wetten, mein Junge! ... Hart? Du hast keine Ahnung, was hart ist, bis ich dir's zeige! ... Ich lass' die ganze Reise platzen, wenn einer von euch versuchen sollte, ihn abzuschieben! ... Probier's nur mal, dann wirst du glauben, der Tag des Jüngsten Gerichts und Gottes Strafe sei angebrochen und übers Lager gekommen!«

Dieser sprachgewaltige Ausbruch Liverpools wirkte dermaßen belebend auf den alten Mann, dass er sich ohne bewusste Anstrengung mit seiner Last erheben und nach Happy Camp eilen konnte.

Das männermordende Rennen gegen den Winter setzte sich fort von Happy Camp zum Long Lake, vom Long Lake zum Deep Lake und vom Deep Lake über den gewaltigen Rücken des Hogback zum Lake Linderman hinunter. Der Weg brach Männern Rückgrat und Herz, sodass sie weinend vor Erschöpfung am Wegrand saßen. Aber der Winter hatte kein Erbarmen. Herbststürme fegten über das Land mit bitterkalten Regengüssen und immer stärker werdenden Schneeschauern. Dennoch gelang es Tarwater und der Gruppe, in die er nun aufgenommen war, ihre gesamte Ausrüstung an das Ufer des Sees zu bringen.

Aber es gab keine Ruhepause. Auf der andern Seite des Sees, eine Meile oberhalb an einem reißenden Bergbach, fanden sie eine Gruppe von Fichten und bauten hier ihre Sägevorrichtung auf. Mit einer unzulänglichen Zugsäge sägten sie in mühevoller Handarbeit die gefällten Fichtenstämme zu Brettern. Sie arbeiteten Tag und Nacht. Drei Mal wurde der alte Tarwater bei der Nachtschicht in der Sägegrube ohnmächtig. Er kochte aber weiterhin die Mahlzeiten und half zwischendurch Anson neben dem Wildbach beim Bau des Bootes, nachdem genügend Bretter dafür fertig waren.

Die Tage wurden kürzer. Der Wind kam nun von Norden und wurde zunehmend stürmisch. Am Morgen krochen die müden Männer aus ihren Decken und tauten ihre steifgefrorenen Schuhe an dem Feuer auf, das Tarwater die ganze Zeit für sie in Gang hielt. Immer häufiger wurde von einer Hungersnot im Innern des Landes erzählt. Die letzten Versorgungsschiffe, die von der Beringsee aufgebrochen waren, saßen wegen zu niedrigen Wasserstandes in der Yukon-Ebene hunderte Meilen nördlich von Dawson fest. Sie lagen bei Fort Yukon, dem alten Handelsposten der Hudson Bay Company am Polarkreis. Der Mehlpreis in Dawson war auf zwei Dollar für das Pfund gestiegen, aber niemand wollte welches verkaufen. Bonanza- und Eldoradokönige, die so viel Geld besaßen, dass sie es zum Feueranzünden benutzen konnten, mussten versuchen, aus Dawson und dem Yukon-Territorium hinauszukommen, da sie keine

Vorräte hatten und es auch keine zu kaufen gab. Ein von den Goldgräbern eingesetztes Komitee beschlagnahmte alle Vorräte und setzte die Bevölkerung auf Sparrationen. Wer auch nur ein Pfund Proviant zurückhielt und sich erwischen ließ, wurde erschossen wie ein Hund. Zwei Dutzend waren auf diese Weise bereits hingerichtet worden.

Der alte Tarwater begann nun allmählich unter der Anstrengung zusammenzubrechen, die schon so viele Jüngere gebrochen hatte. Sein Husten hatte sich erschreckend verschlimmert, und wenn seine erschöpften Kameraden nicht wie Tote geschlafen hätten, würde er sie in den Nächten damit wachgehalten haben. Außerdem begann er unter der Kälte zu leiden, sodass er nachts voll bekleidet unter seine Decken kroch. Wenn er sich dafür angezogen hatte, war kein einziger Lumpen mehr in seinem Kleidersack. Alles, was er besaß, hatte er sich um seinen klapperdürren Leib gewickelt.

»Puh!«, sagte Bill, »wenn er jetzt schon alles, was er hat, anzieht, wo's kaum unter dem Gefrierpunkt ist, was will er dann machen, wenn's in die tiefen Minustemperaturen geht?«

Schließlich bugsierten sie das roh zusammengezimmerte Boot den wilden Bergbach hinab, wobei sie es ein Dutzend Mal beinahe verloren hätten, und ruderten dann damit im Schneegestöber eines Herbststurmes über das südliche Ende des Lake Linderman zum Lager.

Am nächsten Morgen wollten sie es beladen und aufbrechen, geradewegs in den Rachen des Nordens zu ihrer riskanten Fahrt von tausend Meilen über Seen, Stromschnellen und durch enge Schluchten.

Der junge Liverpool ging vor dem Schlafengehen noch weg. Als er zurückkam, schliefen bereits alle. Er weckte Tarwater und sprach leise mit ihm.

»Hören Sie, Vater«, sagte er, »Sie haben freie Mitfahrt in unserem Boot, und wenn sich das einer verdient hat, dann Sie. Aber Sie wissen selbst, dass Sie schon allerhand Jahre auf dem Buckel haben und es mit Ihrer Gesundheit nicht gerade zum Besten steht. Wenn Sie mit uns weiterziehen, werden Sie zusammenbrechen, so sicher wie's Amen in der Kirche. – Warten Sie, ich bin noch nicht fertig, Vater. Der Preis für eine Mitfahrt ist auf fünfhundert Dollar gestiegen. Ich bin ein wenig im Camp herumgegangen und hab' einen Passagier angeboten bekommen. Es ist ein Beamter der Handelskammer von Alaska, der dringend nach Dawson muss. Er ist auf sechshundert Dollar hochgegangen, um in unser Boot zu kommen. Nun gehört dieser Platz allerdings Ihnen, Vater, aber ich schlage Ihnen vor, ihm den Platz zu verkaufen, die sechshundert Dollar in die Hosentasche zu stecken und damit nach Kalifornien zurückzudampfen, solang Sie's noch können. Sie können in zwei Tagen in Dyea sein und eine Woche später in Kalifornien. Was sagen Sie dazu?«

Tarwater hustete und zitterte eine Weile, bevor er genügend Luft zum Sprechen bekam.

»Sohn«, sagte er dann, »ich möchte mal was erzählen. Ich fuhr anno 1849 mit meinen vier Ochsengespannen über die Prärien und verlor kein einziges. Ich kutschierte mit ihnen direkt nach Kalifornien und habe danach mit ihnen Fracht von Fort Sutter nach American Bar befördert. Und jetzt bin ich unterwegs zum Klondike. Und nichts kann mich davon abhalten, aber auch gar nichts. Ich werde im Boot reisen, mit Ihnen am Steuerruder, direkt zum Klondike, und dann werde ich dort Dreihunderttausend aus den Graswurzeln schütteln. Und weil das so ist, wäre es für mich gegen Vernunft und gesunden Menschenverstand, meine Passage zu verkaufen. Aber ich danke herzlich, Sohn, ich danke für die Fürsorge.«

Der junge Seemann streckte unwillkürlich seine Hand aus und ergriff die des alten Mannes.

»Bei Gott, Vater!«, rief er, »Selbstverständlich kommen Sie mit. Sie sind aus dem richtigen Holz geschnitzt!« Er blickte dabei mit unverhohlener Verachtung über die Schlafenden hinweg zu Charles Crayton hin, der in seinen roten Bart schnarchte. »Von Ihrem Schlag werden heute augenscheinlich keine mehr geboren, Vater.«

Sie kämpften sich auf ihrem Weg nach Norden voran, obwohl erfahrene Reisende kopfschüttelnd zurückkamen und ihnen prophezeiten, dass sie auf dem See festfrieren würden. Es war offensichtlich, dass der große Frost jeden Tag eintreffen konnte und weiteres Zögern nicht mehr vertretbar war. Aus diesem Grund entschied Liverpool, den reißenden Fluss zwischen dem Lake Linderman und dem Lake Bennett mit vollbeladenem Boot hinunterzufahren. Üblicherweise wurde das Boot vorher entladen und die Fracht am Ufer entlang hinuntergetragen. Und selbst dann waren viele leere Boote gekentert. Aber für solche Sicherheitsüberlegungen war jetzt keine Zeit mehr.

»Steigen Sie aus, Vater«, befahl Liverpool, als er sich vorbereitete, abzulegen und in die Stromschnellen hineinzufahren.

Der alte Tarwater schüttelte sein weißes Haupt.

»Ich bleibe bei der Ausrüstung«, erklärte er. »Es ist die einzige Möglichkeit durchzukommen. Ich bin auf dem Weg zum Klondike. Wenn ich im Boot bleibe, muss das Boot natürlich auch zum Klondike. Wenn ich aussteige, ist es dagegen ziemlich wahrscheinlich, dass das Boot verlorengeht.«

»Na ja, es hat aber auch keinen Sinn, das Boot zu überlasten«, kündigte Charles an und sprang schnell ans Ufer, bevor es ablegte.

»Das nächste Mal wartest du auf meine Anweisungen«, brüllte Liverpool ihm nach, als die Strömung das Boot erfasste. »Und es wird kein weiteres Wandern um Stromschnellen herum geben und kein weiteres Zeitverlieren mit Warten auf dich!«

Was sie in zehn Minuten auf dem Fluss bewältigten, kostete Charles an Land eine halbe Stunde. Und als sie am Beginn des Lake Bennett auf ihn warteten, vertrieben sie sich die Zeit damit, mehrere Veteranen zu befragen, die recht mitgenommen aussahen und sich auf dem Rückweg befanden. Ihre Berichte von der Hungersnot waren schlimmer denn je. Die Northwest Mounted Police, die am Ende des Lake Marsh stationiert war, wo die Goldsucher kanadisches Gebiet betraten, verweigerte jedem die Weiterreise, der nicht mindestens siebenhundert Pfund Proviant bei sich hatte. In Dawson City warteten tausend Mann mit Hundeschlitten auf das Zufrieren des Yukon, um über das Eis ausreisen zu können. Die Handelsgesellschaften konnten ihre Proviantverträge nicht erfüllen, und Partner losten untereinander aus, wer gehen musste und wer bleiben sollte, um die Claims zu bearbeiten.

»Das war's dann, alter Mann«, verkündete Charles, als er von der Aktion der Mounted Police an der Grenze erfuhr. »Da können Sie sich auch gleich jetzt auf den Rückweg machen.«

»Geht an Bord!«, befahl Liverpool. »Wir fahren zum Klondike, und unser alter Vater kommt mit.«

Ein Umschlagen des Windes, der nun von Süden kam, verschaffte ihnen günstige Bedingungen für die Fahrt über den Lake Bennett, für die Liverpool ein großes von ihm gefertigtes Segel setzte. Das massive Gewicht der Fracht stabilisierte das Boot so, dass er lossegeln konnte, wie ein kühner Seemann das soll, wenn Eile geboten ist. Eine Drehung des Windes um vier Strich nach Südwest kam gerade zur rechten Zeit, als sie Caribou Crossing erreichten, sodass sie den Wasserarm hinuntergetrieben wurden, der den Tagish Lake mit dem Marsh Lake verbindet. Im Abendlicht und in der Dämmerung durchquerten sie bei Sturm den gefährlichen Windy Arm, in welchem sie zwei andere Boote kentern und untergehen sahen.

Charles schlug vor, anzulanden und am Ufer zu übernachten, aber Liverpool blieb hart auf Kurs und steuerte Richtung Tagish Lake, wobei er sich am Geräusch der Brandung gegen das Ufer und an den gelegentlichen Feuern am Strand orientierte, die von gestrandeten oder ängstlichen Argonauten kündeten.

Um vier Uhr morgens weckte Liverpool Charles Crayton. Der alte Tarwater, der fröstelnd wach lag, hörte ihn Crayton zu sich auf die Steuerbank rufen und vernahm dann eine ziemlich einseitige Unterhaltung.

»Hör mir mal zu, Freund Charles, und halt dabei dein Maul«, begann Liverpool. »Ich will, dass du eine Sache in deinen Schädel kriegst und drin behältst: *Der alte Mann kommt mit uns durch die Polizeikontrolle! Verstanden? Er kommt durch!* Wenn sie unseren Proviant überprüfen, gehört ihm ein Fünftel davon. Klar? Das bringt uns zwar alle etwas unter die Menge, die wir haben sollen, aber wir werden sie etwas bluffen. Merk dir also und vergiss es auf keinen Fall: *Es darf nichts schiefgehen bei diesem Bluff* –«

»Warum denkst du, ich würde den alten Kauz verraten –«, wandte Charles empört ein.

»Das denkst du«, unterbrach ihn Liverpool, »ich hab nämlich nichts in die Richtung gesagt. Also – versteh mich, und versteh mich gut: Es interessiert mich nicht, was du denkst, sondern was du denken wirst, wenn wir den Polizeiposten irgendwann heute Nachmittag erreichen und wir vorbereitet sein müssen, den Bluff durchzuziehen, ohne mit der Wimper zu zucken und ohne ein falsches Wort.«

»Wenn du denkst, ich hätte im Sinn –«, begann Charles wieder.

»Pass auf«, stoppte ihn Liverpool. »Ich weiß nicht, was du im Sinn hast. Ich möchte es auch nicht wissen. Ich möchte nur, dass du weißt, was ich im Sinn habe. Wenn da etwas schiefgeht und die Polizei den alten Mann zurückschickt, werde ich den ersten ruhigen Platz aussuchen und mit dir an Land gehen. Und dann werde ich dich verprügeln, bis dir Hören und Sehen vergeht. Präg' dir das gut ein. Es wird keine halbherzige Prügelei sein, sondern eine unter Männern, bei der ich dich zwar nicht totschlagen werde, aber glaub mir, es wird dazu nicht viel fehlen.«

»Aber was soll ich denn tun?«, winselte Charles fast.

»Nur eins«, beendete Liverpool die Unterhaltung. »Bete. Bete kräftig dafür, dass der alte Mann von der Polizei durchgelassen wird. Das ist alles. Jetzt kannst du wieder in deine Decken kriechen.«

Bevor sie den Lake Le Barge erreichten, war das Land von einer Schneedecke überzogen, die im nächsten halben Jahr nicht mehr wegtauen würde. Auch konnten sie ihr Boot oft nicht mehr am Ufer anlanden, weil sich dort mehr und mehr Randeis bildete. An der Mündung des Flusses in den Lake Le Barge fanden sie rund hundert Argonautenboote, die wegen des Sturms nicht weiterkamen. Von Norden her fegte über die gesamte Fläche des Sees ein nicht enden wollender Schneesturm. Drei Morgen hintereinander fuhren sie hinaus und kämpften gegen den Sturm und die Wogen, die er aufpeitschte und deren Gischt im Boot zu Eis gefror. Während die anderen sich das Herz aus dem Leib ruderten, versuchte der alte Tarwater, um zu überleben, seine Blutzirkulation in Gang zu halten, indem er das Eis im Boot weghackte und über Bord warf.

Drei Tage lang mussten sie sich, zerschlagen bis zur Hilflosigkeit, mit eingezogenen Rudern wieder in den schützenden Flussarm zurücktreiben lassen. Am vierten Tag war die Flotte von hundert Booten auf dreihundert angewachsen, und die zweitausend Argonauten an Bord wussten, dass der heftige Sturm der Vorbote des großen Frostes war, der den See zufrieren würde. Hinter dem See würde der rasch dahinströmende Fluss noch tagelang fließen, aber wenn sie da nicht hinkamen, und zwar bald, würden sie dazu verdammt werden, hier für die kommenden sechs Monate im Eis festzusitzen.

»Heute müssen wir durch«, kündigte Liverpool an. »Wir dürfen auf keinen Fall noch einmal umdrehen. Jeder von uns muss um sein Leben rudern, auch wenn er meint, er stirbt.«

Und sie kamen durch. Noch vor Einbruch der Nacht hatten sie die Hälfte des Sees zurückgelegt und ruderten die ganze Nacht weiter und fielen an den Rudern sitzend in den Schlaf, als der Sturm abflaute, und wurden von Liverpool gleich wieder unbarmherzig aufgeweckt, um sich weiter durch einen nicht enden wollenden Alptraum zu plagen, während die Sterne am Himmel auftauchten und die Oberfläche des Sees glatt wie ein Stück Papier wurde und eine Eishaut bekam, die wie zerbrechendes Glas klirrte, wenn ihre Ruderblätter sie zerschlugen.

Als der Tag klar und kalt anbrach, fuhren sie in den Fluss hinein, während hinter ihnen der See vollends zufror. Liverpool kümmerte sich jetzt um seinen betagten Passagier und fand ihn in einem hilflosem und lebensbedrohlichem Zustand. Er steuerte daraufhin das Boot ans Ufer, um ein Feuer zu machen und Tarwater innerlich und äußerlich aufzuwärmen, obwohl Charles gegen diese Zeitverschwendung protestierte.

»Das ist keine geschäftliche Angelegenheit, also misch dich da nicht ein«, wies ihn Liverpool zurecht. »Ich bin für den Bootstrip zuständig. Und deshalb wirst du jetzt rausklettern und Feuerholz hacken, und zwar eine Menge. Ich werde mich um Vater Tarwater kümmern. Du, Anson, machst das Feuer am Ufer. Und du, Bill, installierst den Yukon-Ofen, den wir im Gepäck haben, auf dem Boot. Vater Tarwater ist nicht mehr so jung wie wir andern, und für den Rest der Reise soll er deshalb an Bord ein Feuer haben, an dem er sich wärmen kann.«

Alles geschah, wie er es befohlen hatte, und das Boot kam nun fast wie ein Flussdampfer daher mit dem Rauch, der aus den beiden Ofenrohren quoll. Es wurde von der Strömung des Flusses erfasst, glitt über Untiefen und schoss durch Stromschnellen und tiefe Schluchten immer weiter in das Nordland und den Winter hinein. Der Große und der Kleine Salmon River drückten sulziges Eis in den Yukon, als sie vorbeifuhren, und unterhalb kam Grundeis vom Flussboden hoch und bedeckte die Oberfläche mit kristallisiertem Schaum. Das Randeis wuchs Tag und Nacht, bis es sich an Stellen mit geringer Strömung vom Ufer aus hundert Meter weit in den Fluss erstreckte. Und der alte Tarwater saß mit all seinen Kleidern am Leib am Ofen und hielt das Feuer am Brennen. Tag und Nacht fuhren sie ohne Unterbrechung, da sie aus Furcht vor dem endgültigen Zufrieren des Flusses nicht wagten zu rasten, wobei sich immer mehr sulziges Eis um das Boot herum bildete.

»Ho, wie steht's, alter Junge«, wollte Liverpool von Zeit zu Zeit wissen.

»Oh bestens«, hatte der alte Tarwater sich angewöhnt zu antworten.

»Was kann ich tun, Sohn, um mich jemals bei dir zu revanchieren?«, fragte er dann, das Feuer schürend, Liverpool, der auf dem eiskalten Achtersitz steuerte und abwechselnd die eine und dann die andere Hand heftig gegen die Brust schlug, um die Blutzirkulation in Gang zu halten.

»Lass mich noch einmal das Lied hören, alter Neunundvierziger«, war die immergleiche Antwort.

Und Tarwater erhob dann seine Stimme zu dem krächzenden Gesang, den er auch erschallen ließ, als sie endlich durch die treibenden Eisschollen beidrehten und am Ufer von Dawson City festmachten. Und alle am Ufer von Dawson spitzten die Ohren, um den Triumphgesang zu hören:

Wie Argos in den alten Zeiten,
Kann uns keiner heut verwehren,
Tum-tum, tum-tum, tum-tum,
Hinauszuziehn in die Weiten,
um das Goldne Vlies zu scheren.

Charles tat es nun, aber er tat es so diskret, dass keiner der Gruppe, am allerwenigsten Liverpool, etwas davon mitbekam. Er sah kurz nach ihrer Ankunft in Dawson, wie am Ufer zwei große Kähne mit Männern beladen wurden, und als er nachfragte, bekam er die Auskunft, dass diese Männer alle ohne Vorräte seien und deshalb vom Komitee für Sicherheit den Yukon hinuntergeschickt würden. Die Kähne sollten vom letzten in Dawson verbliebenen Dampfboot nach Fort Yukon geschleppt werden, in der Hoffnung, dass sie die dort festliegenden Dampfschiffe erreichen würden, bevor der Fluss vollends zufror. Jedenfalls, was auch immer geschah, Dawson würde diese lästigen Mitesser los sein. Charles ging daraufhin sofort zum Komitee für Sicherheit, um diesem alles ins Ohr zu flüstern, was den proviantlosen, mittellosen und altersbedingten Zustand von Tarwater betraf. Tarwater war daraufhin einer der Letzten, die eingesammelt und verfrachtet wurden, und als Liverpool zu ihrem Boot zurückkam, sah er vom Ufer die Kähne in den treibenden Eisschollen in der Biegung unterhalb des Moosehide Mountain verschwinden.

Die ganze Strecke zwischen Eisschollen treibend, legten die Kähne hunderte von Meilen nordwärts zurück und froren erst fest, als sie dicht neben der proviantbeladenen Dampferflotte lagen. Hier, innerhalb des Polarkreises, ließ sich Tarwater nieder, um den langen Winter zu verbringen. Ein paar Stunden Arbeit am Tag mit Hacken von Feuerholz für die Dampfschiffsgesellschaften sicherten seine Lebensmittelversorgung. In der restlichen Zeit konnte er nichts tun, als in seiner Blockhütte Winterschlaf zu halten.

Wärme, Ruhe und genügend Nahrung ließen ihn von seinem lästigen Husten genesen und versetzten ihn in eine so gute körperliche Verfassung, wie es eben in seinem fortgeschrittenen Alter noch möglich war. Aber noch vor Weihnachten führte der Mangel an frischem Gemüse zu einer Welle von Skorbuterkrankungen. Und ein entmutigter Abenteurer nach dem anderen verkroch sich angesichts dieses zunehmenden Unglücks in seiner Hütte. Nicht so Tarwater. Noch bevor die ersten Symptome der Krankheit bei ihm auftauchten, brachte er vorbeugend sein einziges Gegenmittel zur Anwendung, nämlich Bewegung. Aus dem alten Gerümpel des früheren Handelspostens in Fort Yukon trieb er ein paar rostige Fallen auf, und von einem der Dampfschiffskapitäne konnte er ein Gewehr ausleihen.

So ausgerüstet, gab er das Holzhacken auf und begann sich eine neue Existenz als Fallensteller aufzubauen. Deshalb war er auch nicht mutlos, als der Skorbut sich auch bei ihm bemerkbar machte. Er ging unverdrossen seine Fallenstrecke ab und sang dabei sein altes Lied. Auch ließ er von keinem Schwarzseher seinen Glauben an die Dreihunderttausend erschüttern, die er in Form von Alaska-Gold aus den Graswurzeln schütteln würde.

»Aber das hier ist kein Goldgebiet«, sagten sie zu ihm.

»Junge, Gold ist da, wo du es findest, und ich weiß das, weil ich schon damals in den 49er-Jahren Gold gegraben habe, als du noch gar nicht geboren warst«, war seine Antwort. »Was war der Bonanza Creek anderes als eine Elchweide? Kein Goldgräber hat sich für ihn interessiert; und später wurden Fünfhundertdollarpfannen aus ihm herausgewaschen im Gesamtwert von fünfzig Millionen Dollar. Der Eldorado Creek war ebenso unscheinbar. Alles, was man weiß, ist also, dass direkt unter dieser Hütte oder in diesem Hügel dort vielleicht Millionen auf einen glücklichen Mann wie mich warten, der sie ausbuddelt.«

Ende Januar kam das Unglück über ihn: Irgendein kräftiges Tier, er schätzte ein Luchs, verfing sich in einer seiner kleineren Fallen und schleppte diese weg. Er nahm die Verfolgung auf, doch ein starker Schneefall verwischte die Spuren, worauf er den Rückweg nicht mehr fand und sich verirrte. Da es es neben zwanzig Stunden Finsternis nur wenige

Stunden Tageslicht gab, hatten seine Orientierungsversuche in dem grauen Dämmerlicht und fortwährenden Schneefall nur zu Folge, dass er sich vollends verirrrte. Sein einziges Glück war, dass im Hohen Norden die Temperatur stets steigt, wenn im Winter Schnee fällt, und statt der üblichen vierzig oder fünfzig oder gar sechzig Grad unter Null die Temperatur nur bei etwa fünfzehn Grad minus lag. Auch war er warm bekleidet und hatte eine volle Streichholzschachtel bei sich. Außerdem trug zur Milderung seiner schwierigen Situation bei, dass er am fünften Tag einen verwundeten Elch töten konnte, der über eine halbe Tonne wog. Indem er sein Lager dicht daneben in einem fichtenbestandenen Tälchen einrichtete, war er nun gewappnet, dem Winter zu trotzen, bis ein Suchtrupp ihn fand oder der Skorbut ihm ein Ende bereiten würde.

Aber nach zwei Wochen gab es immer noch kein Anzeichen einer Suche nach ihm, während sein Skorbut sich unübersehbar verschlimmert hatte. An seinem Feuerplatz, den er durch einen Schutzwall aus Fichtenzweigen gegen die Kälte von außen abgeschirmt hatte, kauerte er lange Stunden teils schlafend teils wachend. Aber die wachen Stunden wurden bald weniger und wurden zu Stunden eines halb wachenden, halb träumenden Zustandes, in welchem er in eine Art Winterschlaf verfiel. Ganz allmählich sank sein Bewusstsein und das, was John Tarwater ausmachte, tiefer und tiefer in die Bereiche, die entstanden sind, bevor und während der Mensch zum Menschen wurde und er als erstes Tier mit einem inneren Auge in sich hineinzublicken begann und die Grundlagen zu dem Moralgebäude legte, das von alptraumhaften Monstern bevölkert ist, die seinen eigenen moralunterdrückten Begierden entspringen.

Wie Argos in den alten Zeiten

Wie ein fiebernder Mensch zwischendurch immer wieder Phasen des Bewusstseins erlangt, so wachte auch der alte Tarwater immer wieder auf, briet sich sein Elchfleisch und schürte das Feuer; aber mehr und mehr Zeit verbrachte er in seinem Dämmerzustand, ohne unterscheiden zu können, was Tagtraum und was bewusstseinsloser Schlaftraum war. Und hier, in den verschwiegenen Grüften der ungeschriebenen Menschheitsgeschichte, die unerforschlich und unbegreiflich sind wie die Irrwege der Alpträume oder die wirren Abenteuer der Verrückten, begegnete er den durch die menschliche Moral hervorgebrachten quälenden Monstern, die den Menschen seither so geplagt haben, dass er phantastische Erzählungen ersinnen musste, um sich ihnen zu entziehen oder sie zu bekämpfen.

Kurz, unter der Last seiner siebzig Jahre und in der unermesslichen Stille der Einsamkeit des Nordens bekam der alte Tarwater wie unter dem Rausch einer Droge oder einer Narkose innerlich das Gemüt eines Kindermenschen der Urzeit. Im Schatten der Schwingen des Todes kauerte er am Feuer und erfand wie sein ferner Vorfahr, der Kindermensch, Mythen, welche die Sonne verherrlichten und sich selbst, als den Helden, der auf der Suche war nach dem uralten Schatz, der so schwer zu finden ist.

Entweder musste er diesen Schatz erlangen – denn so lautete die unerbittliche Logik im Schattenland des Unterbewusstseins – oder alles würde im abgrundtiefen Meer versinken, dem schwarzen Verschlinger des Lichts, der jede Nacht die Sonne zum Erlöschen bringt ... jene Sonne, die am nächsten Morgen im Osten wiedergeboren wird und dadurch für die Menschen zum ersten Symbol für die Unsterblichkeit durch Wiedergeburt wurde. All das war in den Tiefen seines Unterbewusstseins das Herannahen der Todesdämmerung, in die er allmählich eintauchte.

Wie sollte er diesen Ungeheuern der Finsternis entkommen, die ihn von innen heraus langsam verschlangen? Zu tief war er bereits versunken, um noch von Flucht zu träumen oder auch nur ein Fluchtverlangen zu verspüren. Für ihn hatte die Wirklichkeit aufgehört zu sein, und aus der verdunkelten Kammer seines Ichs konnte sie nicht wiedererstehen. Zu schwer wogen sein Alter, die Schwächung durch die Krankheit und die Lethargie und Leere, die aus dem Schweigen und der Kälte erwuchsen. Nur von außen konnte die Wirklichkeit wieder über ihn kommen und zu neuem Bewusstsein erwachen. Sonst würde er durch das Schattenreich des Unbewussten vollends in der Finsternis des absoluten Nichts verschwinden.

Aber er kam, dieser Anstoß der Wirklichkeit von außen; er krachte mit einem lauten explosiven Schnauben gegen seine Trommelfelle. Zwanzig Tage lang, bei einer Temperatur, die nie über minus fünfzig Grad stieg, hatte sich kein Windhauch geregt und nicht der geringste Laut die Stille durchbrochen. Wie ein Opiumraucher auf seinem Bett, der seine Augen von den weiten Räumen des Traums wieder auf die Enge seiner elenden Kammer richtet, so starrte der alte Tarwater mit verschwommenem Blick über das verlöschende Feuer auf einen großen Elch mit einem verwundeten Bein, der ihn mit allen Zeichen extremer Erschöpfung furchtsam anstarrte; auch der war blind im Schattenland umhergeschweift und nun durch Tarwaters Feuer zur Wirklichkeit wiedererwacht.

Unbeholfen zog der alte Tarwater den großen mit dicker Wolle gefütterten Fellhandschuh von seiner rechten Hand. Er versuchte den Zeigefinger zu bewegen, merkte jedoch, dass er steif war. Vorsichtig langsam wühlte er über Minuten hinweg die entblößte Hand unter seine Felljacke und durch die Brustöffnung seiner Hemden in seine einigermaßen warme linke Achselhöhle. Lange Minuten vergingen, bis der Finger beweglich wurde, und dann hob er mit ebenso vorsichtiger Langsamkeit sein Gewehr an die Schulter und zielte über das Lagerfeuer hinweg auf das große Tier.

Durch diesen Schuss stürzte einer der beiden schattenhaften Wanderer in die Finsternis hinab, während der andere, wie ein Betrunkener auf seinen skorbutgeschwächten Beinen taumelnd und vor Kälte zitternd, aufwärts ins Licht auftauchte. Er rieb sich mit zitternden Fingern die tränenden Augen und starrte auf die reale Welt um ihn herum, die mit so überwältigender Schnelligkeit zu ihm zurückgekehrt war. Er riss sich zusammen und erkannte, dass er eine lange Zeit – wie lange, wusste er nicht – in den Armen des Todes gelegen hatte. Er spuckte aus, hörte den Speichel in der Frostluft knistern und schloss daraus, dass es weit unter minus sechzig Grad sein musste. Tatsächlich zeigte das Spiritusthermometer in Fort Yukon an diesem Tag minus fünfundsiebzig Grad Fahrenheit an.

Langsam wurde Tarwaters Hirn wieder aktionsfähig. Hier in der öden Einsamkeit hauste der Tod. Zwei verwundete Elche waren hierher gekommen. Nach dem Aufklaren des Himmels durch die heranziehende Kälte, vermochte er seine Situation zu begreifen und erkannte, dass die beiden verwundeten Elche von Osten zu ihm gekommen waren. Also waren da im Osten Menschen – ob Weiße oder Indianer konnte er nicht sagen, aber auf jeden Fall Menschen, die ihm in seiner Not beistehen und ihm helfen konnten, aus dem Meer der Finsternis wieder in die Realität zu gelangen.

Männergeschichten

Er ging langsam, aber er ging wirklich, ausgerüstet mit Gewehr, Munition, Streichhölzern und einem Zwanzigpfundpacken Elchfleisch. Als wiedergeborener Argonaut, zwar auf schwachen Beinen und wankend, kehrte er dem bedrohlichen Westen den Rücken und hinkte gen Osten, wo die Sonne wiedergeboren wird ...
Tage später – wie viele Tage später wusste er nie zu sagen –, in denen er traumwandelte und Visionen sah und sein altes Goldlied von Neunundvierzig krächzte, bewegte er sich fort wie ein Ertrinkender, der Schwimmbewegungen macht, um sein Bewusstsein über dem schwarzen Abgrund zu halten, und kam über einen Schneehang zu einer Schlucht, in der er Rauch sah und Männer, die ihre Arbeit unterbrachen, um ihn erstaunt anzustarren. Er stolperte den Hang zu ihnen hinunter, immer noch singend, bis er atemlos verstummte und sie ihn mit Namen wie Santa Claus, Weihnachtsmann, Rauschebart, Letzter Mohikaner und Vater Weihnacht begrüßten. Und als er in der Mitte der Männer ankam, stand er ganz still, ohne zu sprechen, während große Tränen aus seinen Augen quollen. Er weinte still, eine lange Zeit, bis er sich plötzlich besann und sich in den Schnee setzte unter großem Knirschen und Knacken seiner Gelenke und dann aus dieser Stellung langsam auf die Seite kippte und in eine Ohnmacht wegdämmerte.

In weniger als einer Woche war der alte Tarwater wieder munter und erledigte humpelnd die Hausarbeiten in der Hütte, das Kochen und Waschen für die fünf Männer, die in dieser Schlucht lebten. Sie gehörten zu den echten frühen Pionieren, die sich zäh und hartnäckig so tief in das Nordland hineingearbeitet hatten, dass noch keine Kunde vom Goldrausch am Klondike zu ihnen gedrungen war. Die

Nachrichten, die er ihnen brachte, waren das erste, was sie darüber hörten. Sie lebten fast ausschließlich von Elch- und Karibufleisch sowie von geräuchertem Lachs, angereichert mit wilden Beeren und Wurzelgemüse, das sie im Sommer gesammelt hatten. Sie hatten vergessen, wie Kaffee schmeckt, trugen bei ihren Wanderungen immer Feuerglut mit sich und rauchten in ihren Pfeifen getrocknete Blätter, die auf der Zunge einen beißenden Geschmack und in der Nase einen stechenden Geruch hinterließen.

Sie waren vor drei Jahren goldsuchend vom Quellgebiet des Koyokuk nordwärts hochgezogen bis zur Mündung des Mackenzie in das nördliche Eismeer. Hier hatten sie auf Walfangschiffen das letzte Mal weiße Männer getroffen und sich noch einmal mit Proviant versorgt, der hauptsächlich aus Salz und Rauchtabak bestand. Auf Streifzügen nach Süden und Westen ins Gebiet des Zusammenflusses von Yukon und Porcupine bei Fort Yukon hatten sie an diesem Bach Gold gefunden und waren geblieben, um ihn auszubeuten.

Sie begrüßten die Ankunft Tarwaters mit Freude und wurden nie müde, seinen Erzählungen über Neunundvierzig zuzuhören und tauften ihn »alter Held«. Und sie trieben ihm den Skorbut aus mit Tee aus Fichtennadeln, mit Sud aus der inneren Rinde der Weide und mit bitteren Wurzeln und sauren Zwiebeln aus der Erde, sodass er aufhörte zu humpeln und wieder Fleisch an seinem Knochengerüst anzusetzen begann. Außerdem sahen sie keinen Grund, weshalb er nicht an dem Gold im Boden teilhaben sollte.

»Wir wissen nicht, warum es gerade Dreihunderttausend sein müssen«, sagten sie eines Morgens beim Frühstück zu ihm, bevor sie sich zur Arbeit aufmachten, »aber würden Hunderttausend nicht auch schon genügen, alter Held? Das wird unserer Schätzung nach der Claim mindestens wert sein, den wir bereits für dich abgesteckt haben.«

»In Ordnung, Jungs«, erwiderte der alte Tarwater, »ich danke euch herzlich, und alles, was ich sagen kann, ist, dass einhunderttausend Dollar nicht schlecht sind und recht hübsch für einen Anfänger. Ich werde aber selbstverständlich nicht rasten, bis ich die vollen dreihunderttausend habe. Dafür bin ich in dieses Land gekommen.«

Sie lachten und applaudierten seinem Ehrgeiz, meinten aber, dass sie für diesen Fall einen reicheren Bach für ihn suchen müssten.

Der alte Held seinerseits meinte, dass er sich im Frühjahr, wenn er wieder fitter sei, ein wenig umsehen und herumschnüffeln wolle. »Nach allem, was man weiß, können im Wurzelwerk des Mooses dort unter dem Schnee durchaus Goldnuggets hängen«, sagte er und zeigte auf einen Berghang auf der anderen Seite des Tales.

Mehr sagte er nicht, aber als die Sonne höher stieg und die Tage länger wurden, ging er über den Bach und kletterte am Hang zu der deutlichen Terrassierung auf halber Höhe hinauf. An sonnenbeschienenen Stellen war der Boden bereits fingertief aufgetaut. An einer dieser Stellen kniete er nieder und nahm eine Handvoll Moos in seine großen knorrigen Hände und riss es samt den Wurzeln heraus. In der Sonne schimmerte es mattgelb. Er schüttelte die Handvoll Moos, und rohe Goldnuggets fielen wie Kieselsteinchen auf die Erde. Das Goldene Vlies lag zum Scheren bereit.

In den Annalen Alaskas ist der Goldrausch vom Sommer 1898 nicht unerwähnt geblieben, der von Fort Yukon aus zu den Goldfeldern am Hang des Tarwater Hill ging. Und als Tarwater seine Anteile an die Bourdie-Minengesellschaft für eine glatte halbe Million Dollar verkaufte und sich auf den Rückweg nach Kalifornien machte, konnte er zur Dampfschiffsanlegestelle bei Fort Yukon mit einem Maultier über einen neu angelegten Weg reiten mit mehreren komfortablen Rasthäusern.

Bei seiner ersten Mahlzeit auf dem Dampfschiff von St. Michael nach San Francisco wurde er von einem grauhaarigen Kellner mit sorgenvollem und vom Skorbut gezeichnetem Gesicht bedient. Old Tarwater musste ihn zweimal anschauen, um sich sicher zu sein, dass es tatsächlich Charles Crayton war.

»Ging wohl nicht so gut, Junge?«, fragte Tarwater.

»Pech gehabt wie immer«, klagte der andere nach dem Wiedererkennen und der Begrüßung. »Bekam als Einziger Skorbut und bin durch die Hölle gegangen. Die anderen drei haben alle Arbeit gefunden und sind gesund. Werden jetzt Ausrüstung und Proviant bekommen, um im Winter den White River zu erkunden. Anson verdient fünfundzwanzig Dollar pro Tag als Zimmermann, Liverpool bekommt zwanzig vom Sägewerk als Holzfäller, und Big Bill erhält sogar vierzig am Tag als Vorarbeiter des Sägewerks. Ich hab auch mein Bestes versucht, und wenn ich den Skorbut nicht bekommen hätte ...«

»Sicherlich, mein Junge, hast du dein Bestes getan, was nicht viel gewesen sein kann bei deinem von Natur aus hochnäsigen und von zu viel Geschäftssinn hartherzigen Wesen. – Ich will dir mal was sagen. Du bist doch gar nicht fähig zu ehrlicher Arbeit, so verdorben wie du bist. Ich werde dem Kapitän deine Passage bezahlen, in freundlicher Erinnerung an die Reise, die du mir damals in Dawson verschafft hast, und dann kannst du auf dem Schiff rumhängen und es dir gut gehen lassen. Aber was wirst du machen, wenn du in San Francisco ankommst?«

Charles Crayton zuckte die Schultern.

»Ich mach dir einen Vorschlag«, fuhr Tarwater fort. »Ich hab Arbeit auf der Ranch, bis du wieder im Geschäft bist.«

»Ich könnte Ihnen Ihr Geschäft führen«, begann Charles eifrig.

»Nein, mein Herr«, erwiderte Tarwater mit Nachdruck. »Aber es gibt genug Löcher für Weidezäune zu graben und Holzpfosten zu schlagen, und das Klima ist gut ...«

Tarwater kam heim wie der verlorene Großvater, für den das fette Kalb geschlachtet und zubereitet wurde. Aber bevor er sich an den Tisch setzte, ging er hinaus und sah sich um. Und die Söhne und Töchter seines Fleischs und auch die Angeheirateten mussten ihn begleiten, da sie ja alle aus der knorrigen alten Hand fressen wollten, die eine halbe Million Dollar zu vererben hatte. Er schritt voraus, und kein Kommentar, den er zum Besten gab, war so widersinnig oder unmöglich, dass sie ihm zu widersprechen gewagt hätten.

Bei der verfallenen Wassermühle, die er selbst mit dem gerodeten Holz erbaut hatte, hielt er an und strahlte über das ganze Gesicht, als er das weite Land des Tarwater-Tals bis hin zu den Tarwater-Bergen überblicken konnte, das nun wieder ihm gehörte.

Da kam ihm ein Gedanke, der ihn rasch die Nase putzen ließ, damit seine Begleiter das schelmische Lächeln in seinen Augen nicht sahen. Begleitet von der gesamten Familie schlenderte er zu der baufälligen Scheune und hob dort einen alten verwitterten Prügel vom Boden auf.

»William«, sagte er dann. »Erinnerst du dich noch an unsere kleine Unterhaltung, die wir hatten, bevor ich zum

Klondike aufbrach? Sicherlich wirst du dich daran erinnern, William. Du sagtest zu mir, dass ich verrückt sei. Und ich erwiderte, dass mein Vater mir mit einem Prügel die Seele aus dem Leib geprügelt hätte, wenn ich zu ihm so etwas gesagt hätte.«

»Ach, das war doch nur Spaß«, versuchte William die Sache herunterzuspielen. William war ein grauhaariger Mann von fünfundvierzig Jahren, und seine Frau und seine erwachsenen Söhne standen um ihn herum und beobachteten gespannt, wie Großvater Tarwater seine Jacke auszog und sie Mary zum Halten gab.

»William – komm her!«, befahl er gebieterisch.

William kam zu ihm, wenn auch widerstrebend.

»William, mein Sohn, ich will dir nur eine Kostprobe von dem geben, was mein Vater mir oft genug gegeben hat«, sagte der alte Tarwater grinsend, als er den Prügel auf den Rücken und die Schultern seines Sohnes niedersausen ließ. »Beachte, dass ich dir nicht auf den Kopf schlage. Mein Vater hatte ein verflucht hitziges Temperament und nahm darauf keine Rücksicht. Nimm die Ellenbogen runter, sonst bekommst du aus Versehen noch einen Schlag drauf. Und jetzt verrate mir eine Sache, William, mein Sohn: Hast du immer noch die Meinung im Kopf, ich sei verrückt?«

»Nein, nein«, heulte William und tanzte vor Schmerzen herum. »Du bist nicht verrückt, Vater! Natürlich bist du nicht verrückt!«

»Du sagst es«, bemerkte der alte Tarwater feierlich, warf den Prügel auf die Seite und zog seine Jacke wieder an. »Und jetzt lasst uns reingehen und essen.«

Es lebe der Mann auf dem Trail

»Kipp's rein!«

»Aber sag mal, Kid, wird das nicht ein wenig zu heftig? Whiskey und Alkohol pur ist schlimm genug; aber wenn noch Brandy und Pfeffersauce dazukommen und –«

»Kipp's rein! Wer ist denn hier eigentlich für den Punsch zuständig?« Malemute Kid grinste gönnerhaft durch die Dampfwolken. »Wenn du erst mal so lange in diesem Land sein wirst wie ich, mein Sohn, und von Kaninchenfährten und Lachsbäuchen gelebt hast, wirst du begreifen, dass Weihnachten nur einmal im Jahr ist. Und Weihnachten ohne Punsch ist wie ein Loch zum Grundgebirge hinunter zu buddeln, ohne eine Goldader zu finden.«

»Schütt ruhig noch einen drauf für 'nen hohen Einsatz«, stimmte ihm Big Jim Belden zu, der von seinem Claim am Mazy May heruntergekommen war, um Weihnachten zu feiern, und der, wie jeder wusste, die letzten zwei Monate ausschließlich von Elchfleisch gelebt hatte. »Ihr habt doch nicht den Fusel vergessen, den wir damals für die Tanana zusammengemischt haben, oder?«

»Na, ich vermute doch. Jungs, es hätte euch von Herzen gut getan, den ganzen Stamm sturzbesoffen zu sehen – und alles nur wegen einer prächtigen Gärung von Zucker und Sauerteig. Aber das war vor eurer Zeit«, sagte Malemute Kid, als er sich Prince zuwandte, einem jungen Minenexperten, der erst seit zwei Jahren im Land war. »Gab damals keine weißen Frauen hier, und Mason wollte unbedingt heiraten. Ruths Vater war der Häuptling der Tanana, und der war dagegen, wie der ganze Stamm. Starrköpfig allesamt. Da setzte ich mein letztes Pfund Zucker ein für die feinste Arbeit, die ich in meinem Leben auf diesem Gebiet vollbracht habe. Ihr hättet die Jagd den Fluss hinab und über die Portage sehen sollen.«

»Und die Squaw?«, fragte Louis Savoy, der lange Frankokanadier, neugierig werdend, denn er hatte von diesem wilden Streich bereits gehört, als er im vergangenen Winter in Forty Mile war.

Da begann Malemute Kid, der ein geborener Erzähler war, die ungeschminkte Wahrheit zu berichten über diesen Brautraub nach nordländischer Art. So mancher der hartgesottenen Abenteurer fühlte dabei, wie es ihm das Herz zusammenzog, und empfand eine unbestimmte Sehnsucht nach den sonnigeren Gefilden des Südlandes, wo das Leben mehr versprach als nur den ständigen Kampf mit Kälte und Tod.

Kid schloss seine Erzählung: »Wir erreichten den Yukon unmittelbar nach dem ersten Eisgang, und der Stamm war nur eine Viertelstunde hinter uns. Aber das rettete uns, denn der zweite Eisgang brach das gestaute Eis und schnitt ihnen den Weg ab. Als sie schließlich nach Nuklukyeto gelangten, war der ganze Posten darauf vorbereitet. Und was die Heirat betrifft, fragt Pater Roubeau hier: Er hat die Trauungszeremonie vollzogen.«

Der Jesuit nahm die Pfeife aus dem Mund und brachte seine Genugtuung darüber lediglich durch ein patriarchalisches Lächeln zum Ausdruck, während die anwesenden Protestanten und Katholiken einträchtig applaudierten.

»Bei Gott!«, stieß Luis Savoy hervor, der von der Romanze überwältigt schien. »Die kleine Squaw; mein tapferer Mason. Bei Gott!«

Als dann die ersten Becher mit Punsch herumgingen, sprang der unersättliche Bettles auf und stimmte sein

Lieblingstrinklied von der Sassafras-Wurzel an, deren Saft alle trinken, obwohl es der Saft der verbotenen Frucht ist. Und der bacchantische Chor fiel grölend ein:

> »*Ja, es ist der Saft der verbotenen Frucht,*
> *aber ihr rätselt alle zusammen glatt,*
> *ob er den richtigen Namen hat,*
> *Es ist der Saft der verbotenen Frucht.*«

Malemute Kids fürchterliches Gebräu entfaltete seine Wirkung; die aus den Goldgräberlagern und von den Trails gekommenen Männer tauten in seiner anregenden Glut auf und Scherze und Lieder und Erzählungen früherer Abenteuer machten die Runde. Fremde aus einem Dutzend Länder tranken sich gegenseitig zu. Es war der Engländer Prince, der »*Uncle Sam, das frühreife Kind der neuen Welt*« hochleben ließ; der Yankee Bettles trank daraufhin »*Auf die Queen, Gott möge sie segnen*« und der Franzose Savoy und der deutsche Händler Meyers stießen mit ihren Bechern auf Elsass und Lothringen an.

Da erhob sich Malemute Kid mit seinem Becher in der Hand und blickte zu dem mit Ölpapier zugeklebten Fenster hinüber, das von einer handbreiten Schicht Raureif bedeckt war: »Ein Hoch auf den Mann, der heute Nacht auf dem Trail ist; möge sein Vorrat ausreichen, mögen seine Hunde gute Läufe haben und seine Streichhölzer ihm nie das Feuer versagen.«

Zisch! Zisch! – Da hörten sie die vertraute Musik der Hundepeitsche, das winselnde Geheul der Malemutes und das Knirschen eines Schlittens, als dieser zur Hütte herauffuhr. Die Unterhaltung verstummte, während sie das Weitere abwarteten.

»Ist 'n alter Hase; kümmert sich zuerst um die Hunde und erst dann um sich selbst«, flüsterte Malemute Kid Prince zu, als sie auf das Schnappen der Hundefänge, das wölfische Knurren und das schmerzvolle Jaulen lauschten, das ihren erfahrenen Ohren mitteilte, dass der Fremde ihre Hunde zurückprügelte, während er seine eigenen fütterte.

Dann erklang das erwartete Klopfen an der Tür, entschlossen und selbstbewusst, und der Fremde kam herein. Von dem Licht geblendet, verharrte er einen Augenblick an der Tür und gab allen die Chance, einen prüfenden Blick auf ihn zu werfen.

Er war eine eindrucksvolle Erscheinung, und in seiner arktischen Bekleidung aus Wolle und Pelz auch eine überaus malerische. Als er so dastand – mehr als sechs Fuß groß, mit entsprechender Schulterbreite und Brustweite, das glattrasierte Gesicht vor Kälte rosa leuchtend, die langen Wimpern und Augenbrauen weiß vom Reif und die Ohrenklappen seiner großen Wolfspelzmütze lose herabhängend –, schien er der leibhaftige König des Frostes zu sein, der eben aus der Nacht hereingekommen war. Um seine Mackinaw-Jacke war ein perlenverzierter Gurt gespannt, in dem zwei große Colt-Revolver und ein Jagdmesser steckten, und in seinen Händen trug er außer der unvermeidlichen Hundepeitsche ein Gewehr größten Kalibers und neuester Machart. Aber obwohl sein Gang fest und federnd war, konnten sie, als er nähertrat, doch sehen, dass Müdigkeit schwer auf ihm lastete.

Es herrschte eine verlegene Stille, aber sein herzhaftes »Wie geht's, Kameraden?« vertrieb diese rasch, und im nächsten Augenblick schüttelten Malemute Kid und er sich die Hände. Obwohl sie sich noch nie getroffen hatten, hatte jeder doch schon vom anderen gehört, und ihr Respekt war gegenseitig. Nach einer lebhaften Begrüßung wurde ihm ein Becher Punsch aufgenötigt, noch bevor er den Grund seiner Reise erläutern konnte.

»Wie lange ist es her, seit ein Korbschlitten mit drei Männern und acht Hunden vorbeigekommen ist?«, wollte er sodann wissen.

»Es wird wohl vor zwei Tagen gewesen sein. Sind Sie hinter ihnen her?«

»Ja, es ist mein Gespann. Haben es mir direkt vor der Nase geklaut, diese Halunken. Habe bereits zwei Tage aufgeholt – werde sie auf der nächsten Etappe schnappen.«

»Schätze, sie werden sich wehren?«, fragte Belden, der die Unterhaltung in Gang zu halten versuchte, während Malemute Kid mittlerweile den Kaffeetopf aufgesetzt hatte und geschäftig Schinken und Elchfleisch briet.

Der Fremde schlug vielsagend auf seine Revolver.

»Wann haben Sie Dawson verlassen?«, wollte Belden wissen.

»Um zwölf Uhr.«

»Letzte Nacht natürlich?«

»Nein, heute Mittag.«

Ein erstauntes Raunen ging durch die Runde. Und das zu Recht, denn es war gerade Mitternacht, und fünfundsiebzig Meilen Fahrt über den rauen Flusstrail in zwölf Stunden war nichts, über das sich spotten ließ.

Die Unterhaltung wurde bald wieder allgemeiner und bewegte sich zurück zu Kindheitsgeschichten. Während der junge Fremdling von der einfachen Kost aß, studierte Malemute Kid aufmerksam dessen Gesicht. Er brauchte nicht lange, um zu befinden, dass es angenehm, ehrlich und offen war und er es mochte.

Obwohl noch jugendlich, waren seine Gesichtszüge bereits scharf gezeichnet durch Mühen und Anstrengungen. Seine blauen Augen blickten im Gespräch freundlich und beim Schweigen sanft, ließen aber auch ein hartes stählernes Glitzern erkennen, das auftauchte, sobald er gefordert wurde, besonders gegen eine Übermacht. Der starke Kiefer und das kantige Kinn verrieten einen entschiedenen Eigensinn und Hartnäckigkeit. Aber trotz dieser Merkmale eines Löwen, war in seinem Gesicht auch eine Freundlichkeit und ein Anflug weiblicher Sanftheit, die von einer gefühlvollen Natur zeugten.

»Tja, so war's, wie ich un' meine Alte verkuppelt wurden«, sagte Belden, der gerade die aufregende Geschichte seiner Brautwerbung zu Ende brachte. »»Da sin' wir, Vater‹, sagt sie. ›Ach, geh zum Teufel‹, sagt er zu ihr, un' zu mir: ›Jim, du – du machst, dass du aus deinen feinen Klamotten kommst; ich will 'n ordentliches Stück von den vierzig Morgen gepflügt ham, bevor's Mittag is‹. Un' dann dreht er sich zu ihr um un' sagt: ›Un' du, Sal, du mach, dass du hinter die Töpfe kommst.‹ Un' dann packt er sie schniefend un' küsst sie. Un' ich war happy – aber er glotzt mich an un' röhrt los: ›Raus, Jim!‹ Un' ihr könnt wetten, dass ich mich aus'm Staub machte in die Scheune.«

»Und warten nun irgendwelche Kinder auf Sie in den Staaten?«, fragte der Fremde.

»Keine; Sal starb, bevor welche kamen. Deshalb bin ich jetz' hier.« Belden begann in Gedanken versunken seine Pfeife anzuzünden, obwohl sie gar nicht ausgegangen war, dann hellte sich sein Gesicht wieder auf: »Un' was ist mit Ihnen, Fremder – sin' Sie verheiratet?«

Als Antwort öffnete dieser seine Taschenuhr, löste sie von dem Riemen, der eine Kette ersetzte, und reichte sie hinüber. Belden drehte die Tranlampe hoch, betrachtete aufmerksam das Innere des Deckels und gab die Uhr schließlich mit einem bewundernden Fluch an Louis Savoy weiter. Dieser händigte sie mit mehreren »Donnerwetter«-Ausrufen an Prince aus, wobei die anderen bemerkten, dass seine Hände zitterten und seine Augen einen eigentümlichen Schimmer annahmen. Und so wanderte es von einer schwieligen Hand zur nächsten – das eingeklebte Foto von einer Frau, die von der Art war, wie sie solche Männer erträumen, mit einem Baby an der Brust. Diejenigen, die das Wunder noch nicht gesehen hatten, bebten vor Neugier; und die, die es gesehen hatten, wurden still und nachdenklich.

Sie vermochten der Not des Hungers, dem Schrecken des Skorbuts oder dem schnellen Tod zu Wasser und zu Lande ins Auge zu schauen; aber der Anblick einer unbekannten Frau und ihres Kindes ließ sie alle selbst zu Frauen und Kindern werden.

»Hab' den Kleinen bis jetzt noch nicht gesehen – es ist ein Junge, schreibt sie, und schon zwei Jahre alt«, sagte der Fremde, als er seinen Schatz zurückbekam. Er blickte einen Moment sehnsüchtig darauf, dann klappte er den Deckel zu und drehte sich weg, aber nicht rasch genug, um die unterdrückten Tränen zu verbergen.

Malemute Kid führte ihn zu einer Koje und forderte ihn auf, sich hinzulegen.

»Weckt mich aber um Punkt vier Uhr. Lasst mich nicht hängen«, waren seine letzten Worte, und einen Augenblick später schlief er mit den schweren Atemzügen eines Erschöpften.

»Bei Jupiter! Das ist ein verwegener Bursche«, meinte Prince. »Drei Stunden Schlaf nach fünfundsiebzig Meilen

Es lebe der Mann auf dem Trail

mit den Hunden, und dann gleich wieder auf den Trail. Wer ist er, Kid?«

»Jack Westondale. Ist jetzt seit drei Jahren hierzulande, und man weiß nur, dass er arbeitet wie ein Pferd, aber eine Menge Pech auf seinem Konto hat. Ich hab' ihn nie kennengelernt, aber Sitka Charley hat mir von ihm erzählt.«

»Muss hart sein für einen Mann mit einer so süßen jungen Frau, seine Jahre in dieser gottverlassenen Gegend zu vergeuden, wo jedes Jahr doppelt so schwer wiegt wie draußen.«

»Sein Problem ist sein Draufgängertum und die Halsstarrigkeit. Er hat zwei Mal alles auf eine Karte gesetzt und beide Male verloren.«

An dieser Stelle wurde das Gespräch durch einen derben Scherz von Bettles unterbrochen, da die betroffene Stimmung wieder geschwunden war. Und bald waren die öden Jahre mit eintönigem Essen und mörderischer Schufterei vergessen zugunsten einer rauen aber herzlichen Heiterkeit. Nur Malemute Kid schien nicht loslassen zu können und warf öfters einen besorgten Blick auf seine Uhr. Schließlich nahm er seine Handschuhe und seine Biberfellmütze und verließ die Hütte und begann in der Vorratskammer herumzustöbern.

Er hielt es auch nicht aus, die vereinbarte Zeit abzuwarten, sondern weckte seinen Gast eine Viertelstunde früher. Der junge Hüne war übel steif, und es half nur heftiges Massieren, um ihn auf die Füße zu bringen. Er humpelte schmerzgepeinigt aus der Hütte, wo er seine Hunde schon angeschirrt und alles bereit für den Aufbruch fand. Die Männer wünschten ihm viel Glück und eine kurze Verfolgungsjagd, während Pater Roubeau ihn eilig segnete, weil sie wieder in die Hütte gehen wollten. Das verwunderte nicht, denn es ist nicht ratsam, sich mit nackten Ohren und Händen vierundsiebzig Grad unter Null auszusetzen.

Malemute Kid begleitete ihn an den Haupttrail und schüttelte ihm herzlich die Hand, während er ihm noch Informationen gab. »Sie finden hundert Pfund Lachsrogen auf dem Schlitten«, sagte er. »Die Hunde können damit so weit laufen wie mit hundertfünfzig Pfund Fisch. Sie werden in Pelly kein Hundefutter bekommen können, wie Sie vielleicht erwartet haben.«

Der Fremde richtete sich auf und seine Augen weiteten sich, aber er unterbrach ihn nicht.

»Sie werden nicht eine Unze Futter für sich und die Hunde bekommen können, bevor sie Five Fingers erreichen, und das sind stramme zweihundert Meilen. Achten Sie auf offenes Wasser auf dem Thirty Mile River und verpassen Sie die große Abkürzung über Le Barge nicht.«

»Woher wussten Sie es?«, fragte Westondale. »Die Nachricht kann doch sicherlich nicht vor mir hier angekommen sein.«

»Ich weiß es nicht, und darüber hinaus will ich es auch gar nicht wissen. Aber jedenfalls haben Sie das Hundegespann, das Sie verfolgen, nie besessen. Sitka Charley hat es denen im letzten Frühjahr verkauft. Aber er hat Sie mir mal als rechtschaffenen Mann geschildert, und ich glaube ihm. Ich habe Ihr Gesicht gesehen; ich mag es. Und ich habe gesehen – ach verflucht, machen Sie, dass Sie über die Berge ans Salzwasser und zu Ihrer Frau kommen, und –« Kid zog seine Handschuhe aus und holte seinen Goldbeutel hervor.

»Nein, das brauch ich nicht«, wehrte der Fremde ab, und die Tränen gefroren an seinen Wangen, als er Malemute Kids Hand heftig drückte.

»Schone die Hunde nicht; schneid sie aus den Leinen, sobald sie schlapp machen, und kauf andere. Kauf sie und denk einfach, sie seien preiswert, selbst wenn sie zehn Dollar pro Pfund kosten. Du kannst welche in Five Fingers, Little Salmon und an der Hootalinqua bekommen. Und achte darauf, dass du keine nassen Füße bekommst«, waren Kids abschließende Ratschläge. »Fahr weiter bis zu einer Kälte von minus fünfundzwanzig Grad, aber wenn's drunter geht, mach ein Feuer und trockne deine Socken.«

Kaum fünfzehn Minuten waren vergangen, als das Klingeln von Schlittenglöckchen eine neue Ankunft ankündigte. Die Tür öffnete sich, und ein Officer der Northwest Mounted Police kam herein, gefolgt von zwei halb indianischen, halb französischstämmigen Hundeführern. Wie Westondale waren auch sie schwer bewaffnet und zeigten ebenfalls Anzeichen von Müdigkeit. Die beiden Hundeführer, die auf dem Trail aufgewachsen waren, trugen es leichter; aber der junge Polizist war stark erschöpft. Nur die verbissene Hartnäckigkeit von Menschen seines Schlags ließ ihn das Tempo beibehalten, das er angeschlagen hatte, und er würde es weiter beibehalten, bis er auf seinem Weg zusammenbrechen würde.

»Wann ist Westondale aufgebrochen?«, fragte er. »Er hielt doch hier an, oder nicht?«

Diese Frage war überflüssig, denn die Spuren vor der Hütte gaben bereits die Antwort.

Malemute Kid hatte Belden einen Blick zugeworfen, der begriff, woher der Wind wehte, und ausweichend antwortete: »Is' schon 'ne Weile her.«

»Nun komm schon, Mann, raus mit der Sprache«, ermahnte ihn der Officer.

»Du scheinst ihn wohl schnappen zu wollen? Hat er in Dawson drunten Ärger gemacht?«

»Hat Harry McFarland um Vierzigtausend erleichtert, hat's dann in der Spielbank in einen Scheck auf Seattle umgetauscht, und wer soll jetzt die Auszahlung verhindern, wenn wir ihn nicht einholen? Wann ist er weitergefahren?«

Alle unterdrückten auf einen Wink Kids hin die Aufregung in ihren Mienen, und der junge Officer blickte ringsum in versteinerte Gesichter.

Sich zu Prince wendend, richtete er die Frage an ihn.

Obwohl es diesem unangenehm war, in das offene ernste Gesicht seines Landsmannes zu blicken, gab er nur Nebensächliches über den Trail als Antwort.

Da erblickte der Officer Pater Roubeau, der nicht lügen konnte. »Vor einer Viertelstunde«, antwortete der Priester, »aber er hatte vier Stunden Erholung für sich und die Hunde.«

»Vor fünfzehn Minuten aufgebrochen, und er ist ausgeruht. Mein Gott!« Der arme Kerl taumelte zurück, halb ohnmächtig vor Erschöpfung und Enttäuschung, und murmelte etwas über die rasende Fahrt von Dawson bis hierher in zehn Stunden, und dass die Hunde völlig fertig seien.

Malemute Kid nötigte ihm einen Becher Punsch auf. Dann wandte dieser sich zur Tür und forderte die Hundeführer auf, ihm zu folgen. Aber die Wärme und die Aussicht auf eine Rast waren zu verlockend, sodass diese heftig protestierten. Kid war mit ihrer französischen Mundart, dem Patois, vertraut und hörte gespannt zu.

Sie beschworen, dass die Hunde kaputt seien, dass Siwash und Babette erschossen werden müssten, noch vor dem Ende der nächsten Meile, dass es um den Rest der Meute fast ebenso schlecht stehe und dass es deshalb für alle Beteiligten besser sei zu rasten.

»Leihen Sie mir fünf Hunde?«, wandte sich der Officer an Kid.

Aber Kid schüttelte den Kopf.

»Ich werde einen Scheck auf Captain Constantine über Fünftausend ausstellen – hier sind meine Papiere – ich bin bevollmächtigt, nach eigenem Ermessen zu handeln.«

Kid blieb bei seiner stummen Weigerung.

»Dann werde ich die Hunde im Namen der Queen beschlagnahmen.«

Mit ungläubigem Lächeln blickte Kid auf sein gutbestücktes Waffenarsenal, und der Engländer, der seine Machtlosigkeit erkannte, ging zur Tür. Aber die Hundeführer protestierten immer noch, sodass er grimmig auf sie losging und sie Weiber und feige Hunde nannte. Das dunkle Gesicht des älteren Halbbluts flammte zornig auf, als er sich aufrichtete und mit wohlgesetzten Worten versprach, dass er fahren werde, bis seinem Anführer die Füße abfallen und es ihm dann ein besonderes Vergnügen sein werde, diesen im Schnee zu begraben.

Der Officer ging dennoch entschlossen zum Ausgang, obwohl es seinen ganzen Willen erforderte, und stellte eine Frische zur Schau, die er nicht besaß. Aber alle wussten das und respektierten sein stolzes Bemühen, während er die Anzeichen völliger Erschöpfung, die über sein Gesicht zuckten, nicht zu verbergen vermochte.

Die Hunde lagen reifbedeckt zusammengerollt im Schnee, und es war nahezu unmöglich, sie zum Aufstehen zu bewegen. Die armen Viecher heulten unter den scharfen Peitschenhieben der ergrimmten und grausamen Hundeführer. Erst als Babette, die Leithündin, aus den Riemen geschnitten wurde, konnten sie den Schlitten freibekommen und sich auf den Weg machen.

»Ein dreckiger Schurke und Lügner!«
»Zum Teufel mit ihm. Er ist nicht gut!«
»Ein Dieb!«
»Übler als ein Indianer!«

Es war offensichtlich, dass die Männer über Westondale wütend waren – zum einen über die Art und Weise, wie er sie getäuscht hatte, und zum andern wegen des groben Verstoßes gegen die Gebote des Nordlandes, wo Ehrlichkeit als höchstes Gut gilt.

»Und wir haben dem Kerl geholfen, nach all dem, was er verbrochen hat!«

Alle Augen richteten sich anklagend auf Malemute Kid, der sich in der Ecke erhob, in der er es Babette bequem gemacht hatte, und der nun schweigend den Topf für eine letzte Runde Punsch leerte.

»Es ist eine kalte Nacht, Jungs, – eine bitter kalte Nacht«, begann er wie beiläufig seine Verteidigungsrede. »Ihr seid alle schon auf dem Trail gereist, und ihr wisst, was das bedeutet. Prügelt nicht auf einen Hund ein, wenn er bereits am Boden liegt. Ihr habt nur die eine Seite gehört. Ein ehrlicherer Mann als Jack Westondale hat mit euch oder mir noch nie aus einem Topf gegessen oder das Lager geteilt. Im letzten Herbst gab er sein gesamtes Vermögen, vierzigtausend Dollar, an Joe Castrell, damit er Staatsland für ihn kaufe. Heute wäre er dadurch Millionär. Aber was tat Joe Castrell, während Westondale in Circle City festsaß und sich um einen skorbutkranken Partner kümmerte? Er geht in McFarlanes Spielhölle, überzieht das Limit und verzockt das ganze Geld. Man fand ihn am nächsten Tag tot im Schnee. Und der arme Jack Westondale konnte seinen Plan vergessen, nach diesem Winter zu seiner Frau zurückzukehren und zu seinem Jungen, den er noch nie gesehen hat. Beachtet, dass er sich genau die Summe nahm, die Castrell verspielte – vierzigtausend Dollar. Und jetzt ist er auf dem Weg hinaus, und was meint ihr nun dazu?«

Kid ließ seinen Blick über den Kreis seiner Richter schweifen, bemerkte dabei ihre milder gewordenen Gesichter und erhob dann seinen Becher: »Also, es lebe der Mann, der heute Nacht auf dem Trail ist; auf seine Gesundheit, möge sein Vorrat nicht ausgehen, mögen seine Hunde gute Läufe behalten, mögen seine Zündhölzer ihm nie das Feuer versagen. Gott schütze ihn; wünschen wir Glück für ihn, und – «

»Misserfolg für die Mounted Police!«, schrie Bettles zum Klirren der ausgetrunkenen Becher.

Das Vertrauen der Männer

»Ich sag dir, was wir tun werden; wir werden würfeln.«

»Mir soll's recht sein«, sagte der andere Mann und wandte sich, während er sprach, dem Indianer zu, der in einer Ecke der Hütte Schneeschuhe reparierte: »Hör zu, Billebedam, sei so gut und lauf schnell zu Olesons Hütte rüber und sag ihm, dass wir seinen Würfelbecher ausleihen möchten.«

Diese plötzliche Anweisung mitten in einer Beratung über die Kosten von Arbeitern, Holz und Lebensmitteln überraschte Billebedam. Außerdem war es noch früh am Tag, und er hatte noch nie weiße Männer von Pentfields und Hutchinsons Art kennengelernt, die würfelten und spielten, bevor die Arbeit des Tages getan war. Aber als er seine Handschuhe anzog und zur Tür hinausging, war sein Gesicht so gelassen, wie es sich für einen Yukon-Indianer gehört.

Obwohl schon acht Uhr, war es draußen noch dunkel, während die Hütte durch eine Talgkerze erhellt wurde, die auf einer leeren Whiskeyflasche steckte. Sie stand auf der Platte des Kiefernholztischs mitten in der Unordnung dreckigen Blechgeschirrs. Talg zahlloser Kerzen war an dem langen Hals der Flasche hinuntergetropft und zu einem Miniaturgletscher erstarrt. Der kleine Raum, der das Innere der Hütte bildete, war ebenso unordentlich wie der Tisch, und hinten befanden sich an einer Wand zwei Schlafkojen, eine über der anderen, deren Decken noch genau so herumlagen, wie die Männer am Morgen aus ihnen herausgekrochen waren.

Lawrence Pentfield und Corry Hutchinson waren Millionäre, aber sie sahen nicht so aus. Niemand hätte an ihnen etwas Ungewöhnliches gefunden, wenn sie tüchtige Holzhändler in irgendeinem Holzfällercamp in Michigan gewesen wären. Aber hier draußen, in der Dunkelheit, wo Löcher im Erdboden gähnten, waren viele Männer damit beschäftigt, mit Seilwinden Dreck und Kies und Gold vom Boden der Löcher heraufzuholen, das andere Männer für fünfzehn Dollar am Tag aus dem felsigen Untergrund scharrten. Jeden Tag wurde Gold im Wert von tausenden Dollars aus dem Grundgestein gekratzt und zur Oberfläche hinaufbefördert, und alles gehörte Pentfield und Hutchinson, die einen Platz unter den reichsten Bonanzakönigen einnahmen.

Pentfield unterbrach die Stille, die nach Billebedams Aufbruch eintrat, indem er die schmutzigen Teller auf dem Tisch auf einen Haufen schob und auf der frei gewordenen Tischfläche mit seinen Knöcheln einen Trommelwirbel schlug. Hutchinson säuberte die qualmende Kerze, indem er nachdenklich den Ruß zwischen Zeigefinger und Daumen vom Docht rieb.

»Bei Gott, ich wünschte, wir könnten beide hinausreisen!«, rief er plötzlich. »Das würde alles in Ordnung bringen.«

Pentfield blickte ihn finster an: »Wenn du nicht so verdammt stur wärst, wäre auch so alles in Ordnung. Alles, was du zu tun hättest, wäre aufzustehen und zu gehen. Ich würde hier auf alles aufpassen und könnte dann im nächsten Jahr gehen.«

»Warum sollte ich gehen? Ich habe niemand, der auf mich wartet – –«

»Deine Familie«, unterbrach ihn Pentfield grob.

»Die hast du auch«, erwiderte Hutchinson. »Ich meine ein Mädchen, und du weißt das.«

Pentfield zuckte abwehrend mit den Schultern. »Sie kann warten, denke ich.«

»Aber sie wartet nun doch schon zwei Jahre.«

»Ein weiteres Jahr wird sie auch nicht so altern lassen, dass sie nicht mehr zu erkennen sein wird.«

»Das wären dann drei Jahre. Bedenke, alter Mann, drei Jahre an diesem Ende der Erde, diesem Lagerplatz der Verdammten!« Hutchinson warf seine Arme mit einem beredten Seufzer in die Höhe.

Er war einige Jahre jünger als sein Partner, nicht älter als sechsundzwanzig, und in seinem Gesicht war plötzlich eine Schwermut, die sich auf die Gesichter von Männern legt, wenn sie sich vergeblich nach etwas sehnen, das sie lange entbehrt haben. Dieselbe Schwermut war auch in Pentfields Gesicht, und sein Kummer darüber kam durch sein Schulterzucken zum Ausdruck.

»Ich habe letzte Nacht geträumt, ich wäre in Zinkands Restaurant«, sagte er. »Die Musik spielte, Gläser klirrten, Stimmen summten, Frauen lachten, und ich bestellte Eier – ja, mein Lieber, Eier, gebratene, gekochte und pochierte Eier und Rührei, Eier jeder Art, und ich verschlang sie ebenso schnell, wie sie mir serviert wurden.«

»Ich hätte Salat und Gemüse bestellt«, bemängelte Hutchinson hungrig, »mit einem großen englisch gebratenen Porterhouse-Steak und frischen Zwiebeln und Radieschen – solchen, die beim Hineinbeißen knacken.«

»Ich vermute, das hätte ich den Eiern folgen lassen, wenn ich nicht vorher aufgewacht wäre«, antwortete Pentfield. Er nahm ein vom Reisen ziemlich ramponiertes Banjo von der Wand und begann träumerisch ein paar Töne zu klimpern. Hutchinson zuckte zusammen und atmete schwer.

Das Vertrauen der Männer

»Lass das!«, explodierte er mit plötzlicher Wut, als der andere ein fröhlich klingendes Lied zu spielen begann. »Es macht mich verrückt. Ich halt's nicht aus.«

Pentfield warf das Banjo in eine der Bettkojen und begann zu rezitieren:

> »Hör mich sagen, was der Schwächste nicht gesteht –
> Ich bin Erinnerung und Quälgeist: Ich bin die Stadt!
> Ich bin alles, was jemals in Abendkleidung geht!«

Hutchinson rutschte unruhig auf seinem Stuhl herum und legte dann seinen Kopf auf den Tisch. Pentfield begann wieder monoton mit seinen Knöcheln zu trommeln, bis ein lautes Knistern an der Tür seine Aufmerksamkeit erregte. Der Frost kroch wie ein weißes Tuch an ihr empor, und Pentfield begann zu murmeln:

> »Die Vogelschar ist geflogen,
> Die Äste sind kahl,
> Der Lachs zieht zum Meer;
> Und oh, meine Schöne, wo kann
> Mein Herz hausen mit dir?«

Wieder trat Stille ein und wurde nicht unterbrochen, bis Billebedam zurückkam und den Würfelbecher auf den Tisch warf.

»Sein sehr kalt draußen«, sagte er. »Oleson sagen zu mir, Yukon sein gefroren letzte Nacht.«

»Hörst du, alter Mann!«, rief Pentfield und schlug Hutchinson dabei auf die Schulter. »Derjenige von uns, der gewinnt, kann morgen früh um diese Zeit den Trail in Gottes eigenes Land antreten.«

Er nahm den Becher und schüttelte heftig die Würfel.
»Was spielen wir?«

»Einfach Würfelpoker«, erwiderte Hutchinson. »Fang an und lass sie rollen.«

Pentfield wischte das Geschirr mit lautem Geklapper vom Tisch runter und ließ die fünf Würfel darauf rollen. Beide blickten gespannt. Der Wurf war ohne ein Paar und mit einer Fünf als höchster Zahl.

»Ein Fehlwurf!«, stöhnte Pentfield.

Nach vielem Überlegen sammelte er alle fünf Würfel ein und warf sie wieder in den Becher.

»Ich hätte an deiner Stelle auf die Fünf gesetzt«, mischte sich Hutchinson ein.

»Nein, das hättest du nicht; nicht wenn du das hier siehst«, entgegnete Pentfield und ließ die Würfel wieder aus dem Becher rollen.

Wieder war der Wurf ohne ein Paar, zeigte aber diesmal eine ununterbrochene Zahlenfolge von zwei bis sechs.

»Ein zweiter Fehlwurf«, stöhnte Pentfield. »Es hat keinen Sinn zu würfeln. Du kannst gar nicht verlieren.«

Der andere sammelte wortlos die Würfel in den Becher, schüttelte sie, ließ sie mit einer schwungvollen Bewegung auf den Tisch rollen und sah, dass er ebenfalls einen Fehlwurf mit der Sechs als höchster Zahl geworfen hatte.

»Ebensoviel wie du. Sei's wie es will, ich muss es noch besser machen«, sagte er, sammelte vier der Würfel ein und würfelte auf die Sechs. »Und hier ist nun das, was dich schlägt!«

Aber die Würfel rollten mit einer Zwei, Drei, Vier und Fünf heraus – ein weiterer Fehlwurf, der weder besser noch schlechter war als Pentfields Würfe.

Hutchinson seufzte. »So was passiert nicht einmal unter Millionen Würfen«, sagte er.

»Nicht einmal während einer Million Leben«, ergänzte Pentfield, nahm den Becher und würfelte rasch erneut.

Drei Fünfer erschienen, und nach langem Zögern wurde er beim zweiten Wurf durch eine vierte Fünf belohnt.

Hutchinson schien danach jede Hoffnung zu verlieren. Aber bei seinem ersten Wurf tauchten drei Sechser auf. Während im Blick seines Gegenübers die Verunsicherung wuchs, kehrte in seinen wieder Hoffnung zurück. Er hatte ja noch einen Wurf. Eine weitere Sechs, und er würde morgen übers Eis zum Meer und in die Staaten gehen können.

Er schüttelte die Würfel im Becher, tat so, als würde er werfen, zögerte und schüttelte erneut.

»Lass doch! Mach schon! Brauch nicht die ganze Nacht dafür!«, rief Pentfield erregt. Um die Kontrolle über sich zu behalten, klammerte er sich so krampfhaft an der Tischplatte fest, dass sich seine Fingernägel bogen.

Die Würfel rollten, eine Sechs tauchte vor ihren Augen auf. Beide Männer saßen da und starrten sie an. Es herrschte lange Schweigen. Hutchinson warf verstohlen einen Blick auf seinen Partner, der ihn noch verstohlener auffing und seine Lippen dabei auf eine Art verzog, die zeigen sollte, dass es ihm gleichgültig sei.

Hutchinson lachte, als er aufstand. Es war ein nervöses, verlegenes Lachen. Es war eine Situation, in der es peinlicher war zu gewinnen, als zu verlieren. Er ging zu seinem Partner hinüber, der sich ihm impulsiv zuwandte: »Nun hör bloß auf, Corry! Ich weiß genau, was du jetzt sagen willst – dass du lieber hierbleiben möchtest und mich gehen lassen willst und dergleichen. Aber sag's nicht. Du hast deine Familie, die du in Detroit besuchen kannst, und das ist genug. Im Übrigen kannst du für mich das tun, was ich getan hätte, wenn ich selbst gegangen wäre.«

»Und das wäre?«

Pentfield las die Frage in den Augen seines Partners und antwortete: »Na ja, eben das. Du kannst sie hierher mitbringen. Der einzige Unterschied wird sein, dass die Hochzeit in Dawson stattfindet und nicht in San Francisco.«

»Aber, guter Mann!«, wandte Corry Hutchinson ein. »Wie um Himmels willen soll ich sie hierher bringen? Wir sind ja nicht Bruder und Schwester, zudem kenne ich sie noch gar nicht, und es wäre nicht gerade passend, wie du weißt, wenn wir zusammen reisen würden. Natürlich würde alles in Ordnung sein – du und ich wissen das, aber bedenke doch, wie es von außen betrachtet würde, Mann!«

Pentfield fluchte schwer atmend und wollte diese Sichtweise in eine weniger frostige Region als Alaska verbannen.

Aber sein Partner erwiderte: »Nun, wenn du mir mal zuhören und dich nicht gleich aufs Hohe Ross setzen würdest, könntest du erkennen, dass die einzige saubere Lösung unter den gegebenen Umständen für mich ist, dich in diesem Jahr hinausreisen zu lassen. Bis zum nächsten Jahr ist es ja nur ein Jahr hin, und dann kann ich meinen Ausflug machen.«

Pentfield schüttelte den Kopf, obwohl man sehen konnte, dass er unter der Versuchung schwankte.

»Das werde ich nicht tun, Corry, alter Bursche. Ich weiß deine Freundlichkeit zu schätzen und all das, aber ich werd's nicht tun. Ich würde mich die ganze Zeit schämen, wenn ich daran dächte, dass du hier an meiner Stelle schuften müsstest.«

Dann schien ihm plötzlich eine Idee zu kommen. In seiner Schlafkoje herumwühlend und in seinem Eifer das Unterste zuoberst kehrend, brachte er einen Schreibblock und einen Stift zutage und setzte sich damit an den Tisch, wo er schnell und entschlossen zu schreiben begann.

»Hier«, sagte er dann und drückte seinem Partner den hingekritzelten Brief in die Hand. »Du musst ihn lediglich überbringen, und alles wird in Ordnung sein.«

Hutchinson überflog den Brief und legte ihn weg.

»Woher weißt du, dass ihr Bruder gewillt sein wird, die tierische Reise hierhin mitzumachen?«, fragte er dann.

»Oh, er wird es für mich tun – und für seine Schwester«, antwortete Pentfield. »Er ist zwar ein Grünschnabel, und ich würde sie ihm nicht allein anvertrauen. Aber mit dir dabei wird es eine leichte und sichere Reise werden. Sobald du draußen bist, solltest du zu ihnen gehen und sie vorbereiten. Danach kannst du ostwärts reisen zu deinen eigenen Leuten, und im Frühjahr werden sie und ihr Bruder dann fertig sein für die Reise mit dir. Du wirst sie mögen, ich weiß es, gleich auf den ersten Blick. Und hierdurch wirst du sie erkennen, sobald du sie siehst.«

Bei diesen Worten öffnete er den Deckel seiner Uhr und zeigte ihm die darin eingeklebte Fotografie einer jungen Frau. Corry Hutchinson betrachtete sie mit zunehmender Bewunderung in seinen Augen.

»Sie heißt Mabel«, fuhr Pentfield fort. »Und du solltest natürlich auch gleich wissen, wie du ihr Haus findest: Sobald du nach San Francisco kommst, nimmst du eine Droschke und sagst einfach ›Holmes Place, Myrdon Avenue‹. – Ich glaube Myrdon Avenue ist nicht mal nötig. Der Kutscher wird auch so wissen, wo Richter Holmes wohnt.«

»Und«, fügte Pentfield nach einer Pause hinzu, »es wäre keine schlechte Idee, wenn du mir noch ein paar Sachen besorgen könntest, die – ahm –«

»– ein verheirateter Mann für seinen Hausstand haben sollte«, ergänzte Hutchinson mit einem Grinsen.

Pentfield grinste zurück.

»Sicher – Servietten und Tischtücher und Betttücher und Kissenbezüge und ähnliche Sachen. Und du könntest ein gutes Service aus Chinaporzellan besorgen. Du weißt, es wird hart für sie sein, sich hier ansiedeln zu müssen. Du kannst die Sachen mit dem Dampfer über die Beringsee hierher schicken. Und, was meinst du, wie wär's mit einem Klavier?«

Hutchinson unterstützte diese Idee voll und ganz. Seine Gegenwehr war verschwunden, und er erwärmte sich zusehends für seine Mission.

»Bei Gott, Lawrence«, sagte er zum Abschluss ihrer Beratung, als sie vom Tisch aufstanden, »ich werde dir dein Mädchen stilvoll herbringen. Ich werde kochen und die Hunde versorgen. Alles was ihr Bruder zu tun haben wird, ist für ihr Wohlbefinden da zu sein und für alles, was ich versehentlich vergessen sollte. Und ich vergesse verdammt wenig, kann ich dir sagen.«

Am nächsten Tag schüttelte Lawrence Pentfield ihm zum letzten Mal die Hand und sah ihn auf seinem Weg zum Meer und in die zivilisierte Welt mit den Hunden den gefrorenen Yukon hinauf verschwinden. Pentfield ging zu seiner Hütte zurück, die ihm nun noch um ein Vielfaches einsamer erschien als bisher, und stellte sich dann entschlossen auf das lange Warten ein. Es gab genug Arbeit in der Goldmine, die getan werden musste: Männer beaufsichtigen und Anweisungen geben für das Schürfen nach der unregelmäßig verlaufenden Goldader. Aber sein Herz war nicht bei dieser Arbeit. Ebenso wenig war sein Herz bei irgendeiner anderen Beschäftigung, bis ein neues Blockhaus aus behauenen Stämmen auf dem Hügel hinter der Mine heranwuchs. Es war eine große Hütte mit guter Wärmeisolierung und in drei komfortable Räume aufgeteilt. Jeder Stamm war von

Hand zu Balken mit quadratischem Querschnitt zugehauen worden – ein teures Vergnügen, da die Zimmerleute einen Lohn von fünfzehn Dollar pro Tag erhielten; aber ihm war nichts zu teuer für das Heim, in dem Mabel leben würde.

Auf diese Weise erbaute er das Blockhaus, während er beständig sang: »Und oh, meine Schöne, so kann mein Herz hausen mit dir!« Außerdem hatte er in der alten Hütte einen Kalender über dem Tisch an der Wand befestigt, und sein erstes Tun an jedem Morgen war, den Tag durchzustreichen und die Tage zu zählen, die es noch dauerte, bis sein Partner mit dem aufbrechenden Eis den Yukon herunterkommen würde. Eine andere Marotte von ihm war, dass er niemand erlaubte, in dem neuen Blockhaus auf dem Hügel zu schlafen. Es sollte für ihren Bezug so frisch sein, wie das behauene Bauholz frisch war; und als es fertig dastand, hängte er ein Schloss an die Tür. Niemand durfte es betreten, außer er selbst, und er begann viele Stunden darin zu verbringen und kam jedes Mal mit seltsam strahlendem Gesicht und einem warmen glücklichen Leuchten in den Augen heraus.

Im Dezember erhielt er einen Brief von Corry Hutchinson. Dieser hatte soeben Mabel Holmes kennengelernt. Sie war ganz so, wie sie sein sollte, um Lawrence Pentfields Frau zu werden, schrieb er. Er war begeistert, und sein Brief ließ Pentfield das Blut prickelnd durch die Adern strömen. Weitere Briefe folgten, einer nach dem anderen, und manchmal zwei oder drei gleichzeitig, wenn die Post sich staute. Und sie waren alle im gleichen Tonfall verfasst. Corry war gerade von Myrdon Avenue gekommen; Corry hatte gleich vor, nach Myrdon Avenue zu gehen; oder Corry hielt sich soeben in Myrdon Avenue auf. Und Corry hielt sich länger und länger in San Francisco auf; seine geplante Reise nach Detroit wurde nicht einmal mehr erwähnt.

Lawrence Pentfield begann zu denken, dass sein Partner sich doch ziemlich viel in der Gesellschaft von Mabel Holmes aufhielt, anstatt nach Osten zu seiner Familie zu reisen. Er ertappte sich sogar dabei, wie er sich zuweilen darüber beunruhigte. Er wäre darüber allerdings mehr beunruhigt gewesen, wenn er Mabel und Corry nicht so gut gekannt hätte.

Mabels Briefe berichteten ihrerseits ebenfalls eine Menge über Corry. Außerdem war ein durchgängiges Thema ihre Furcht vor der Reise durch das Eis zur Hochzeit nach Dawson, die sich fast bis zur Abneigung steigerte. Pentfield schrieb ermutigend zurück, amüsierte sich über ihre Befürchtungen, die er eher für Ängste vor den körperlichen Anstrengungen und Gefahren hielt, als für frauenhafte Scheu vor den Lebensumständen am Yukon.

Aber der lange Winter und das schwer erträgliche Warten, dem bereits zwei lange Winter vorangegangen waren, lasteten auf ihm. Und die Beaufsichtigung der Arbeiter und die Beschäftigung mit der Goldader vermochten das zermürbende tägliche Einerlei nicht zu unterbrechen, sodass man ihn Ende Januar immer wieder auf Ausflügen nach Dawson fand, wo er seine Situation für eine Weile an den Spieltischen vergessen konnte. Da er sich das Risiko, zu verlieren, leisten konnte, gewann er, und »Pentfields Glück« wurde zu einer stehenden Redewendung unter den Faro-Spielern.

Seine Glückssträhne hielt an bis in die zweite Februarwoche. Wie lange sie ihm noch treu geblieben wäre, ist schwer zu sagen, denn nach einem weiteren großen Spiel hörte er ganz auf zu spielen.

Er war im *Opera House*, als das geschah, nachdem es etwa eine Stunde lang so ausgesehen hatte, als könnte er sein Geld auf keine Karte setzen, ohne dass sie gleich zur gewinnbringenden wurde.

Das Vertrauen der Männer

In der Pause nach einer Spielrunde, in der der Croupier am Tisch die Karten neu mischte, sagte Nick Inwood, der Besitzer der Spielhalle, ganz nebenbei zu ihm: »Sagen Sie mal, Pentfield, Ihr Partner scheint da draußen ein ganz schönes Theater zu veranstalten.«

»Lasst Corry dort ruhig 'ne gute Zeit haben«, hatte Pentfield geantwortet, »zumal er das auch wirklich verdient hat.«

»Jedem nach seinen Vorlieben«, lachte Inwood, »aber ich würde heiraten nicht als 'ne gute Zeit haben bezeichnen.«

»Corry heiratet?«, rief Pentfield ungläubig und war jetzt doch einen Moment irritiert.

»Sicher«, sagte Inwood. »Ich hab's in der Friscoer Zeitung gelesen, die heute übers Eis kam.«

»Nun, und wer ist die Braut?«, fragte Pentfield mit dem Ausdruck gelassener Tapferkeit, die jemand annimmt, der etwas schlucken muss, von dem er weiß, dass es ihn gleich dem allgemeinen Gelächter preisgeben wird.

Inwood zog die Zeitung aus seiner Tasche und blätterte darin, während er sagte: »Ich hab' kein besonders gutes Gedächtnis für Namen, aber ich glaube, es war so eine Name wie Mabel – Mabel, ja genau, hier steht's: Mabel Holmes, Tochter von Richter Holmes – wer immer das auch ist.«

Lawrence Pentfield ließ sich nichts anmerken, wobei er sich fragte, ob irgendeiner der Männer hier oben im Norden ihren Namen kennen könnte. Er blickte ruhig von Gesicht zu Gesicht, um irgendwelche Zeichen für ein Spiel zu erkennen, das sie mit ihm spielen wollten, aber außer einer natürlichen Neugier war nichts in den Gesichtern zu sehen. Dann wandte er sich an den Spielhallenbesitzer und sagte in kühlem gelassenem Ton: »Inwood, ich hab hier gerade einen Fünfhunderter bekommen, der mir zuflüsterte, dass das, was Sie gesagt haben, nicht in der Zeitung steht.«

Der Spielhallenbesitzer schaute ihn ziemlich überrascht an: »Seien Sie nicht kindisch. Ich will Ihr Geld nicht haben.«

»Ich dachte schon«, sagte Pentfield spöttisch und kehrte zum Spiel zurück, indem er auf ein paar Karten setzte.

Nick Inwoods Gesicht wurde rot, und als ob er an seinen Sinnen zweifle, ließ er erneut seine Augen sorgfältig über die Druckspalten der Zeitung gleiten. Dann wandte er sich wieder an Pentfield: »Schauen Sie hier, Pentfield«, sagte er beherrscht, aber nervös. »Ich kann das nicht akzeptieren, das wissen Sie?«

»Was können Sie nicht akzeptieren?«, fragte Pentfield scharf zurück.

»Dass Sie andeuten, ich würde lügen.«

»Das habe ich nicht«, bekam er zur Antwort. »Ich habe lediglich angedeutet, dass sie versucht haben, auf plumpe Art witzig zu sein.«

»Machen Sie Ihre Einsätze«, unterbrach sie der Croupier.

»Aber ich sage Ihnen, es ist wahr«, beharrte Inwood.

»Und ich habe Ihnen gesagt, dass ich Fünfhundert darauf setze, dass es nicht in der Zeitung steht«, erwiderte Pentfield und warf einen schweren Beutel Goldstaub auf den Tisch.

»Es tut mir leid, Ihnen Ihr Geld nehmen zu müssen«, war die Antwort, mit der Inwood die Zeitung in Pentfields Hand legte.

Pentfield las es nun selbst, aber er konnte sich kaum dazu bringen, es zu glauben. Er blickte auf die Überschrift, »Der junge Freier kam aus dem Norden« und überflog dann den Artikel, bis ihm die Namen Mabel Holmes und Corry Hutchinson nebeneinanderstehend direkt ins Auge sprangen. Er schaute auf den Kopf der Zeitung. Es war eine San Franciscoer Zeitung.

Das Vertrauen der Männer

»Das Geld gehört Ihnen, Inwood«, stellte er mit einem kurzen Lachen fest. »Aber da steht nichts darüber, was dieser Partner von mir tun wird, wenn er wieder aufbricht.«

Dann widmete er sich wieder dem Artikel und las ihn Wort für Wort, sehr langsam und sehr sorgfältig. Er konnte nicht länger zweifeln. Ohne jeden Zweifel hatte Corry Hutchinson Mabel Holmes geheiratet. »Einer der Bonanzakönige« wurde er in der Zeitung tituliert, »ein Partner von Lawrence Pentfield – den die San Franciscoer Gesellschaft noch nicht vergessen hat – und mit diesem Gentleman an verschiedenen gewinnbringenden Klondike-Unternehmungen beteiligt«. Weiterhin las er gegen Ende des Artikels: »Es wird gesagt, dass Mr und Mrs Hutchinson nach einer kurzen Reise ostwärts nach Detroit ihre eigentliche Hochzeitsreise in das faszinierende Land am Klondike machen wollen.«

»Ich komme wieder zurück; haltet mir den Platz frei«, sagte Pentfield, erhob sich und nahm seinen Goldbeutel, der zwischenzeitlich bei der Kasse gewesen und um fünfhundert Dollar leichter zurückgekommen war.

Er ging die Straßen hinunter und kaufte eine Zeitung aus Seattle. Sie enthielt denselben Bericht, nur etwas gekürzt. Corry und Mabel waren unzweifelhaft verheiratet.

Pentfield kehrte zum *Opera House* zurück und nahm wieder seinen Platz am Spieltisch ein. Er fragte, ob die Begrenzung des Einsatzes aufgehoben werden könne.

»Sie wollen wohl etwas Leben in die Bude bringen«, lachte Nick Inwood, als er dem Croupier zustimmend zunickte. »Ich wollte gerade in den *A. C. Store* hinunter gehen, aber ich glaube, ich bleib' nun lieber hier und schau mir an, was Sie Übles vorhaben.«

Dies zeigte sich nach zweistündigem scharfem Spiel, als der Croupier einer Zigarre das Ende abbiss und sie mit einem Streichholz anzündete, während er mitteilte, dass die Spielbank gesprengt sei. Pentfield strich vierzigtausend Dollar ein, schüttelte Inwood die Hand und verkündete, dass dies das letzte Mal gewesen sei, dass er sein Spiel oder das eines anderen gespielt habe.

Niemand bemerkte, dass er tief verletzt war, sogar sehr tief. In seinem Verhalten war keine Veränderung zu erkennen. Eine Woche ging er seiner Arbeit nach, wie er es immer getan hatte, bis er in einer Zeitung aus Portland eine Meldung über die Hochzeit las. Da beauftragte er einen Freund, die Mine zu beaufsichtigen, und fuhr mit seinem Hundegespann den Yukon hinauf. Er folgte dem Yukon-Trail bis zum White River, wo er abbog. Fünf Tage später erreichte er ein Jagdlager der White River-Indianer. Am Abend gab es ein Fest, bei dem er auf dem Ehrenplatz neben dem Häuptling saß, und am nächsten Morgen lenkte er sein Hundegespann wieder zum Yukon hinab. Aber er fuhr nun nicht mehr allein. Eine junge Indianerin fütterte an diesem Abend die Hunde für ihn und half beim Errichten des Lagers. Sie war in der Kindheit von einem Bär verletzt worden, und ihr war davon ein leichtes Hinken geblieben. Ihr Name war Lashka, und sie war zunächst schüchtern dem weißen Mann gegenüber, der aus dem Unbekannten gekommen war, sie ohne viele Blicke oder Worte geheiratet hatte und sie nun ins Unbekannte mitnahm.

Aber Laskas Schicksal war besser als das vieler Indianermädchen, die im Nordland mit weißen Männern zusammen waren. Sobald sie Dawson erreichten, wurde die indianische Ehe, die sie im Indianerlager verbunden hatte, feierlich vor einem Priester nach Art des weißen Mannes bestätigt. Von Dawson, das ihr wie ein Wunder und ein Traum erschien, wurde sie von Pentfield direkt zur Bonanzamine und in das aus behauenen Stämmen erbaute Blockhaus auf dem Hügel gebracht.

Die neuntägige Verwunderung, die das hervorrief, erwuchs nicht so sehr aus dem Sachverhalt, dass Lawrence Pentfield eine Indianerin für sein Bett und Haus erwählt hatte, als vielmehr aus der Art und Weise der Zeremonie, mit der er diese Verbindung legalisiert hatte. Die äußerst korrekt zelebrierte Heirat war es, welche die Gemeinschaft nicht verstehen konnte. Aber niemand kritisierte Pentfield deswegen. Solange die Launen eines Mannes der Gemeinschaft nicht schadeten, ließ man ihn in Ruhe, und Pentfield wurde nicht einmal aus den Hütten und Häusern der Männer verbannt, die weiße Frauen hatten. Die Hochzeitszeremonie hatte ihn vor dem Status eines »Squaw-Mannes« bewahrt und enthob ihn moralischer Rechtfertigung, wenn es auch Männer gab, die seinen Geschmack in Bezug auf Frauen ablehnten.

Es kamen keine Briefe mehr von draußen. Sechs Schlittenladungen Post waren am Big Salmon River verloren gegangen. Außerdem wusste Pentfield, dass Corry und seine Braut zu dieser Zeit bereits auf dem Weg sein mussten. Sie waren nun in den Flitterwochen, die er für sich selbst zwei endlos eintönige Jahre lang erträumt hatte. Seine Lippen verzogen sich bitter bei diesem Gedanken; aber er ließ es sich nicht anmerken, sondern war nur noch freundlicher zu Lashka.

Der März war vorüber und der April ging seinem Ende zu, als Lashka an einem Frühlingsmorgen um die Erlaubnis bat, den Fluss einige Meilen hinab zu der Hütte von Siwash Pete gehen zu dürfen. Petes Frau, eine Stewart River-Indianerin, hatte sie benachrichtigt, dass mit ihrem Baby etwas nicht in Ordnung sei, und Lashka, die eine äußerst mütterlich veranlagte Frau war und kundig bei Kinderkrankheiten, ließ keine Gelegenheit aus, die Kinder von anderen Frauen zu betreuen, die in dieser Beziehung bisher mehr Glück hatten als sie.

Pentfield schirrte die Hunde an und fuhr mit Lashka den Trail am Bonanza Creek hinunter. Die Luft roch nach Frühling. Die Kälte hatte ihre schneidende Schärfe verloren, und obwohl noch Schnee das Land bedeckte, erzählte das Murmeln und Rieseln des Wassers, dass der eisige Griff des Winters sich lockerte. Auf der Schlittenspur kam hier und da schon der Boden durch, und um die Löcher herum musste eine neue Spur angelegt werden. An einer solchen Stelle, an der kein Raum für zwei sich begegnende Schlitten war, hörte Pentfield das Läuten der Glöckchen eines entgegenkommenden Schlittens und hielt seine Hunde an.

Ein Gespann mit müde aussehenden Hunden kam um eine nahe Biegung, gefolgt von einem schwer beladenen Schlitten. Er wurde gelenkt von einem Mann, der in ähnlicher Weise wie Pentfield fuhr, und hinter dem Schlitten liefen zwei Frauen. Pentfields Blick kehrte wieder zurück zu dem Mann an der Lenkstange. Es war Corry. Pentfield stand auf und wartete. Er war froh, dass Lashka bei ihm war. Der Zeitpunkt des Treffens hätte nicht besser geplant werden können, dachte er. Und während er wartete, überlegte er, was sie sagen würden, was sie überhaupt würden sagen können. Denn was ihn betraf, gab es keinen Bedarf, irgendetwas zu sagen. Es war an ihnen, alles zu erklären, und er war bereit, sie anzuhören.

Als sie auf gleiche Höhe kamen, erkannte Corry ihn und hielt die Hunde an. Mit einem »Hallo, alter Junge!« streckte er ihm die Hand entgegen.

Pentfield ergriff die Hand, aber ohne Wärme und ohne etwas zu sagen. Nun waren auch die Frauen herangekommen, und er erkannte, dass die zweite Frau Dora Holmes war, Mabels Schwester. Er zog seine Pelzmütze ab, deren Ohrenklappen flatterten, gab ihr die Hand und wandte sich dann Mabel zu, die auf ihn zuging, strahlend und schön, aber irritiert von seiner ausgestreckten Hand. Er hatte beabsichtigt »Wie geht es Ihnen, Mrs Hutchinson?« zu sagen, aber irgendwie hatte ihn das Mrs Hutchinson blockiert, und alles, was er hervorzubringen vermochte, war ein »Wie geht es Ihnen?«.

Da war die ganze Befangenheit und Peinlichkeit in der Situation, die er sich nur wünschen konnte. Mabel ließ die ganze Aufregung erkennen, die mit ihrer Situation zusammenhing, während Dora, die offensichtlich eine Art Friedensstifterin spielen wollte, fragte: »Was ist denn mit dir los, Lawrence?«

Noch bevor er antworten konnte, packte ihn Corry am Arm und zog ihn beiseite.

»Sag mal, Alter, was bedeutet denn das?«, fragte Corry ihn in leisem Ton und wies mit den Augen auf Lashka.

»Ich kann nicht sehen, von welchem Gesichtspunkt aus dich das was angeht, Corry«, erwiderte Pentfield spöttisch.

Aber Corry kam direkt zur Sache.

»Was macht diese Frau auf deinem Schlitten? Du gibst mir da eine üble Aufgabe, all das zu erklären. Ich kann nur hoffen, dass es überhaupt erklärt werden kann. Wer ist sie? Wessen Squaw ist sie?«

Da vollendete Lawrence Pentfield seinen Schachzug, und er vollendete ihn in einer Art gelassener Hochstimmung, die ihn irgendwie für das Unrecht zu entschädigen schien, das ihm angetan worden war:

»Sie ist meine Squaw«, sagte er, »Mrs Pentfield, wenn du gestattest.«

Corry Hutchinson schnappte nach Luft, während Pentfield ihn verließ und zu den beiden Frauen zurückkehrte.

Mabel schien sich abzuwenden mit einem verwirrten Ausdruck in ihrem Gesicht. Er wandte sich daraufhin an Dora und fragte ganz freundlich, als sei die ganze Welt eitel Sonnenschein: »Wie haben Sie die Fahrt überstanden? Hatten Sie irgendwelche Schwierigkeiten, warm zu übernachten?« – »Und wie hat es Mrs Hutchinson ertragen?«, war seine nächste Frage mit den Augen auf Mabel gerichtet.

»Oh, du lieber Spinner!«, schrie da Dora, schlang ihre Arme um ihn und drückte ihn. »Dann hast du es also auch gelesen! Ich dachte gleich, dass es das sein muss, als du dich so fremdartig benommen hast.«

»Ich ... ich verstehe nicht recht«, stammelte Lawrence Pentfield.

»Es wurde in der Zeitung am nächsten Tag richtiggestellt«, fuhr Dora aufgeregt fort. »Wir haben im Traum nicht daran gedacht, dass du es hier lesen würdest. In all den anderen Zeitungen stand es korrekt, und du hast ausgerechnet die eine elende Zeitung gelesen!«

»Warte einen Augenblick! Was meinst du damit?«, fragte Pentfield mit einer plötzlichen Furcht in seinem Herzen, da er sich an den Rand eines Abgrundes versetzt fühlte.

Aber Dora fuhr fort: »Und als es bekannt wurde, dass Mabel und ich in den Klondike gehen würden, schrieb die Wochenzeitung, dass es nach unserer Abreise in der Myrdon Avenue ziemlich ›schrill‹ werden würde; sie meinten aber natürlich ›still‹.«

»Dann – –«

»Ich bin Mrs Hutchinson«, antwortete Dora. »Und du dachtest die ganze Zeit, Mabel wäre es – –«

»Genau so ist es«, erwiderte Lawrence Pentfield langsam. »Aber jetzt begreife ich. Der Reporter hat die Namen verwechselt. Die Zeitungen in Seattle und Portland haben es dann nachgedruckt.«

Er stand eine Minute lang regungslos da. Mabels Gesicht war ihm zugewandt, und er konnte die Erwartung darin glimmen sehen. Corry betrachtete mit tiefem Interesse einen seiner zerissenen Mokassins, während Dora heimliche Blicke auf das regungslose Gesicht Lashkas warf, die auf dem Schlitten saß. Lawrence Pentfield starrte geradeaus in eine trübe Zukunft, durch deren graue Ausblicke er sich selbst auf einem Schlitten hinter rennenden Hunden sah, mit der behinderten Lashka an seiner Seite.

Dann sagte er ganz schlicht, während er in Mabels Augen blickte: »Es tut mir sehr leid. Ich habe das im Traum nicht gedacht. Ich dachte, du hättest Corry geheiratet. In dem Schlitten dort sitzt Mrs Pentfield.«

Mabel Holmes wandte sich kraftlos ihrer Schwester zu, als nun die ganze Erschöpfung ihrer langen Reise plötzlich über sie kam. Dora fasste sie um die Taille. Corry Hutchinson war noch immer mit seinen Mokassins beschäftigt. Pentfield schaute rasch von Gesicht zu Gesicht und ging dann zu seinem Schlitten.

»Wir können hier nicht den ganzen Tag zubringen, wenn Petes Baby auf uns wartet«, sagte er zu Lashka. Er ließ die lange Peitschenschnur knallen, und die Hunde warfen sich in die Brustgeschirre, worauf der Schlitten ruckte und vorwärtssprang.

»Oh, was ich noch sagen wollte, Corry«, rief Pentfield zurück, »du ziehst am besten in die alte Hütte. Sie wurde die ganze Zeit nicht benutzt. Ich habe eine neue auf dem Hügel gebaut.«

Frauengeschichten

Die grosse Frage

Gelinde gesagt, war das Erscheinen von Mrs Sayther in Dawson etwas kometenhaft. Sie kam im Frühjahr mit Hundeschlitten und französisch-kanadischen Voyageurs an, leuchtete einen kurzen Monat lang und verschwand dann den Fluss hinauf, sobald er eisfrei war. Das frauenlose Dawson verstand diese eilige Abreise allerdings nicht so recht, und die vierhundert Bewohner fühlten sich gekränkt und alleingelassen, bis in Nome Gold gefunden wurde und die alten Aufregungen neuen Platz machten. Man war von Mrs Sayther entzückt gewesen und hatte sie mit offenen Armen aufgenommen. Sie war hübsch, charmant und außerdem Witwe. Und dies hatte zur Folge gehabt, dass sie sofort all die Eldorado-Könige, Beamten und abenteuerlustigen Söhne am Rocksaum hatte, deren Ohren begierig auf das Rascheln eines Damenrocks waren.

Die Mineningenieure hielten das Andenken an ihren Ehemann in Ehren, den verstorbenen General Sayther, während die Repräsentanten von Industrie und Handel respektvoll über dessen Geschäfte und Transaktionen sprachen. Er war drunten in den Vereinigten Staaten als ein bedeutender Minenbesitzer bekannt gewesen und in London sogar noch mehr. Warum nun seine Witwe als einzige Frau in dieses Land gekommen war, das war die große Frage. Aber sie waren ein praktisch orientierter Menschenschlag, diese Männer des Nordlands, mit einer gesunden Abneigung gegen Theorien und einem starken Gespür für Gelegenheiten. Und für nicht wenige von ihnen war Karen Sayther eine sehr reizvolle Gelegenheit. Dass sie selbst die Sache nicht in diesem Licht betrachtete, wurde aus der Geschicklichkeit und Schnelligkeit deutlich, mit der sie während ihres vierwöchigen Aufenthalts Körbe an ihre Freier verteilte. Und mit ihr verschwand auch die Gelegenheit, und nur die Frage blieb.

Zu ihrer Beantwortung trug allerdings ein Zufall etwas bei. Ihr letztes Opfer, Jack Coughran, der ihr erfolglos sein Herz zu Füßen gelegt hatte samt einem fünfhundert Fuß langen Claim am Bonanza Creek, feierte seine Abfuhr eine ganze Nacht lang mit allen Göttern. Mitten in dieser Nacht stieß er zufällig mit Pierre Fontaine zusammen, der niemand anderer war als der Anführer von Karen Saythers Voyageuren. Dieser Zusammenstoß führte zum Kennenlernen und zu Drinks, bis schließlich beide Männer vollkommen betrunken waren.

»Eh?«, lallte Pierre Fontaine mit schwerer Zunge. »Für was Madame Sayther machen Besuch in dieses Land? Du sprechen besser mit ihr. Ich wissen überhaupt nix – nur, dass sie ganze Zeit fragen nach eine Mann. ›Pierre‹, sie sagen zu mir, ›Pierre, du musst finden dieses Mann und ich geben dir viel. – Eintausend Dollar, wenn du finden dieses Mann. Ah ja, der Name von dieses Mann – er heißen – Daveed Payne. Ja, Monsieur, Daveed Payne. Das ganze Zeit sie sagen dieses Name. Und das ganze Zeit ich schauen herum sehr viel, arbeiten wie Teufel, aber kann nicht finden dieses verdammte Mann, und kann nicht bekommen tausend Dollar. Verdammt!

Ah ja, einmal Männer kommen von Circle City, diese Männer kennen dieses Mann. Er am Birch Creek, sie sagen. Und Madame? Sie sagen ›Gut‹ und sehen sehr glücklich aus. Und sie sprechen mit mir. ›Pierre‹, sie sagen, ›schnell schirren die Hunde an. Wir gehen sofort. Wir finden dieses Mann und ich geben dir eintausend Dollar extra!‹ Und ich sagen: ›Ja, schnell! Vorwärts, Madame!‹

Die große Frage

Ich denken, dass die zweitausend Dollar sicher für mich. Teufelskerl! Dann andere Männer kommen von Circle City und sagen: Nein, dieses Mann Daveed Payne kommen bald nach Dawson. Deshalb Madame und ich nicht reisen.

Ja, Monsieur. An dieses Tag Madame sprechen: ›Pierre‹, sie sagen und geben mir fünfhundert Dollar, ›geh kaufen Stakboot. Morgen wir staken Fluss hinauf.‹ Ah ja, morgen das Fluss hinauf, und das verdammte Sitka Charley lassen mich bezahlen fünfhundert Dollar für das Stakboot. Verdammt!«

So kam es, dass ganz Dawson, nachdem Jack Coughran das am nächsten Tag ausplauderte, sich verwundert fragte, wer dieser David Payne war und in welchem Verhältnis er wohl zu Karen Sayther stand. Aber noch am selben Tag stakten Mrs Sayther und ihre wilde Mannschaft, wie es Pierre Fontaine gesagt hatte, am östlichen Ufer entlang nach Klondike City hinauf, setzten dort zum westlichen Ufer über, um die Klippen zu umgehen, und verschwanden durch das Inselgewirr nach Süden.

»Ja, Madame, das ist das Platz. Eins, zwei, drei Inseln unterhalb Stuart River. Das ist Insel drei.«

Während er sprach, stach Pierre Fontaine eine Stakstange in das Ufer und drehte das Heck des Bootes in die Strömung. Dadurch schwang der Bug uferwärts, bis ein geschicktes Halbblut mit der Fangleine ans Ufer klettern und das Boot festmachen konnte.

»Eine Moment, Madame, ich gehen nachschauen.«

Sein Erklettern der Böschung löste einen Chor von Hundegeheul aus, und eine Minute später war er bereits zurück.

»Ja, Madame, da ist Hütte. Ich machen Untersuchung, aber kann nicht finden das Mann zu Hause. Aber er gehen nicht sehr weit, sehr lange, sonst er lassen keine Hunde da. Er kommen schnell, Sie wetten können!«

»Helfen Sie mir heraus, Pierre! Ich bin völlig erschöpft von der Fahrt mit dem Boot. Wissen Sie, Sie hätten es ruhig etwas komfortabler auspolstern können.«

Karen Sayther erhob sich in der Mitte des Bootes aus ihrem mit Fellen gepolsterten Lager zur vollen Größe ihrer schlanken Schönheit. Aber wenn sie auch wie eine zerbrechliche Lilie in der rauen Umgebung aussah, wurde dieser Eindruck widerlegt durch den Griff, mit dem sie Pierres Hand fasste, sowie das Schwellen ihrer Muskeln beim Aufrichten und die geschmeidige Bewegung ihrer Glieder beim Ersteigen der steilen Uferböschung. Trotz ihrer zarten Glieder und Knochen war ihr Körper kräftig.

Doch bei aller Lässigkeit, mit der sie an Land ging, war nun eine wärmere Farbe in ihrem Gesicht, und ihr Herz schlug schneller als sonst. Und dann näherte sie sich mit einer angespannten Neugier der Hütte, während der warme Schimmer auf ihren Wangen noch intensiver wurde.

»Schauen Sie!« Pierre deutete auf die verstreuten Holzsplitter beim Holzstapel. »Sind frisch – zwei, drei Tage, nicht mehr.«

Mrs Sayther nickte. Sie versuchte durch das schmale Fenster zu blicken, aber es war aus gefettetem Pergamentpapier gemacht, welches zwar Licht hineinließ, aber den Einblick verwehrte. Nach diesem vergeblichen Versuch ging sie zur Tür, hob den einfachen Riegel halb an, zögerte jedoch und ließ ihn wieder an seinen Platz zurückfallen. Dann sank sie plötzlich auf die Knie und küsste die roh behauene Türschwelle. Es war unklar, ob Pierre Fontaine dies beobachtete, jedenfalls reagierte er nicht darauf und erzählte diese Beobachtung auch niemals weiter. Aber im

Die große Frage

nächsten Augenblick wurde einer der Bootsmänner, der gelassen seine Pfeife rauchte, aufgeschreckt durch eine ungewohnte Schroffheit in der Stimme seines Vormanns:

»Hey! Du! Le Gloire! Du machen es mehr komfortabel!«, kommandierte Pierre. »Viel Bärenfell, viel Decken! Verdammt!«

Kurz darauf war das Felllager auseinandergerissen und das meiste auf die Uferböschung hinaufgeworfen, wo Mrs Sayther sich niederlassen und bequem warten konnte. Auf der Seite liegend, hielt sie Ausschau über die weite Fläche des Yukon. Über den Bergen des gegenüberliegenden Ufers war der Himmel verdüstert vom Rauch nicht sichtbarer Waldbrände, und durch diesen brach schwach die Nachmittagssonne und warf einzelne Strahlen und undeutliche Schatten auf die Erde. In alle vier Himmelsrichtungen erstreckte sich unberührte Wildnis mit fichtenbestandenen Inseln, dunklen Gewässern und eisbedeckten felsigen Bergzügen. Kein Anzeichen menschlicher Anwesenheit störte die Einsamkeit, kein Laut die Stille. Das Land schien von der Unwirklichkeit des Unbekannten gebannt, eingehüllt in die seelisch belastenden Mysterien großer Einöden.

Vielleicht war es das, was Mrs Sayther nervös werden ließ, denn sie veränderte fortwährend ihre Position, um bald den Fluss hinauf- bald hinabzuspähen oder um die dämmerigen Ufer der Mündungen halbversteckter Seitenkanäle abzusuchen. Nach etwa einer Stunde wurden die Bootsleute an Land geschickt, um das Lager für die Nacht aufzuschlagen, während Pierre weiterhin mit seiner Herrin Ausschau hielt.

»Ah, er kommen!«, raunte er nach einem langen Schweigen mit zum oberen Ende der Insel gerichtetem Blick.

Ein Kanu, an dem auf jeder Seite ein Paddel aufblitzte, kam den Strom herab. Im Heck paddelte ein Mann und im

Bug eine Frau in schwungvollem Rhythmus. Mrs Sayther hatte keine Augen für die Frau, bevor das Kanu näher herangekommen war und deren fremdartige Schönheit unwillkürlich die Aufmerksamkeit auf sich zog. Eine eng geschnittene Bluse aus Elchleder mit phantasievollen Perlenstickereien betonte die wohlgeformten Linien ihres Körpers. Ein farbenprächtiges und malerisch drapiertes Seitentuch verdeckte einen Teil ihres wallenden blauschwarzen Haares. Aber es war vor allem das Gesicht, wie aus Bronze gegossen, das Mrs Saythers flüchtigen Blick einfing und festhielt. Aufmerksame Augen, groß und schwarz und und leicht mandelförmig, blickten unter den scharf gezeichneten und schön geschwungenen Brauen hervor, während sich hohe und kräftige Wangen zu einem Mund mit schmalen, aber zugleich sanften und kräftigen Lippen hinunterzogen. Es war ein Gesicht, das eine Spur des mongolischen Blutes ihrer Vorfahren zeigte, ein Durchschimmern der alten Wurzeln nach jahrhundertelangen Zeiten der Wanderung. Dieser Zug wurde verstärkt durch die zart gebogene Nase mit dünnen, sensiblen Flügeln und demselben Anflug von Adlernatur, welche nicht nur das Gesicht, sondern ihre ganze Erscheinung zu charakterisieren schien. Sie war wirklich der indianische Typ in idealer Reinform, und ihr Indianerstamm konnte sich glücklich schätzen, solch eine einzigartige Gestalt im Laufe vieler Generationen hervorgebracht zu haben.

Mit langen und kräftigen Paddelschlägen schwang das Mädchen zusammen mit dem Mann das kleine Boot plötzlich gegen die Strömung und landete es behutsam am Ufer an. Im nächsten Augenblick stand sie oben auf dem Ufer und zog mit einem Seil, Hand über Hand, ein Stück eines frisch erlegten Elchs empor. Dann folgte ihr der Mann, und mit einer kurzen Anstrengung zogen sie gemeinsam das Kanu aufs Ufer. Die Hunde umringten sie als heulende Meute, und als das Mädchen sich liebkosend über sie beugte, fiel der Blick des Mannes auf Mrs Sayther, die sich erhoben hatte. Er schaute, rieb sich ungläubig die Augen, als ob sie ihn täuschen würden, und schaute noch einmal.

»Karen«, sagte er schließlich und ging mit ausgestreckter Hand auf sie zu. »Ich hab' einen Moment geglaubt, ich träume. Ich bin in diesem Frühjahr eine Weile schneeblind gewesen, und seither spielen meine Augen mir manchmal Streiche.«

Mrs Sayther, deren Gesichtsfarbe sich verstärkt hatte und deren Herz schmerzlich aufbegehrte, war auf alles vorbereitet gewesen, außer auf diese kühl ausgestreckte Hand, aber sie beherrschte sich taktvoll und ergriff die Hand herzlich.

»Du weißt, Dave, ich hab schon oft gedroht, dass ich komme, und ich wäre auch längst gekommen, nur -- nur --«

»Nur, dass ich darauf nicht geantwortet habe.« David Payne lachte und blickte zu dem Indianermädchen, das in der Hütte verschwand.

»Oh, ich verstehe dich, Dave, und wenn ich an deiner Stelle gewesen wäre, hätte ich wahrscheinlich dasselbe getan. Aber nun bin ich gekommen --«

»Dann komm noch ein wenig weiter, in die Hütte, und iss etwas mit«, sagte er freundlich und ignorierte oder überhörte die Andeutung weiblicher Lockung in ihrer Stimme. »Und du musst auch müde sein. Welchen Weg bist du gekommen? Flussaufwärts? Dann hast du in Dawson überwintert oder bist mit dem letzten Eis gekommen. Ist das dein Lager?« Er blickte zu den im Kreis um das Feuer sitzenden Voyageuren und hielt ihr dann die Türe auf, damit sie eintreten konnte. »Ich kam im letzten Winter auf dem Eis von Circle City und habe mich für eine Weile hier niedergelassen«, fuhr er fort. »Will ein bisschen den Henderson Creek erkunden, und

Frauengeschichten

wenn das nichts bringt, denk ich dran, im nächsten Herbst mein Glück am Stuart River oben zu versuchen.«

»Du hast dich nicht sehr verändert, oder?«, fragte sie beiläufig und versuchte, das Gespräch auf eine persönlichere Ebene zu bringen.

»Ein bisschen weniger fett und ein bisschen mehr Muskeln. Oder was meinst du?«

Aber sie zuckte mit den Schultern und schielte durch das dämmerige Licht zu dem Indianermädchen hin, das ein Feuer entzündet hatte und große Stücke Elchfleisch mit dünnen Streifen Speck briet.

»Warst du lange in Dawson?« Der Mann hatte begonnen, aus einem Stück Birkenholz einen einfachen Axtstiel zu schnitzen, und stellte seine Frage, ohne den Kopf zu heben.

»Oh, ein paar Tage«, antwortete sie, während sie das Mädchen beobachtete und kaum zuhörte. »Was hast du gesagt? In Dawson? Einen Monat genau, und ich war froh wegzukommen. Die Männer im Norden sind einfach gestrickt, wie du weißt, und ein wenig aufdringlich mit ihren Gefühlen.«

»So wird man zwangsläufig, wenn man der Erde so nahe kommt. Die feinen Manieren lässt man mit den Federbetten zu Hause. Aber du hast den Zeitpunkt deiner Heimreise klug gewählt. So wirst du außer Landes sein, bevor die Stechmücken kommen, was ein Segen ist, den du aufgrund deiner fehlenden Erfahrungen wahrscheinlich kaum richtig einschätzen kannst.«

»Wahrscheinlich nicht. Aber erzähl mir doch von dir selbst, von deinem Leben. Was für Nachbarn hast du? Oder hast du keine?«

Während sie fragte, beobachtete sie ständig das Mädchen, das nun im Zipfel eines Mehlsacks Kaffeebohnen auf dem Herdstein zerkleinerte. Mit einer Ruhe und Geschicklichkeit,

Die große Frage

die verrieten, dass ihre Nerven ebenso schlicht wie ihre Arbeitsmethode waren, zerstieß sie die eingeschlossenen Kaffeebohnen mit einem großen Quarzbrocken.

David Payne bemerkte die Blicke seiner Besucherin, und der Schatten eines Lächelns huschte über seine Lippen. »Ich hatte welche«, erwiderte er. »Burschen aus Missouri und ein Paar aus Cornwall, aber sie sind an den Eldorado Creek gezogen, um sich durch Lohnarbeit ihren Lebensunterhalt zu verdienen.«

Mrs Sayther warf einen nachdenklich fragenden Blick auf das Mädchen. »Aber natürlich gibt es hier eine Menge Indianer?«

»Alles, was laufen kann, ist längst nach Dawson hinunter. Kein einziger Eingeborener ist mehr in dieser Gegend, außer Winapie hier, und sie ist ein Koyokuk-Mädchen und kommt von ungefähr tausend Meilen flussabwärts.«

Mrs Sayther fühlte sich plötzlich müde, und obwohl ihr interessiertes Lächeln nicht verschwand, schien ihr das Gesicht des Mannes weit in die Ferne zu rücken, und die Balken der Blockhütte schienen wie betrunken um sie herumzuwirbeln. Aber dann wurde sie zu Tisch gebeten, und während der Mahlzeit kehrte ihr Gefühl für Raum und Zeit wieder zurück. Sie sprach nur wenig und dann ausschließlich über das Land und das Wetter, während der Mann überging zu einer langen Beschreibung des Unterschieds zwischen der sommerlichen Goldgräberei im Tagebau im Unterland und den winterlichen Arbeiten in tiefen Gruben im Oberland.

»Du willst nicht wissen, warum ich in den Norden gekommen bin?«, unterbrach sie ihn. »Sicherlich weißt du es bereits?« Sie waren vom Tisch aufgestanden und David Payne war zu seinem Arbeitsplatz zurückgekehrt. »Hast du meinen Brief bekommen?«

»Aus letzter Zeit? Nein, ich denke nicht. Wahrscheinlich ist er noch im Birch-Creek-Land unterwegs oder liegt im Postkasten einer Handelsstation am Fluss unten. Die Art und Weise, wie sie hier die Post zustellen, ist eine Schande. Keine Ordnung, kein System, kein – –«

»Sei nicht albern, Dave, hilf mir!« Sie sprach nun in scharfem Ton unter Vortäuschung einer Selbstsicherheit, die aus vergangenen Zeiten stammte. »Warum willst du nichts über mich wissen? Und über die, die wir in früheren Zeiten gekannt haben? Hast du überhaupt kein Interesse mehr an der Welt? Weißt du, dass mein Ehemann tot ist?«

»Wirklich, das tut mir leid. Wie lang ––«

»David!« Sie war kurz davor, vor Wut zu weinen, aber der Vorwurf, den sie in ihre Stimme legte, ließ sie die Fassung bewahren. »Hast du überhaupt welche von meinen Briefen bekommen? Du musst doch wenigstens einige davon erhalten haben, obwohl du nie geantwortet hast.«

»Nun, ich habe offensichtlich den letzten, in dem du den Tod deines Mannes mitteiltest, nicht bekommen, und wahrscheinlich sind auch andere verloren gegangen; aber einige habe ich erhalten. Ich – ahm – hab sie Winapie laut vorgelesen als Warnung, um ihr die Verderbtheit ihrer weißen Schwestern zu verdeutlichen. Und ich – ahm – denke, dass es ihr von Nutzen war. Oder meinst du nicht?«

Sie ignorierte die Spitze und fuhr ihrerseits fort: »In dem letzten Brief, den du nicht erhalten hast, unterrichtete ich dich, wie du bereits erraten hast, vom Tod Colonel Saythers. Das war vor einem Jahr. Ich habe dir außerdem mitgeteilt, dass wenn du nicht zu mir kommen wirst, ich zu dir reisen werde. Und nun bin ich da, wie ich es so oft versprochen habe.«

»Ich weiß nichts von einem Versprechen.«

»Es war in meinen früheren Briefen.«

Die große Frage

»Schon, du versprachst es, aber da ich weder nachfragte noch antwortete, wurde es nicht in Kraft gesetzt. Also weiß ich nichts von einem bestehenden Versprechen. Aber ich weiß von einem anderen, an das du dich vielleicht auch erinnern wirst. Es ist schon sehr lange her.« Er ließ den Axtstiel auf den Boden fallen und hob den Kopf. »Es ist schon so lange her, und doch erinnere ich mich genau an den Tag, an die Uhrzeit und an jede Einzelheit. Wir waren in einem Rosengarten, du und ich – im Rosengarten deiner Mutter. Alles grünte und blühte, und die Lebenskraft des Frühlings durchströmte unser Blut. Ich zog dich an mich – es war das erste Mal – und küsste dich direkt auf den Mund. Erinnerst du dich noch?«

»Erinnere mich nicht daran, Dave, erinnere mich nicht. Ich weiß noch jede schamvolle Einzelheit davon. Wie oft habe ich darüber geweint. Wenn du wüsstest, wie ich gelitten habe – – «

»Du gabst mir dann ein Versprechen – – ja, und weitere tausend in den verliebten Tagen, die folgten. Jeder Blick deiner Augen, jede Berührung deiner Hand, jede Silbe, die von deinen Lippen kam, war ein Versprechen. Und dann – – wie soll ich's sagen – – kam ein Mann. Er war alt – – alt genug, dass er dein Vater sein konnte – – und nicht ansehnlich, aber, wie es in der Welt so geht, passend. Er hatte nichts Verwerfliches getan, folgte nur Recht und Ordnung und war respektabel. Vor allem, und das war der wichtigste Punkt, besaß er mehrere schäbige Minen – – ein Dutzend, es kommt nicht so genau drauf an, und er besaß ein paar Quadratmeilen Land und Geschäftsanteile an Bauunternehmen, und er schnitt Aktiencoupons. Er – «

»Aber es gab da noch andere Dinge«, unterbrach sie ihn. »Ich habe sie dir gesagt: Zwänge – Geldprobleme

– Forderungen – Schwierigkeiten in meiner Familie. Du kanntest doch die ganze elende Situation. Ich konnte nichts dafür. Es war nicht mein Wille. Ich wurde geopfert oder opferte mich – nenne es, wie du willst. Aber mein Gott! Dave, ich musste auf dich verzichten! Du bist da mir gegenüber nicht gerecht gewesen. Denk doch mal daran, was ich durchmachen musste!«

»War es nicht dein Wille? Zwang? Bei allen Himmeln, es gab da nichts, was dich ins Bett dieses Mannes oder zu sonst etwas hätte zwingen können.«

»Aber ich habe dich doch geliebt, die ganze Zeit«, flehte sie.

»Ich konnte mich an die Maßstäbe, die du für die Liebe setzt, nicht gewöhnen. Ich hab' mich immer noch nicht daran gewöhnt. Ich verstehe das nicht.«

»Aber jetzt! Jetzt!«

»Wir sprachen über diesen Mann, den du für eine Heirat als geeignet angesehen hast. Was für eine Art von Mann war er? Wodurch bezauberte er deine Seele? Welche männlichen Tugenden besaß er? Sicherlich, er hatte ein goldenes Händchen – ein mächtiges goldenes Händchen. Er kannte das Spiel. Er war durchtrieben, Cent für Cent. Er hatte eine engstirnige Schlauheit und ein ausgezeichnetes Urteilsvermögen für die schäbigen Gelegenheiten, bei denen er das Geld anderer Leute in seine eigene Tasche umleitete. Und das Gesetz lächelte dazu. Es verurteilte das nicht, und unsere christliche Moral billigte es. Nach dem Maßstab der Gesellschaft war er kein schlechter Mann. Aber nach unseren Maßstäben, Karen, nach meinen, nach deinen aus dem Rosengarten, was war er da?«

»Vergiss nicht, er ist tot.«

»Die Sachlage verändert sich dadurch nicht. Was war er? Eine bedeutende, ungeheuerlich raffgierige Kreatur, taub

Die große Frage

für Gesang, blind für Schönheit, gefühllos für Geist. Er war fett vor Trägheit und hängebackig, und der Umfang seines Wanstes verriet, dass er ein Fresssack war.«

»Aber er ist tot. Wir sind es, die noch lebendig sind, jetzt. Jetzt! Hörst du nicht? Wie du sagst, bin ich treulos gewesen. Ich habe gesündigt. Ja. Aber solltest du nicht auch über Sünden weinen? Ich habe Versprechen gebrochen. Du nicht? Deine Liebe aus dem Rosengarten war für alle Zeiten, so sagtest du. Wo ist sie nun?«

»Sie ist hier, jetzt!«, schrie er und schlug auf seine Brust mit geballter Faust. »Sie ist die ganze Zeit hier gewesen.«

»Und deine Liebe ist eine große Liebe gewesen; es gab keine größere«, fuhr sie fort. »Aber sie ist nicht edel genug, groß genug, um mir zu vergeben, die ich zu deinen Füßen weine.«

Der Mann zögerte. Sein Mund öffnete sich; vergeblich versuchten seine Lippen Worte zu bilden. Sie hatte ihn gezwungen, sein Herz zu offenbaren und Wahrheiten auszusprechen, die er vor sich selbst verborgen hatte. Und sie war immer noch gut anzuschauen, wie sie so dastand im Eifer der Leidenschaft und alte Erinnerungen an ein wärmeres Leben beschwor. Er wandte sein Gesicht ab, damit sie es nicht sehen sollte, aber sie folgte ihm und stellte sich vor ihn.

»Schau mich an, Dave! Schau mich an! Ich bin trotz allem dieselbe. Und so ist es auch mit dir, wenn du es nur wolltest. Wir sind keine anderen.«

Ihre Hand lag auf seiner Schulter, und die seine hatte sich schon halb in einer heftigen Bewegung darauf gelegt, als das scharfe Knistern eines Streichholzes ihn wieder zu sich brachte. Winapie, welche bei der Szene im Abseits stand, zündete den Docht der Tranlampe an. Sie tauchte dabei aus einem Hintergrund von vollkommenem Schwarz auf, und die Flamme, die plötzlich aufloderte, ließ ihre bronzene Schönheit wie reines Gold leuchten.

»Du siehst, es ist unmöglich«, stöhnte er und schob die blondhaarige Frau vorsichtig von sich weg. »Es ist unmöglich«, wiederholte er. »Es ist unmöglich.«

»Ich bin kein Mädchen, Dave, mit den Illusionen eines solchen«, sagte sie sanft, wagte es aber nicht, sich ihm wieder zu nähern. »Ich verstehe es als Frau. Männer sind Männer. Es ist eine übliche Sache hierzulande. Ich bin nicht schockiert. Ich ahnte es gleich. Aber – ach! – es ist doch wohl nur eine Ehe nach Art dieses Landes – keine richtige Ehe?«

»Wir stellen uns hierzulande solche Fragen nicht«, unterbrach er halbherzig.

»Ich weiß, aber – –«

»Nun gut, es ist nur eine Ehe nach Art des Landes – nichts anderes.«

»Und es gibt keine Kinder?«

»Nein.«

»Auch keine – –«

»Nein, nein, nichts – – aber es ist unmöglich.«

»Das ist es nicht.« Sie war wieder an seiner Seite und berührte mit ihrer Hand sanft und zärtlich seinen sonnenverbrannten Nacken. »Ich kenne die Gewohnheiten dieses Landes auch ganz gut. Es ist etwas Alltägliches. Die Männer beabsichtigen nicht, hier, abgeschlossen von der Welt, ihr ganzes Leben zu bleiben; und so geben sie der *P. C. C. Company* den Auftrag, Proviant für ein Jahr bereitzustellen und etwas Geld bar auf die Hand auszuzahlen, und das Mädchen ist zufrieden damit. Und es dauert nicht lange, bis ein Mann – –« Sie zuckte mit den Schultern. »Und so werden wir es mit diesem Mädchen auch machen. Wir werden ihr eine Versorgung durch die Company geben,

Die große Frage

nicht für ein Jahr, sondern lebenslang. Was war sie, als du sie gefunden hast? Eine primitive, fleischfressende Wilde; Fisch im Sommer, Elch im Winter; bei Überfluss feiernd und bei Hungersnot sterbend. Das wäre es gewesen, wenn du nicht gekommen wärst. Durch dein Kommen geriet sie in glücklichere Umstände; durch dein Geben, verbunden mit der Versicherung eines verhältnismäßig komfortablen Lebens, wird sie sicherlich so glücklich sein, als ob es dich nie gegeben hätte.«

»Nein, nein«, protestierte er. »Das ist nicht in Ordnung.«

»Komm, Dave, du musst einsehen, sie ist nicht von deiner Art. Es gibt keine Gemeinsamkeiten zwischen ihrer und deiner Art. Sie ist eine Eingeborene, entsprungen dieser Erde und noch immer nah an der Erde und unfähig, sich davon zu erheben. Sie ist wild geboren und wird wild sterben. Aber wir – du und ich –, wir gehören der herrschenden zivilisierten Rasse an, wir sind das Salz der Erde und ihre Beherrscher. Wir sind füreinander geschaffen. Der vorherrschende Ruf ist der der eigenen Art. Vernunft und Gefühl diktieren das. Dein ganzer Instinkt fordert es. Das kannst du nicht verleugnen. Du kannst den Generationen hinter dir nicht entkommen. Du bist Teil einer Ahnenreihe, die tausend Jahre und abertausend Jahre überlebt hat, und diese Linie darf nicht von dir unterbrochen werden. Es darf nicht sein. Deine Vorfahren werden es nicht erlauben. Der Instinkt ist stärker als der Wille. Die Rassenzugehörigkeit ist stärker als du. Komm, Dave, lass uns gehen. Wir sind noch jung, und das Leben ist gut. Komm!«

Winapie, die aus der Hütte ging, um die Hunde zu füttern, erregte seine Aufmerksamkeit und brachte ihn dazu, den Kopf zu schütteln und leise seine vorherigen Worte zu wiederholen. Aber die Hand der Frau umfasste seinen Nacken und ihre Wange presste sich an die seine. Sein ärmliches Leben tauchte vor ihm auf und erschütterte ihn – der aussichtslose Kampf mit den mitleidslosen Naturkräften, die trüben Jahre der Kälte und des Hungers, der harte und erschreckende Kontakt mit dem primitiven Leben, die schmerzende Leere, welche die bloße animalische Existenz nicht ausfüllen konnte. Und da rief die Versuchung an seiner Seite, von helleren, wärmeren Ländern, von Musik, Licht und Vergnügungen flüsternd, wieder die alten Zeiten zurück. Er sah sie unbewusst. Gesichter tauchten vor ihm auf, Augenblicke vergessener Szenen, Erinnerungen an fröhliche Stunden, Anflüge von Melodien und Gelächter ––

»Komm, Dave, komm. Ich habe genug für zwei. Der Weg ist bequem.« Sie betrachtete um sich her die rohe Ausstattung der Hütte. »Ich habe genug für uns beide. Die Welt liegt uns zu Füßen, und alle Freuden gehören uns! Komm!«

Sie lag in seinen Armen, zitternd, und er hielt sie fest. Dann riss er sich los, denn das Knurren hungriger Hunde und Winapies schrille Schreie, mit denen sie die Kämpfenden zur Ruhe brachte, drangen an sein Ohr durch die dicke Blockhauswand. Und eine andere Szene tauchte plötzlich vor ihm auf. Ein Kampf im Wald – ein vor Wut schäumender Grizzly mit gebrochenen Beinen; das Knurren der Hunde und die schrillen Schreie von Winapie, als sie die Hunde zum Angriff zwang; er selbst mitten in dem Tumult, atemlos, keuchend, gegen den roten Tod ankämpfend. Hunde mit zerschmettertem Rückgrat und zerfetzten Eingeweiden heulten in ohnmächtiger Angst und besudelten den Schnee; das unberührte Weiß wurde rot vom Blut des Mannes und der Tiere; der Bär rasend über ihm, unablässig nach seinem Leben trachtend; und schließlich Winapie inmitten des fürchterlichen Durcheinanders mit fliegenden Haaren und blitzenden Augen, eine fleischgewordene Furie, das lange Jagdmesser immer und immer wieder schwingend – –. Schweiß brach aus seiner Stirn. Er schüttelte die sich an ihn klammernde Frau ab und wich zurück zur Wand. Und sie, die wusste, dass der entscheidende Augenblick gekommen war, aber zugleich nicht fähig war, zu erspüren, was in ihm vorging, fühlte, dass alles, was sie gerade erreicht hatte, ihr wieder entglitt.

»Dave! Dave!«, schrie sie.»Ich werde dich nicht aufgeben. Ich lasse dich nicht! Wenn du nicht mit mir kommen willst, dann bleiben wir hier. Ich werde bei dir bleiben. Die Welt bedeutet mir weniger als du. Ich werde deine Frau sein hier im Nordland. Ich werde dein Essen kochen, deine Hunde füttern, den Trail für dich spuren, mit dir paddeln. Ich kann das. – Glaub mir, ich bin kräftig.«

Er bezweifelte das nicht, als er sie anschaute und sie abwehrte, aber sein Gesicht war ernst und grau geworden, und die Wärme in seinen Augen war erloschen.

»Ich werde Pierre und die Bootsmänner auszahlen und wegschicken. Und ich werde bei dir bleiben – mit oder ohne Segen eines Priesters –, werde mit dir gehen, jetzt und für immer. Dave! Dave! Hör mir zu! Du sagst, ich hätte dir Unrecht getan damals – und das tat ich –, aber lass es mich wieder gutmachen, lass es mich sühnen. Wenn ich die Liebe früher nicht richtig geschätzt habe, lass mich zeigen, das ich es nun vermag!«

Sie sank auf den Boden und schlang schluchzend ihre Arme um seine Knie.»Und du magst mich doch. Du liebst mich doch. Denk an die langen Jahre, die ich gewartet und gelitten habe. Du kannst dir das nicht vorstellen!«

Er unterbrach sie und zog sie hoch. »Hör zu«, befahl er, die Tür öffnend und sie hinausschiebend.»Es ist nicht möglich. Es hängt nicht nur von uns ab. Du musst gehen! Ich wünsche dir eine sichere Reise. Sie wird beschwerlich werden, sobald du in die Gegend von Sixty Mile kommst, aber du hast die besten Bootsleute der Welt und es wird schon klappen. Möchtest du Lebwohl sagen?«

Obwohl sie sich wieder im Griff hatte, schaute sie ihn verzweifelt an. »Wenn – wenn – wenn Winapie möchte – –« Ihre Stimme bebte und verstummte.

Er nahm den nicht ausgesprochenen Gedanken auf und antwortete: »Ja«. Dann wurde ihm aber die Ungeheuerlichkeit dieses Gedankens bewusst und er sagte: »Es ist nicht vorstellbar. Es ist keine Möglichkeit. Wir dürfen nicht daran denken.«

»Küss mich«, flüsterte sie, und ihr Gesicht leuchtete auf. Dann drehte sie sich um und ging.

»Lassen Sie das Lager abbrechen, Pierre«, sagte sie zu dem Bootsmann, der als einziger wach geblieben war und auf ihre Rückkehr gewartet hatte. »Wir müssen weiter.«

Im Licht des Lagerfeuers erkannte er mit scharfem Blick den Kummer in ihrem Gesicht, aber er nahm den überraschenden Befehl hin, als wäre er die gewöhnlichste Sache der Welt. »Jawohl, Madame«, sagte er zustimmend. »Welchen Weg? Nach Dawson?«

»Nein«, antwortete sie mit gespielter Unbekümmertheit, »flussaufwärts, hinaus, nach Dyea.«

Daraufhin wandte er sich den Voyageuren zu, scheuchte sie knurrend auf und trieb sie an die Arbeit, während seine Stimme vibrierend vor Geschäftigkeit durch das Lager gellte. Im Handumdrehen war Mrs Saythers Zelt abgebaut, waren Töpfe und Pfannen eingesammelt und die Decken zusammengerollt, woraufhin die Männer mit ihren Lasten zum Boot schwankten. Hier, auf dem Ufer, wartete Mrs Sayther, bis das Gepäck ordentlich verstaut und ihr Felllager hergerichtet war.

»Wir fahren zu oberes Ende von Insel«, erklärte ihr Pierre, während er die lange Schleppleine auslegte. »Dann nehmen wir das Seitenarm, wo das Wasser nicht so schnell, und ich denken, wir machen gute Fahrt.«

Da drang das raschelnde Geräusch von Füßen in dem trockenen Gras vom Vorjahr an ihr Ohr, und sie wandten den Kopf. Da kam, umgeben von einer Meute knurrender Wolfshunde, Winapie auf sie zu. Mrs Sayther bemerkte, dass das Gesicht des Mädchens, das während der ganzen Szene in der Hütte teilnahmslos gewirkt hatte, nun zornentbrannt glühte.

»Was du tun meine Mann?«, fragte sie unvermittelt Mrs Sayther. »Er liegen in Bett und er sehen schlecht aus. Ich sagen: ›Was ist, Dave? Du krank?‹ Aber er sagen nichts. Dann er sagen: ›Gutes Mädchen, Winapie, geh weg. Ich bald wieder in Ordnung.‹ Was du tun meine Mann, eh? Ich denken, du schlechte Frau.«

Mrs Sayther schaute aufmerksam das wilde Mädchen an, welches das Leben dieses Mannes teilte, während sie allein in die Dunkelheit der Nacht hinausziehen sollte.

»Ich denken, du schlechte Frau«, wiederholte Winapie in der langsamen mechanischen Art von jemand, der nach ungewohnten Worten in einer fremden Sprache sucht. »Ich denken, du besser gehen, nicht mehr kommen. Eh, was du denken? Ich haben einen Mann. Ich Indianerfrau. Du Amerikanerfrau. Du schön sein. Du finden viele Mann. Deine Augen blau wie Himmel. Deine Haut so weiß, so weich.«

Unerschrocken streckte sie plötzlich ihren braunen Zeigefinger vor und berührte damit die sanfte Wange der anderen

Frau. Und zu Karen Saythers Ehre sei vermerkt, dass sie keineswegs zurückzuckte. Pierre zögerte und wollte schon einschreiten, aber sie bedeutete ihm wegzugehen, obwohl ihr Herz ihm insgeheim dankbar dafür war. »Es ist alles in Ordnung, Pierre«, sagte sie. »Bitte lass uns allein.«

Er ging gehorsam außer Hörweite, wo er, Selbstgespräche führend, stehen blieb und die notwendige Zahl der notwendigen Sprünge zur Überwindung der Distanz einschätzte.

»So weiß, so weich, wie Baby.« Winapie berührte die andere Wange und zog dann ihre Hand zurück. »Bald Stechmücken kommen. Haut entzünden bei Stich und tun weh sehr viel. Viele Mücken, viele Stich. Ich denken, du besser gehen jetzt bevor Mücken kommen. Diese Weg« – sie deutete flussabwärts –, »du gehen zu St. Michael. Diese Weg« – sie deutete flussaufwärts – »du gehen Dyea. Besser du gehen Dyea. Leben wohl.«

Das, was Mrs Sayther daraufhin tat, erregte bei Pierre größtes Erstaunen. Denn sie schlang ihre Arme um die junge Indianerin, küsste sie und brach in Tränen aus. »Sei gut zu ihm«, schluchzte sie. »Sei gut zu ihm.« Dann ließ sie sich die Uferböschung hinabgleiten, drehte sich noch einmal um, rief »Lebwohl!« und sprang danach mittschiffs in das Boot.

Pierre folgte ihr und löste die Leinen. Er schob das Steuerruder in seine Position und gab das Aufbruchssignal. Le Gloire stimmte ein altes französisches Lied an, die Männer, die im fahlen Sternenlicht wie eine Reihe Gespenster aussahen, beugten ihre Rücken, das Steuerruder durchschnitt scharf die schwarze Strömung, und das Boot glitt rasch in die Nacht hinein.

Siwash

»Wenn ich ein Mann wäre – «

Ihr fehlten die Worte, aber die vernichtende Geringschätzung, die in ihren schwarzen Augen aufblitzte, blieb den Männern im Zelt nicht verborgen.

Tommy, der englische Seemann, zögerte, aber der ritterliche alte Dick Humphries, der einst Fischer in Cornwall und dann amerikanischer Lachsgroßhändler gewesen war, strahlte sie weiterhin so wohlwollend an wie zuvor. Er empfand, wie er sagte, für die Frauen zu viel in seinem rauen Herzen, um es ihnen krumm zu nehmen, wenn sie nicht gut drauf waren, oder wenn ihre eingeschränkte Sichtweise ihnen nicht erlaubte, eine Sache von allen Seiten zu betrachten.

Und so erwiderten sie nichts, diese beiden Männer, welche die halb erfrorene Frau vor drei Tagen in ihr Zelt aufgenommen und sie gewärmt und gefüttert und sie auch von ihren indianischen Lastenträgern befreit hatten. Letzteres hatte eine größere Summe an Dollars benötigt, von der Kraftanstrengung ganz zu schweigen. – Dick Humphries hatte dabei am Lauf seiner Winchester entlanggeschielt, während Tommy die Träger nach seinem Gutdünken ausbezahlt hatte.

Es war an und für sich eine Kleinigkeit gewesen, aber es bedeutete eine Menge für eine Frau, die einen verzweifelten Kampf führte, um sich allein zu dem verzweifelten Goldrausch am Klondike anno '97 durchzuschlagen. Die Männer waren von ihren eigenen ständigen Problemen in Anspruch genommen, und sie konnten es auch nicht gutheißen, dass Frauen ganz allein im arktischen Winter ihr Glück versuchten.

»Wenn ich ein Mann wäre, wüsste ich, was ich tun würde«, wiederholte Molly mit blitzenden Augen, aus denen der gesamte Wagemut von fünf in Amerika geborenen Generationen sprach.

In der darauf folgenden Stille schob Tommy eine Pfanne mit Brötchen in den Yukon-Ofen und legte Holz nach. Unter seiner sonnengebräunten Haut flammte eine Röte auf, und als er sich vorbeugte, war die Haut in seinem Nacken dunkelrot.

Dick zwängte eine dreikantige Seemannsnadel durch einen zerrissenen Tragriemen, und seine Gutmütigkeit war in keiner Weise irritiert durch das weibliche Unwetter, das in dem sturmgepeitschten Zelt auszubrechen drohte.

»Was wäre, wenn Sie ein Mann wären?«, fragte er mit vor Wohlwollen vibrierender Stimme. Die dreikantige Nadel verklemmte sich in dem feuchten Leder, und er hielt einen Augenblick bei der Arbeit inne.

»Wenn ich ein Mann wäre, würde ich mir mein Tragegestell auf den Rücken schnallen und aufbrechen. Ich würde nicht hier im Lager herumlungern, während der Yukon jeden Tag zufrieren kann und die Hälfte der Ausrüstung noch nicht hierher transportiert ist. Und ihr – ihr seid Männer, sitzt aber hier herum und dreht Däumchen, weil ihr Angst habt vor ein bisschen Wind und Wetter. Ich sag's gerade heraus: Yankee-Männer sind aus einem anderen Stoff gemacht. Sie würden den Trail nach Dawson in Angriff nehmen – und wenn sie dabei durch das Höllenfeuer gehen müssten. Aber ihr, ihr – ich wünschte, ich wäre ein Mann!«

»Ich bin sehr froh, meine Liebe, dass Sie es nicht sind.« Dick Humphries legte eine Garnschlinge um das Nadelöhr und zog sie nach ein paar geschickten Handgriffen mit einem Ruck durch.

Eine Sturmböe rüttelte das Zelt heftig, und der Schneeregen wirbelte trommelnd auf das dünne Segeltuch. Der am

Abziehen gehinderte Rauch wurde in den Ofen zurückgedrängt und verbreitete im Zelt den scharfen Geruch von grünem Fichtenholz.

»Guter Gott! Warum kann eine Frau nicht auf die Vernunft hören?« Tommy hob seinen Kopf aus den Rauchschwaden und blickte sie mit vom Qualm geröteten Augen an.

»Und warum kann ein Mann nicht seine Mannhaftigkeit zeigen?«, erwiderte sie.

Tommy sprang mit einem Fluch auf, der eine weniger beherzte Frau schockiert hätte, riss die Verknotung auf und schlug die Zeltklappen zurück.

Die Drei starrten hinaus. Es war kein ermutigender Anblick. Ein paar durchnässte Zelte bildeten den trostlosen Vordergrund, von dem der aufgeweichte Boden in eine schäumende Schlucht hinabgeschwemmt wurde. Durch sie hindurch tobte ein Gebirgsfluss. Da und dort wurzelte und klammerte sich eine Zwergfichte in den kargen Untergrund und verriet die Nähe zur Baumgrenze. Auf der anderen Talseite schimmerten die verschwommenen Umrisse eines Gletschers totenbleich durch den strömenden Regen. Eben als sie draufblickten, brach seine mächtige Bruchkante ab und donnerte ins Tal hinab, als ob die Erde sich erbrechen würde, und der rollende Donner übertönte die heulende Stimme des Sturms. Unwillkürlich schauderte Molly zurück.

»Schauen Sie hin, Madame! Sperren Sie Ihre Augen auf! Es sind drei Meilen im Rachen des Sturms bis zum Crater Lake, über zwei Gletscher hinweg, schlüpfrige Uferfelsen entlang, knietief im schäumenden Wasser des Flusses. Das sag ich Ihnen, Frau Yankee!

Schauen Sie! Dort sind Ihre Yankee-Männer.« Tommy zeigte mit der Hand aufgebracht in die Richtung der sturmgepeitschten Zelte. »Yankees allesamt! Sind sie auf dem Trail? Hat auch nur einer sein Tragegestell auf dem Rücken? Und sie wollen uns Männer über unsere Arbeit belehren? Schauen Sie hin, sage ich!«

Ein weiteres gewaltiges Stück des Gletschers donnerte talwärts. Der Wind peitschte durch die Zeltöffnung herein und blies es auf, bis es wie eine große Blase an den Vertäuungen flatterte. Der Rauch umwirbelte sie, und der Schneeregen biss scharf in ihr Fleisch. Tommy schloss hastig die Zeltklappen und kehrte zu seiner tränentreibenden Arbeit am Ofen zurück. Dick Humphries warf die geflickten Tragriemen in die Ecke und zündete seine Pfeife an.

Selbst Molly war für einen Moment außer Gefecht. »Dort sind meine Kleider«, sagte sie halb wimmernd, und ihre weibliche Seite gewann für einen Moment die Oberhand. »Sie liegen ganz oben im Depot und werden dort ruiniert werden. Ich sag's euch, ruiniert!«

»Na, na«, beschwichtigte Dick, als der letzte Jammerton verklungen war. »Seien Sie nicht traurig darüber, junge Frau. Ich bin alt genug, um der Bruder ihres Vaters zu sein, und ich habe eine Tochter, die älter ist als Sie, und ich werde Sie mit sämtlichen Klamotten neu ausstatten, sobald wir nach Dawson kommen, selbst wenn es mich meine letzten Dollars kosten sollte.«

»Wenn wir nach Dawson kommen!« Der Hohn war mit Heftigkeit in ihre Stimme zurückgekehrt. »Ihr werdet zuvor auf dem Weg verfaulen oder werdet in einem Schlammloch ersaufen, Ihr – Ihr – Briten!«

Mit dem letzten explosiv herausgeschleuderten Wort hatten ihre Schmähungen den Höhepunkt erreicht. Wenn das diese Männer nicht aufrüttelte, was denn dann? Tommys Nacken lief wieder rot an, aber er verkniff sich, etwas zu sagen. In Dicks Augen erschien dagegen ein nachsichtiger

Ausdruck. Er hatte Tommy gegenüber die Erfahrung voraus, früher mit einer weißen Frau zusammengelebt zu haben.

Das Blut von fünf in Amerika geborenen Generationen ist unter Umständen ein unbequemes Erbe; und zu diesen Umständen kann gezählt werden, mit solchen Menschen zusammenleben zu müssen. Diese Männer waren Briten. Zu See und zu Lande hatten ihre Vorfahren gegen sie und ihresgleichen gekämpft. Zu See und zu Lande würden sie es weiter tun. Ihre Herkunft forderte laut Genugtuung. Sie war zwar eine Frau der Gegenwart, aber in ihr kochte die ganze mächtige Vergangenheit. Es war nicht nur Molly Travis, die sich Gummistiefel, Regenmantel und Tragriemen anzog, sondern die unsichtbaren Hände von zehntausend Vorfahren zogen ihr die Verschlüsse fest, wie sie auch ihre Gesichtszüge strafften und ihren Augen einen entschlossenen Ausdruck verliehen. Sie, Molly Travis, würde diese Briten beschämen, diese jämmerlichen Schatten ihrer selbst, die behaupteten, von der gleichen Rasse zu sein.

Die Männer hielten sie nicht auf. Dick schlug ihr lediglich vor, sie solle sein Regenzeug nehmen, da ihr Regenmantel in diesem Sturm nicht mehr wert sei als Papier. Aber sie schnaubte nur verächtlich und bestand so entschlossen auf ihrer Selbstständigkeit, dass er sich schulterzuckend seiner Pfeife widmete, bis sie die Zeltklappen von außen verschlossen hatte und auf dem überfluteten Trail vorwärtswatete.

»Denkst Du, sie wird's schaffen?«, fragte Dick mit einem Gesichtsausdruck, der seinen gleichgültigen Tonfall Lügen strafte.

»Ob sie's schafft?«, antwortete Tommy. »Wenn sie die Strapazen aushält bis zu ihrem Vorratslager, wird ihr so kalt und elend sein, dass sie halb ohnmächtig sein wird. Wird sie das durchstehen? Sie wird völlig am Ende sein. Du weißt es selbst, Dick. Du bist um Kap Hoorn gesegelt. Du weißt, was es bedeutet, bei diesem Wetter auf einer Topsegelnock zu liegen, gegen Regen und Schnee und gefrorene Segel zu kämpfen, bis du so fertig bist, dass du am liebsten loslassen und wie ein kleines Kind heulen möchtest. Kleider? Sie wird nicht mehr in der Lage sein, ein Bündel Röcke von einer Goldwaschpfanne oder einem Teekessel zu unterscheiden.«

»Denkst du dann, es war falsch, dass wir sie gehen ließen?«

»Nicht im Geringsten. Überleg doch mal, Dick, sie hätte uns dieses Zelt hier für den Rest der Reise zur Hölle gemacht, wenn wir sie nicht hätten gehen lassen. Das Elend mit ihr ist, dass sie ein bisschen zu sehr von sich überzeugt ist. Das wird sie nun ein wenig abkühlen.«

»Ja«, stimmte Dick zu, »Molly ist zu ehrgeizig. Aber sie ist trotzdem in Ordnung. Sie ist ein wenig verrückt, sich auf eine Reise wie diese einzulassen, aber doch viel mutiger als diese ›Heb mich auf und trag mich‹-Frauen. Sie ist eine von denen, die dich und mich ausgetragen haben, Tommy, und das solltest du berücksichtigen. Es gehört eine Frau dazu, um einen Mann hervorzubringen. Du kannst Männlichkeit nicht aus den Brüsten eines Wesens saugen, dessen Weiblichkeit nur durch Röcke zum Ausdruck kommt. Es braucht eine Katze, nicht eine Kuh, um Tiger aufzuziehen.«

»Und wenn Frauen sich unvernünftig verhalten, müssen wir das hinnehmen?«

»Wie ich sagte. Ein scharfes Messer, das ausrutscht, schneidet tiefer als ein stumpfes; aber das ist kein Grund, die scharfe Schneide mit einem Hammer zu zerschlagen.«

»Nun gut, wenn du das so siehst; ich würde aber, was die Frauen betrifft, etwas weniger scharfe Kanten bevorzugen.«

»Was weißt du denn darüber?«, fragte Dick herausfordernd.

Siwash

»Ein wenig schon«, meinte Tommy, während er nach einem Paar von Mollys Socken griff und sie zum Trocknen über seine Knie legte.

Dick beobachtete ihn verwundert, fasste dann aber in Mollys Handgepäck und brachte verschiedene feuchte Kleidungsstücke zum Ofen, um sie ebenfalls in der Wärme auszubreiten. »Dachte, du hättest gesagt, nie verheiratet gewesen zu sein?«, fragte er.

»Sagte ich das? Verheiratet war ich auch nicht – das heißt – doch, bei Gott!, ich war. Und mit einer so guten Frau, wie jemals eine für einen Mann gesorgt hat.«

»Hat sie dich verlassen?« Dick deutete mit einer Bewegung seiner Hand das Verschwinden an.

»Ja.«

»Im Kindbett«, fügte Tommy nach einer Pause hinzu.

Die Bohnen brodelten heftig unter dem Deckel, und er schob den Topf an eine kühlere Stelle des Herdes. Dann wandte er sich dem Brot zu, prüfte es mit einem Holzspan und legte es beiseite unter ein feuchtes Tuch.

Dick zügelte seiner Art gemäß seine Neugier und wartete schweigend.

»Es war eine andere Frau als Molly. Indianerin. Eine Siwash.«

Dick nickte verständnisvoll.

»Nicht so stolz und eigenwillig, aber eine, die mit einem durch dick und dünn geht. Konnte paddeln wie keine andere und Hunger ertragen wie Hiob. Paddelte vorwärts, selbst wenn die Bootsspitze mehr unter als über Wasser war, und holte die Segel ein wie ein Mann. Einmal gingen wir Gold suchen am Teslin River oben hinter dem Surprise Lake und dem Little Yellow-Head. Der Proviant ging aus, und wir aßen die Hunde. Die Hunde waren gegessen, da aßen wir das Leitgeschirr, die Mokassins und die Felle. Nie eine Klage, nie ein ›Heb mich auf und trag mich‹. Bevor wir aufgebrochen waren, hatte sie mehr Proviant angemahnt, aber als er ausging, war da kein ›Ich hab's dir doch gesagt‹. – ›Nimm's nicht schwer, Tommy‹, sagte sie Tag für Tag, als sie schon so schwach war, dass sie kaum noch ihre Schneeschuhe heben konnte und ihre Füße blutig waren von der Arbeit. ›Nimm's nicht schwer, ich will lieber flachbäuchig sein vor Hunger und deine Frau, Tommy, als jeden Tag ein Potlach-Fest haben und Klooch für Häuptling George sein.‹ George war der Häuptling der Chilcoots und scharf auf sie, wollte sie als Klooch, als Freudenmädchen haben, weißt du. – Waren aufregende Tage damals. Ich war ein vielversprechender Bursche, als ich hier an Land ging. War von einem Walfänger, der ›Pole Star‹, in Unalaska abgehauen und arbeitete mich auf einem Otternjäger nach Sitka runter. Dort traf ich auf Happy Jack. – Kennst du den?«

»Ich glaube, er hat mal auf meine Fallen drunten am Columbia River aufgepasst«, antwortete Dick. »War er nicht ein wenig wild, aber mit einem warmen Platz in seinem Herzen für Whiskey und Frauen?«

»Genau der Kerl. Reiste mit ihm für ein paar Jahre als Händler für Decken und ähnlichen Kram. Dann bekam ich ein eigenes Boot und ging nach Juneau hinunter, um ihm keine Konkurrenz zu machen. Dort traf ich Killisnoo; ich nannte sie der Einfachheit halber Tilly. Traf sie bei einem Tanzfest der Indianerfrauen am Strand drunten. Häuptling George hatte seinen jährlichen Handel mit den Sticks-Indianern abgeschlossen, die drüben über den Pässen leben, und war mit seinem halben Stamm von Dyea heruntergekommen. Eine Menge Indianer waren bei dem Fest, und ich war der einzige Weiße. Niemand kannte mich, außer ein paar jungen

Burschen, die ich in Sitka getroffen hatte. Durch Happy Jack hatte ich viele ihrer Geschichten erfahren.

Alle sprachen Chinook, nicht ahnend, dass ich es besser verstehen konnte als die meisten; besser auch als zwei Mädchen, die aus der Haines Mission am Lynn Canal weggelaufen waren. Sie waren hübsche Dinger, gut anzuschauen, und ich dachte daran, mit ihnen anzubandeln, aber sie waren so glitschig wie frischgefangene Kabeljau. Schwer zu greifen, weißt du. Sie begannen sich auch über mich als Anfänger lustig zu machen, da sie nicht wussten, dass ich jedes ihrer auf Chinook gesprochenen Worte verstand.

Ich ließ mir nichts anmerken, sondern begann mit Tilly zu tanzen, und je mehr wir miteinander tanzten, desto mehr erwärmten sich unsere Herzen füreinander. ›Er schaut sich nach einer Frau um‹, sagte eines der Mädchen, und das andere schüttelte den Kopf und sagte: ›Wird wenig Chancen haben bei den Frauen, die einen richtigen Mann suchen.‹ Und die herumstehenden Kerle und Frauen begannen zu grinsen und kichernd zu wiederholen, was gesagt worden war. ›Nur ein hübscher Junge‹, sagte die erste. Ich will nicht abstreiten, dass ich damals noch ziemlich bartlos und jungenhaft war, aber ich war schon viele Tage als Mann unter Männern gewesen, und deshalb wurmte es mich. ›Er tanzt einfach mit Häuptling Georges Mädchen‹, kicherte die andere. ›Häuptling George wird ihm gleich die flache Seite seines Paddels zeigen und ihn nach Hause schicken.‹ Häuptling George hatte bis dahin ziemlich finster dreingeblickt, aber nun lachte er und schlug sich auf die Knie. Er war ein rauer Geselle und hätte sich nicht gescheut, das Paddel zu benutzen.

›Wer sind die Mädchen?‹, fragte ich Tilly, als wir einen Reel die Tanzfläche hinunterwirbelten. Als sie mir ihre Namen nannte, wusste ich sofort durch Happy Jacks Erzählungen alles über sie. Ich kannte ihre ganze Geschichte – und einige Dinge, die nicht einmal ihre eigenen Stammesangehörigen wussten. Aber ich hielt mein Maul und machte Tilly weiter den Hof, während die Mädchen immer noch hämische Bemerkungen von sich gaben und johlten. – Wart ab, Tommy, sagte ich mir, wart noch ab.

Und ich wartete ab, bis es Zeit war, das Tanzen zu beenden, da Häuptling George zu einem Paddel für mich griff. Alle waren nun in freudiger Erwartung, aber ich marschierte so unbekümmert wie nur möglich mitten in die Menge hinein. Die Missionsmädchen versuchten mir schlau den Weg abzuschneiden, und obwohl ich mich darüber ärgerte, musste ich doch gleichzeitig die Zähne zusammenbeißen, um nicht loszulachen. Ich wandte mich ihnen sofort zu:

›Seid ihr nun fertig?‹, fragte ich sie.

Du hättest sie sehen sollen, als sie mich Chinook sprechen hörten. Dann legte ich los. Ich erzählte ihnen alles über sie selbst und ihre Stammesangehörigen: ihre Väter, Mütter, Schwestern, Brüder – über alle und alles. Jeden Streich, den sie gespielt hatten, jede Klemme, in die sie geraten waren, jede Schande, die über sie gekommen war. Und ich brandmarkte sie ohne jede Zurückhaltung und Gnade. Alle Leute scharten sich um uns. Noch nie hatten sie einen weißen Mann ihre Sprache so sprechen gehört, wie ich es tat. Alle lachten, nur die Missionsmädchen nicht. Sogar Häuptling George vergaß sein Paddel, oder ich imponierte ihm zu sehr, um es zu benutzen.

Dagegen die Mädchen: ›Oh, hör auf, Tommy!‹, schrien sie unter Tränen, die ihnen die Wangen runterkullerten. ›Bitte hör auf. Wir versprechen, anständig zu sein. Ehrenwort, Tommy, Ehrenwort!‹

Aber ich kannte sie gut, und ich erwischte sie in all ihren Schwächen. Und ich hörte nicht damit auf, bis sie mich auf den Knien darum baten und anflehten, ruhig zu sein. Dann warf ich einen Blick auf Häuptling George, aber er wusste nicht, ob er mich nun verprügeln sollte oder nicht, und ging mit einem verlegenen Lachen darüber hinweg.

So war's. Als ich mich in dieser Nacht von Tilly verabschiedete, gab ich ihr mein Wort, dass ich etwa eine Woche unterwegs sein würde und sie dann wiedersehen und näher kennenlernen wolle. Sie war nicht von der dickfelligen Art, wenn es darum ging, Zu- und Abneigung erkennen zu lassen, und als das offene und ehrliche Mädchen, das sie war, zeigte sie ihre Freude darüber. Tja, ein bemerkenswertes Mädchen, und ich wunderte mich nicht, dass Häuptling George sie haben wollte.

Doch alles lief für mich. Ich nahm ihm vom ersten Augenblick an den Wind aus den Segeln. Ich hätte Tilly am liebsten gleich an Bord genommen, um mit ihr nach Wrangell hinunter zu segeln, bis sich alles beruhigt hätte und er auf sie pfiff. Aber so leicht sollte ich sie nicht bekommen. Sie schien bei einem alten Onkel von ihr zu wohnen, der ihr Vormund war und kurz davor schien, an Schwindsucht oder einer anderen Lungenkrankheit zu sterben. Es ging ihm bald besser bald schlechter, und sie wollte ihn nicht verlassen, bevor es vorbei war. Ich ging in sein Zelt, bevor ich weiterreiste, um ermessen zu können, wie lange es noch dauern könnte. Aber der alte Schuft hatte Tilly Häuptling George versprochen, und als er mich sah, bekam er vor Ärger einen Blutsturz.

›Komm wieder und hol mich, Tommy‹, sagte Tilly, als wir uns am Strand verabschiedeten. ›Ja‹, antwortete ich, ›wenn du mir Bescheid gibst.‹ Und ich küsste sie, wie es ein weißer Mann und Liebhaber tut, bis sie zitterte wie Espenlaub und ich so erregt war, dass ich schon halb entschlossen war, hinaufzugehen und ihrem Onkel über den Jordan zu helfen.

Dann reiste ich aber an St. Mary vorbei nach Wrangell und auf die Queen Charlotte-Inseln, handelte mit Whiskey und benutzte das Boot zu allerlei Unternehmungen. Der Winter kam, hart und kalt, und ich war in Juneau, als ihr Bescheid kam. ›Komm‹, sagte der Bursche, der die Nachricht überbrachte, ›Killisnoo sagt: Komm jetzt!‹

›Was ist der Grund?‹, fragte ich.

›Häuptling George‹, sagte er, ›wollen Hochzeit feiern, Killisnoo Klooch werden.‹

Das war nun bitter – der Wintersturm heulte bissig aus dem Norden herunter, das Salzwasser fror fest, sobald es das Deck überspülte, und das Boot und ich kämpften hundert Meilen dagegen an, bis nach Dyea hinauf. Hatte einen Mann von der Douglass-Insel als Matrosen dabei als ich losfuhr, aber auf halber Strecke wurde er vom Bug des Bootes über Bord gespült. Ich drehte um und fuhr die Strecke drei Mal ab, aber nirgends mehr ein Zeichen von ihm.«

»Brach wahrscheinlich unter der Kälte zusammen und ging unter wie ein Eimer Blei«, vermutete Dick und unterbrach dadurch die Erzählung, während er einen von Mollys Röcken zum Trocknen aufhängte.

»Das dachte ich auch«, fuhr Tommy fort. »So musste ich die Fahrt allein zu Ende bringen, war halbtot, als ich Dyea an diesem Abend bei Dunkelheit erreichte. Die Flut stand günstig, und ich konnte das Boot am Ufer im Schutz der Flussmündung anlanden. Hätte aber auch keinen Inch weitergekonnt, denn das Flusswasser war dick gefroren. Meine Leinen und Befestigungen waren so vereist, dass es mir nicht möglich war, die Segel zu bergen. Ich genehmigte mir deshalb als Erstes einen kräftigen Schluck aus dem Whiskeyvorrat und hastete dann, alles zur Abfahrt bereit zurücklassend, in eine Decke gehüllt über die Ebene zum Indianerlager hinüber.

Unverkennbar war dort Großes im Gange. Die Chilcats waren allesamt gekommen mit ihren Hunden, Babys und Kanus, dazuhin die Dog-Ears, die Little Salmons und die Missions. Mindestens ein halbes Tausend war versammelt, um Tillys Hochzeit zu feiern. Und weit und breit war kein weißer Mann.

Niemand beachtete mich; mit der Decke überm Kopf verbarg ich mein Gesicht und watete knietief durch das Gewusel der Hunde und Kinder, bis ich vorne ankam. Die Feier wurde mit mächtig lodernden Feuern auf einem großen freien Platz unter den Bäumen veranstaltet, wo der Schnee von den Mokassins so hartgetreten war wie Portlandzement.

Tilly war nahe vor mir, mit Perlen behängt und in scharlachrote Tücher gehüllt, und neben ihr standen Häuptling George und sein Stammesrat. Dem Schamanen assistierten die großen Medizinmänner der anderen Stämme, und die Scharlatanerien, die sie vollführten, ließen mir kalte Schauer über den Rücken laufen. Ich wünschte, meine Kumpels in Liverpool hätten mich so sehen können, und ich dachte an die strohblonde Gussie, deren Bruder ich nach meiner ersten Reise verprügelt hatte, da er einfach keinen Seemann für seine Schwester haben wollte. Und Gussie vor Augen, schaute ich auf Tilly. Eine komische Welt, in der ein Mann Wege einschlagen muss, die seiner Mutter nicht einmal im Traum vorstellbar waren, als er an ihrer Brust lag.

Nun gut, als der Lärm am lautesten war, die Trommeln aus Walrosshaut dröhnten und die Priester sangen, sagte ich zu Tilly: ›Bist du bereit?‹

Ob du's glaubst oder nicht, sie erschrak kein bisschen, kein Blick in meine Richtung, keine Muskelregung. ›Ich wusste es‹, antwortete sie bloß, ganz gelassen und ruhig. ›Wo?‹

›Bei dem hohen Ufer an der Eiskante‹, flüsterte ich zurück. ›Renn hin, sobald ich's sage.‹

Frauengeschichten

Habe ich schon erwähnt, dass da unzählige Huskys waren? Es waren wirklich unzählige. Hier, da, dort, sie lungerten überall herum – es waren zahme Wölfe. Wenn sie zu zahm werden, lässt man sie sich im Wald mit den Wölfen paaren, und deshalb sind sie erbarmungslose Kämpfer. Direkt vor meinen Mokassins lag einer dieser großen Köter, und ein anderer an meinen Fersen. Ich packte den Schwanz des einen mit einem schnellen Griff und brach ihn. Und als er mit seinen Fängen nach meiner Hand schnappte, hatte ich bereits den anderen Köter am Genick gepackt und ihm direkt vors Maul geworfen. ›Renn!‹, schrie ich Tilly zu.

Du weißt ja, wie sie kämpfen. Innerhalb von Sekunden entstand ringsum ein rasendes Kampfgetümmel von hunderten von ihnen, die sich zu einem sich überschlagenden Knäuel verbissen. Die Kinder und Frauen flüchteten nach allen Seiten, und das gesamte Lager geriet in wilden Aufruhr. Tilly war beiseite geschlichen, und ich folgte ihr. Aber als ich über die Schulter auf das Getümmel zurückschaute, ritt mich der Teufel, und ich warf die Decke weg und ging zurück.

Inzwischen waren die Hunde auseinandergeprügelt worden, und die Menge berappelte sich allmählich wieder. Niemand war an seinem alten Platz, und so hatten sie noch nicht bemerkt, dass Tilly verschwunden war. ›Hallo!‹, sagte ich und fasste Häuptling George an der Hand. ›Möge dein Potlach-Feuer noch oft rauchen und die Sticks dir viele Felle im Frühjahr bringen.‹

Mein Gott, Dick, glaub mir, er war tatsächlich erfreut, mich zu sehen – jetzt, wo er obenauf war und Tilly heiratete. Nun hatte er die Möglichkeit, sich damit vor mir zu brüsten. Das Gerücht, dass ich ganz scharf auf sie war, hatte sich in allen Lagern verbreitet, und meine Anwesenheit bei seiner Hochzeit erfüllte ihn deshalb mit Genugtuung. Ohne meine

Decke erkannten mich alle Umstehenden und begannen zu grinsen und zu tuscheln. Es war großartig, aber ich verstärkte alles noch, indem ich den Unwissenden spielte:

›Was ist hier los?‹, fragte ich. ›Wer soll denn verheiratet werden?‹

›Häuptling George‹, sagte der Schamane und verbeugte sich ehrerbietig vor diesem.

›Ich dachte, er hätte schon zwei Frauen –‹

›Er nehmen mehr – drei‹, erwiderte er mit erneuter Verbeugung.

›Oh‹, sagte ich und wandte mich ab, als ob es mich nicht interessieren würde.

Aber daraufhin begannen alle ›Killisnoo! Killisnoo!‹ zu singen.

›Was ist mit Killisnoo?‹, fragte ich.

›Killisnoo, Klooch Häuptling George‹, schnatterten sie. ›Killisnoo Klooch!‹

Da sprang ich auf und sah den Häuptling an. Er nickte mit dem Kopf und warf sich in die Brust.

›Sie wird nicht dein Klooch werden‹, sagte ich nachdrücklich. ›Kein Klooch von dir!‹, wiederholte ich, während sein Gesicht sich verfinsterte und seine Hand nach dem Jagdmesser zu tasten begann.

›Schau!‹, rief ich und baute mich vor ihm auf. ›Große Medizin, passt auf!‹

Ich zog meine Handschuhe aus, krempelte die Ärmel hoch und vollführte mit den Armen ein halbes Dutzend Kreisbewegungen in der Luft.

›Killisnoo!‹, rief ich. ›Killisnoo! Killisnoo!‹

Ich machte Medizin, und sie begannen sich zu fürchten. Alle Augen waren auf mich gerichtet, sie hatten keine Zeit, herauszufinden, dass Tilly nicht da war. Dann rief ich sie weitere drei

Mal und wartete und wiederholte es noch einmal. Alles nur, um es geheimnisvoll und sie nervös zu machen. Häuptling George vermochte nicht zu ergründen, was ich vorhatte, und wollte dem Hokuspokus ein Ende bereiten, aber der Schamane sagte, er solle abwarten, dann würden sie mich entlarven und mit mir abrechnen. Er war jedoch ein abergläubischer Kauz und hatte Angst vor der Magie des weißen Mannes.

Wieder rief ich Killisnoo, langgezogen und dumpf wie das Heulen eines Wolfes, bis die Frauen alle erzitterten und die Kerle verunsichert dreinschauten.

Ich sprang vorwärts, mit dem Finger auf eine Schar Indianerinnen deutend – Frauen sind leichter zu verwirren, weißt du. ›Schaut!‹, rief ich und fuhr mit dem Finger durch die Luft, als folgte ich dem Flug eines Vogels. Aufwärts, immer höher, über meinem Kopf folgte ich ihm mit meinen Augen, bis er am Himmel verschwand.

›Killisnoo‹, sagte ich dann, sah Häuptling George an und deutete wieder hinauf. ›Killisnoo!‹

Glaub mir, Dick, der Schwindel funktionierte. Mindestens die Hälfte von ihnen sah Tilly in der Luft verschwinden. Sie hatten in Juneau meinen Whiskey getrunken und davon garantiert seltsame Visionen bekommen. Warum sollte ich sowas nun nicht auch können, ich, der ich böse Geister in Flaschen verkorkt verkaufte? Einige der Frauen schrien auf. Alle begannen sich zusammenzuscharen und miteinander zu flüstern. Ich kreuzte die Arme und stand da mit erhobenem Haupt, worauf sie vor mir zurückwichen. Die Zeit war reif zum Gehen.

»Packt ihn!‹, schrie da Häuptling George. Drei oder vier von ihnen setzten sich in Bewegung, aber ich drehte mich Ihnen rasch zu und machte ein paar Gesten, als wollte ich sie hinter Tilly herschicken und deutete hinauf. Nicht für alle

Königreiche der Welt wollten sie mich daraufhin anfassen. Häuptling George beschimpfte sie, aber er konnte sie nicht dazu bringen, auch nur einen Finger zu rühren. Dann versuchte er selbst, mich zu packen; aber ich wiederholte den Zauber, und da verließ ihn der Mut.

›Lass doch deine Schamanen Wunder tun, wie ich sie heute Nacht getan habe‹, sagte ich zu ihm. ›Lass sie Killisnoo vom Himmel herunterrufen, wohin ich sie geschickt habe.‹ Aber die Priester kannten ihre Grenzen.

›Mögen deine Kloochs dir Söhne gebären, so zahlreich wie die Brut des Lachses‹, fuhr ich fort, als ich mich zum Gehen wandte, ›und mögen dein Totempfahl lange im Land stehen und die Feuer deines Lagers immer brennen.‹

Wenn die Kerle mich aber hätten sehen können, wie ich, sobald ich nicht mehr in ihrer Sichtweite war, zum Boot rannte, würden sie geglaubt haben, mein eigener Zauber sei nun hinter mir her.

Tilly hatte sich warm gehalten, indem sie das Eis weggehackt und alles für die Abfahrt vorbereitet hatte. Mein Gott, wie wir dahinflogen, mit dem heulenden Nordwind im Rücken, auf den eisigen Wellen, die das Boot fortwährend überspülten. Alle Luken dicht gemacht, stand ich am Steuerrad, während Tilly Eis hackte. So fuhren wir die halbe Nacht weiter, bis ich das Boot auf der Porcupine-Insel anlandete und wir es zitternd auf den Strand zogen. Alle Decken waren nass, und Tilly trocknete die Streichhölzer an ihrer Brust.

Deshalb, Dick, meine ich, ein wenig über die Frauen zu wissen. Sieben Jahre waren wir Mann und Frau, in rauen wie in sanften Gewässern, in guten wie in schlechten Zeiten. Und dann starb sie mitten im Winter, starb im Kindbett, da oben auf der Chilcat Station. Sie hielt meine Hand bis zuletzt, während das Eis innen an der Hüttentür hochkroch und dick die Fensterscheibe überzog. Draußen nur das einsame Heulen eines Wolfs und das Schweigen; drinnen der Tod und die Stille. Du hast nie die große Stille gehört, Dick, und Gott möge dich beschützen, damit du sie niemals hören musst, wenn du an der Seite des Todes sitzt. – Hört man sie? Ja, wenn der Atem wie eine Sirene schrillt und das Herz hämmert wie das Donnern der Brandung an der Küste.

Indianerin war sie, eine Siwash, Dick, aber eine Frau. Weiß, weiß durch und durch. Kurz vor ihrem Ende sagte sie: ›Behalte mein Federbett, Tommy, bewahre es auf.‹ Und ich versprach es. Dann öffnete sie ihre Augen, voller Schmerz: ›Ich war dir eine gute Frau, und deshalb möchte ich, dass du mir versprichst‹ – die Worte schienen ihr in der Kehle zu stecken – ›versprichst, dass wenn du wieder heiratest, es eine weiße Frau sein wird. Keine Siwash mehr, Tommy. Ich weiß, es gibt nun viele weiße Frauen in Juneau drunten. Ich weiß, dein Volk nennt dich einen Squaw-Mann, eure Frauen wenden ihre Köpfe ab, wenn sie dir auf der Straße begegnen, und du gehst nicht zu ihren Häusern, wie die anderen Männer. Warum? Weil deine Frau eine Siwash ist. Ist es nicht so? Und das ist nicht gut. Deshalb sterbe ich. Versprich es mir. Küss mich zum Zeichen deines Versprechens.‹

Ich küsste sie, und sie flüsterte hinüberdämmernd: ›Es ist gut.‹ Als das Ende nahe war, erwachte sie ein letztes Mal und flüsterte in mein Ohr, das dicht an ihren Lippen lag: ›Denk, Tommy, denk an mein Federbett.‹ Dann starb sie, im Kindbett, droben auf der Chilcat Station.«

Das Zelt flatterte und wurde vom Sturm halb niedergedrückt. Dick stopfte seine Pfeife nach, während Tommy den Tee zubereitete und für Mollys Rückkehr bereitstellte.

Und wo war diese mit ihren blitzenden Augen und dem Yankee-Blut?

Halb blind, stolpernd, auf Händen und Füßen kriechend, im Sturm kaum Luft in die Kehle bekommend, auf ihren Schultern ein unförmiges Bündel schleppend, an dem der Sturm mit seiner ganzen Wildheit riss, kämpfte sie sich zum Zelt. Sie nestelte kraftlos an den Verschnürungen des Zelteingangs herum, bis Tommy und Dick sie aufknüpften. Dann raffte sie sich mit letzter Kraft noch einmal auf, wankte hinein und fiel erschöpft zu Boden.

Tommy löste die Riemen und nahm ihr das Bündel vom Rücken. Als er es anhob, erklang das Klappern von Pfannen und Töpfen. Dick, der gerade einen Becher Whiskey einschenkte, hielt inne und zwinkerte Tommy zu. Tommy zwinkerte zurück. Seine Lippen formten das Wort »Kleider«, aber Dick schüttelte missbilligend den Kopf. »Hier, junge Frau«, sagte er, nachdem sie den Whiskey getrunken und sich ein wenig erholt hatte. »Hier sind ein paar trockene Klamotten. Ziehen Sie die an. Wir gehen hinaus, um das Zelt besser zu befestigen. Sagen Sie Bescheid, wenn Sie fertig sind, damit wir reinkommen und zu Abend essen können. Rufen Sie, wenn Sie fertig sind.«

»Also, wenn ihr das nicht die scharfen Kanten für den Rest der Reise abgeschliffen hat, dann weiß ich auch nicht«, flüsterte Tommy, als sie draußen in den Windschatten des Zeltes krochen.

»Aber die Kanten sind doch das Reizvolle an ihr«, erwiderte Dick und duckte sich unter der Wucht des Schneeregens, der das Zelt traf. »Es sind die Kanten, die du und ich bekommen haben, Tommy, und die Kanten, die unsere Mütter vor uns gehabt haben.«

Eine Tochter des Nordlichts

»Ihr – wie sagen ihr – faule Mann, ihr faule Mann wollen 'aben misch als Frau. Das sein nix gut. Niemals, nein, niemals werden faule Mann meine Mann.«

So sagte Joy Molineau Jack Harrington ihre Meinung, wie sie das in der vergangenen Nacht auch Louis Savoy gegenüber kürzer und in seiner eigenen Sprache gesagt hatte.

»Hör mal, Joy – «

»Nein, nein, warum soll isch 'ören auf faule Mann? Es sein sähr schlecht, du 'ängen 'erum, machen Besuch in meine 'ütte und tun nix. Wie besorgen du Nahrung für Familie? Warum haben du kein Gold? Andere Männer 'aben viel.«

»Aber ich arbeite hart, Joy. Keinen Tag bin ich nicht auf dem Trail oder oben am Bach. Eben bin ich zurückgekommen. Meine Hunde sind noch müde. Andere Männer haben Glück und finden einen Haufen Gold; aber ich – ich habe kein Glück.«

»Ah! Aber wenn das Mann mit das indianische Frau, wenn das Mann McCormack entdecken das Klondike, du gehen nicht. Andere Männer gehen; andere Männer jetzt reich.«

»Du weißt, dass ich damals das Quellgebiet des Tanana untersucht habe«, protestierte Harrington, »und nichts vom Eldorado oder Bonanza hörte, bis es zu spät war.«

»Das sein etwas anderes; aber du sein, was ihr nennt, ab von Weg.«

»Was?«

»Ab von Weg. In das – ja – Dunkel. Aber sein nie zu spät. Ein sähr reiches Goldmine sein da in das Bach, welches 'eißen Eldorado. Das Mann schlagen das Pfahl rein und gehen weg. Kein anderes Mann weiß, wo er geblieben. Das Mann, das schlagen das Pfahl rein, sein nirgendwo. Sechsig Tage keine Mann eintragen das Claim. Dann andere, viele andere Männer werden – wie sagen ihr – besetzen das Claim. Dann rennen sie, ganz schnell, wie das Wind, um es eintragen. Er werden sähr reich. Er besorgen Nahrung für Familie.«

Harrington ließ sich nicht anmerken, wie groß sein Interesse war.

»Wann ist die Zeit um?«, fragte er. »Welcher Claim ist es?«

»Das isch 'aben gesagt Louis Savoy letzte Nacht«, fuhr sie seine Fragen nicht beachtend fort. »Isch denken er gewinnen.«

»Zum Henker mit Louis Savoy!«

»Louis Savoy sprechen so letzte Nacht in meine 'ütte. Er sagen: ›Joy, isch bin starke Mann. Isch 'abe gute Hunde. Isch 'abe lange Atem. Isch werde Gewinnär sein. Willst du misch dann 'aben als Mann?‹ Und isch sagen zu ihm, isch sagen – «

»Was hast du gesagt?«

»Isch sagen, wenn Louis Savoy sein Gewinnär, dann er bekommen misch als Frau.«

»Und wenn er nicht gewinnt?«

»Dann werden Louis Savoy nischt sein – was du nennen – das Vater von meine Kinder.«

»Und wenn ich gewinne?«

»Du gewinnen? Ha! Ha! Niemals!«

So entmutigend Joy Molineaus Gelächter auch war, es hörte sich schön an. Es störte Harrington nicht. Er war schon lange daran gewöhnt. Außerdem war er keine Ausnahme. Sie hatte alle ihre Verehrer auf diese Weise leiden lassen. Und sie war gerade sehr aufregend mit ihren geöffneten Lippen, ihrer Wangenröte, die vom scharfen Kuss des Frosts intensiviert war, und mit ihren Augen, die so glitzerten mit der Lockung, welche die größte aller Lockungen ist und nirgends sonst zu sehen, außer in den Augen einer Frau.

Ihre Schlittenhunde umlagerten sie wie ein Fellknäuel, und der Leithund, Wolfszahn, legte seine lange Schnauze sanft in ihren Schoß.

»Was ist, wenn ich gewinne?« beharrte Harrington.

Ihr Blick ging von dem Hund zu dem Verehrer und wieder zurück.

»Was sagen du, Wolfszahn? Wenn er starke Mann und gewinnen Rennen, sollen wir werden seine Frau? Na? Was sagen du?«

Wolfszahn stellte seine Ohren auf und knurrte Harrington an.

»Es sein sähr kalt«, fügte sie plötzlich mit weiblicher Sprunghaftigkeit an, erhob sich und ordnete ihr Hundegespann.

Ihr Verehrer blickte regungslos vor sich hin. Sie hatte ihn beständig im Unklaren gelassen, seit sie sich das erste Mal getroffen hatten, und er hatte die Tugend der Geduld lernen müssen.

»He! Wolfszahn!«, schrie Joy auf den Schlitten springend, als dieser sich rasch in Bewegung setzte. »He! Ja! Vorwärts!«

Aus den Augenwinkeln beobachtete Harrington, wie sie in den Trail nach Forty Mile hinunter einbog. An der Stelle, an welcher der Weg sich gabelte und den Fluss nach Fort Cudathy hinüber überquerte, zügelte sie die Hunde und drehte sich um.

»O, Mistär faule Mann!«, rief sie zurück. »Wolfszahn sagen ja – wenn du gewinnen!«

Irgendwie, wie stets bei solchen Dingen, sickerte es durch, und ganz Forty Mile, das bis jetzt über Joy Molineaus Wahl zwischen ihren beiden derzeitigen Verehrern spekuliert hatte, begann nun gewagte Wetten abzuschließen, wer das bevorstehende Rennen gewinnen werde. Das Lager teilte sich in zwei Parteien, und es wurde jede erdenkliche Anstrengung unternommen, damit der jeweilige Favorit als Erster ins Ziel kommen würde. Es gab ein Gerangel um die besten Hunde, die im Land zu finden waren, denn Hunde, und zwar gute Hunde, waren letztlich ausschlaggebend für den Erfolg. Und der bedeutete sehr viel für den Gewinner. Denn neben der Eroberung einer einzigartigen Frau, brachte er auch noch eine Goldmine, die mindestens eine Million wert war.

In jenem Herbst, als sich die Neuigkeiten über McCormacks Entdeckungen am Bonanza Creek verbreiteten, war das ganze Unterland, einschließlich Circle City und Forty Mile, den Yukon hinaufgeeilt – letztlich alle außer jenen, die wie Jack Harrington und Louis Savoy im fernen Westen auf Goldsuche waren. Es waren dabei wahl- und zahllos auf Elchweiden und an Bächen Claims abgesteckt worden und zufällig auch an einem der unscheinbarsten Bäche, dem Eldorado. Olaf Nelson steckte an ihm einen Claim von fünfhundert Fuß Länge ab, brachte umgehend einen Besitzanspruch darauf an und verschwand dann ebenso umgehend.

Zu dieser Zeit war das nächstgelegene Registrierbüro im Polizeiposten von Fort Cudathy, jenseits des Flusses bei Forty Mile; aber als es sich herumsprach, dass der Eldorado Creek eine Schatzkammer war, wurde auch rasch entdeckt, dass Olaf Nelson es versäumt hatte, den Weg zum Yukon herunter zu machen, um seinen Besitz registrieren zu lassen. Viele blickten nun mit gierigen Augen auf den besitzerlosen Claim, von dem sie wussten, dass in ihm abertausende

Dollars auf Schaufel und Waschvorrichtung warteten. Bis jetzt hatten sie es nicht gewagt, ihn anzurühren, denn es gab ein Gesetz, das eine Frist von sechzig Tagen zwischen dem Markieren und dem Registrieren einräumte; während dieser Zeit war ein Claim unantastbar. Aber das ganze Land wusste von Olaf Nelsons Verschwinden, und eine Menge junger Leute begann sich auf die Besetzung des Claims und das darauf folgende Rennen nach Fort Cudathy vorzubereiten.

In Forty Mile gab es allerdings nicht viel Konkurrenz. Da das ganze Lager seine Kräfte dafür einsetzte, entweder Jack Harrington oder Louis Savoy auszurüsten, war kein Mann so unklug, sich auf eigene Faust an dem Wettbewerb zu beteiligen. Es war eine Strecke von hundert Meilen zum Registrierbüro, und es war geplant, dass die zwei Favoriten entlang der Strecke vier Wechselstationen für die Hunde haben sollten. Natürlich würde dabei der letzte Wechsel der entscheidende sein, und die jeweiligen Unterstützer bemühten sich, für diese fünfundzwanzig Meilen die stärksten Hunde überhaupt zu beschaffen. Der Kampf darum wurde so erbittert geführt, und die Parteien boten so hoch, dass höhere Preise erzielt wurden als jemals zuvor in der Geschichte des Landes. Und dieses Gerangel um Hunde lenkte die öffentliche Aufmerksamkeit noch viel mehr auf Joy Molineau. Denn sie war nicht nur die Verursacherin des Ganzen, sondern sie besaß auch den feinsten Schlittenhund zwischen dem Chilcoot und dem Beringmeer. Als Leithund war Wolfszahn unvergleichlich. Der Mann, dessen Schlitten auf dem letzten Streckenabschnitt von ihm geführt würde, war der Sieger. Daran konnte es keinen Zweifel geben. Aber die Gemeinde von Forty Mile hatte ein verinnerlichtes Gespür für Korrektheit, und Joy wurde diesbezüglich nicht ein einziges Mal bedrängt. Und die Parteien trösteten sich mit dem Sachverhalt, dass wenn der eine Mann keinen Vorteil daraus zog, auch der andere das nicht tun würde.

Da aber Männer, einzeln oder in ihrer Gesamtheit, so gestrickt sind, dass sie in seliger Unwissenheit über die tieferen Raffinessen der Weiblichkeit durchs Leben gehen, vermochten die Männer von Forty Mile die verborgenen Teufelskünste von Joy Molineau nicht zu erahnen. Sie mussten dann nachträglich eingestehen, dass sie nicht fähig genug waren, diese dunkeläugige Tochter des Nordlichts einzuschätzen, deren Augen als erstes die funkelnden Nordlichter erblickt hatten, da ihr Vater im Land bereits mit Pelzen gehandelt hatte, bevor sie überhaupt davon zu träumen begannen, es heimzusuchen. Nein, die Umstände ihrer Geburt hatten sie weder weniger zur Frau werden lassen noch hatten diese ihre weibliche Fähigkeit eingeschränkt, die Männer zu durchschauen. Die Männer wussten, dass sie mit ihnen spielte, aber sie erkannten nicht die Schläue ihres Spiels, seine Durchdachtheit und Geschicklichkeit. Sie sahen nicht mehr als die offengelegte Karte, sodass sich Forty Mile bis zum letzten Mann in einem Zustand angenehmer Ahnungslosigkeit befand und das Spiel nicht eher zu durchschauen vermochte, bevor Joy ihre entscheidende Trumpfkarte ausspielte.

Das Lager bereitete sich früh in der Woche vor, Jack Harrington und Louis Savoy auf ihren Weg zu bringen. Sie hatten einen durchdachten Zeitplan gewählt, denn es war ihr Wunsch, bei Olaf Nelsons Claim bereits ein paar Tage vor dem Ablauf der Schutzfrist anzukommen, damit sie sich ausruhen konnten und auch ihre Hunde für den ersten Streckenabschnitt frisch waren. Auf dem Weg fanden sie jedoch auch die Männer von Dawson schon dabei, ihre Hundegespanne entlang der Strecke zu stationieren, und es wurde deutlich, dass keine Kosten gescheut worden waren angesichts der Millionen, die in Aussicht standen.

Eine paar Tage nach der Ankunft ihrer Favoriten begann Forty Mile seine Wechselgespanne einzuteilen – zunächst für die Fünfundsiebzigmeilen-Station, dann für die Fünfziger und zuletzt für die Fünfundzwanziger. Die Gespanne für die letzte Strecke waren hervorragend und so ebenbürtig besetzt, dass das Lager ihre jeweiligen Fähigkeiten eine ganze Stunde bei fünfzig Grad unter Null diskutierte, bevor ihnen gestattet wurde, sich aufzustellen. Aber im letzten Moment sauste Joy Molineau auf ihrem Schlitten dazwischen. Sie zog Lon McFane, der für Harringtons Gespann verantwortlich war, auf die Seite, und die ersten Worte hatten noch kaum ihre Lippen verlassen, als beobachtet wurde, dass dessen Unterkiefer herunterklappte – mit einer Geschwindigkeit und einem Ausdruck, die bedeutende Dinge ankündigten. Er schirrte Wolfszahn von ihrem Schlitten los, spannte ihn an die Spitze von Harringtons Team, und trieb die angeleinten Tiere dann zum Yukon-Trail.

»Armer Louis Savoy!«, sagten die Männer, aber Joy Molineau ließ ihre schwarzen Augen herausfordernd aufblitzen und fuhr dann zurück zur Hütte ihres Vaters.

Auf Olaf Nelsons Claim rückte Mitternacht heran. Ein paar hundert pelzbekleidete Männer hatten sechzig Grad unter Null und das Rennen der Verlockung warmer Hütten und komfortabler Betten vorgezogen. Einige Dutzend von ihnen hielten ihre Markierungspfosten und ihre Hundegespanne bereit. Eine Abteilung von Captain Constantines Royal Mounted Police war im Einsatz, damit alle Regeln eingehalten wurden. Es war der Befehl erlassen worden, dass kein Mann einen Pflock einschlagen dürfe, bevor die letzte

Sekunde des Tages zur Vergangenheit wurde. Im Nordland sind solche Befehle ebenso gebieterisch wie die Gesetze Jehovas und die Kugel ebenso schnell und wirkungsvoll wie der Blitz.

Es war klar und kalt. Die Nordlichter malten eine wogende Farbenpracht an den Himmel. Rosarote Wogen von kaltem Glanz fluteten über den Zenit, während leuchtende Streifen von grünlichem Weiß die Sterne verdeckten oder eine Titanenhand mächtige Lichtbogen über dem Pol errichtete. Und vor dieser überwältigenden Kulisse heulten die Wolfshunde gen Himmel, wie es in alter Zeit bereits ihre Vorfahren getan hatten.

Ein mit Bärenpelz bekleideter Polizist ging Aufmerksamkeit erregend nach vorne mit einer Uhr in der Hand. Die Männer eilten daraufhin zwischen die Hunde, jagten sie auf, ordneten die Zugleinen und machten sie startklar. Dann kamen die Bewerber zum Start, die Markierungspfosten und die Zettel mit ihren Besitzansprüchen fest umklammert. Sie hatten die Grenzen des Claims bereits so oft abgeschritten, dass sie es nun mit verbundenen Augen hätten tun können. Der Polizist hob seine Hand. Ihre überflüssigen Pelze und Decken wegschleudernd und ihre Gürtel noch einmal fester ziehend, stellten sich alle auf.

»Fertig!«

Sechzig Paar Hände wurden entblößt; ebenso viele Paare von Mokassins krallten sich entschlossen in den Schnee.

»Los!«

Sie rannten über die weite Fläche des Claims, umrundeten die vier Seiten, wobei sie an jeder Ecke ihre Ansprüche absteckten, dann zur Mitte, wo die beiden zentralen Markierungspflöcke einzuschlagen waren. Danach rannten sie zu den Schlitten auf dem gefrorenen Bachbett. Ein Chaos aus Lärm und Hektik brach aus. Schlitten kollidierten mit anderen Schlitten, und Hundegespanne gingen auf andere Hundegespanne mit gesträubten Nackenhaaren und gellenden Fängen los. Das schmale Bachbett war verstopft von der kämpfenden Meute. Riemen und Griffe der Hundepeitschen wurden wahllos gegen Mensch und Tier eingesetzt. Und um alles noch chaotischer zu machen, besaß jeder Teilnehmer eine Schar von Kameraden, die alles taten, um ihn aus dem Schlamassel herauszuzerren. Aber schließlich befreite sich durch rohe Kraft ein Schlittengespann nach dem anderen und schoss aus dem Blickfeld in die Dunkelheit zwischen den tief eingegrabenen Ufern des Bachbetts hinab.

Jack Harrington hatte dieses Gerangel vorausgesehen und deshalb bei seinem Schlitten abgewartet, bis es sich auflöste. Louis Savoy, welchem die größere Erfahrung seines Rivalen hinsichtlich Hunderennen bewusst war, war dessen Beispiel gefolgt und hatte ebenfalls gewartet. Der Aufruhr war bereits außer Hörweite, als sie sich auf den Weg machten; aber sie waren noch nicht die zehn Meilen zum Bonanza Creek gefahren, als sie die anderen bereits einholten, alle dicht beisammen und in einer langen Reihe hintereinander her rasend. Es gab nun weniger Lärm und kaum eine Chance, einen anderen Schlitten auf dieser Strecke zu überholen. Die Schlitten maßen von Kufe zu Kufe sechzehn Inches, die Schlittenspur achtzehn; und sie war vom Verkehr einen vollen Fuß tief eingepresst und dadurch wie eine Eisrinne. Auf beiden Seiten davon erstreckte sich eine Fläche weichen, tiefen Schnees. Wenn ein Mann versuchen würde, da hinauszufahren, um zu überholen, würden seine Hunde bis zum Hals im Schnee versinken und auf Schneckentempo herabgebremst werden. Und so lagen die Männer flach auf ihren rasenden Schlitten und warteten ab. Es kam zu keinerlei

Positionswechseln auf den fünfzehn Meilen den Bonanza und den Klondike hinab nach Dawson, wo der Yukon erreicht wurde. Hier warteten die ersten Wechselgespanne. Harrington und Savoy hatten ihre frischen Gespanne aber ein paar Meilen weiter platziert als die anderen und waren fest entschlossen, ihr Startgespann zu Tode zu hetzen, falls es notwendig sein sollte. Im Durcheinander der Gespannwechsel überholten sie gut die Hälfte der Konkurrenten. Vor ihnen waren vielleicht noch dreißig Mann, als sie auf die breite Fläche des Yukon hinausschossen. Hier lag der entscheidende Abschnitt. Als der Fluss im Herbst zufror, war eine Meile Wasser zwischen zwei mächtigen Eisstauungen offen geblieben. Obwohl die Strömung stark war, war diese kürzlich aber doch zugefroren, und nun war sie so eben, hart und glatt wie ein Tanzboden. Als sie dieses blanke Eis erreichten, erhob sich Harrington sofort auf die Knie, hielt sich tollkühn mit nur einer Hand fest, ließ mit der anderen seine Peitsche grimmig zwischen die Hunde zischen und furchterregende Flüche auf ihre Ohren hinunterhageln.

Die Gespanne holten weit aus auf der ebenen Fläche, sich bis zum Äußersten anstrengend. Aber nur wenige Männer im Norden konnten ihre Hunde so anfeuern wie Jack Harrington. Sofort begann er vorbeizuziehen, und Louis Savoy hängte sich, verzweifelt die Geschwindigkeit haltend, an ihn; sein Leithund lief dicht am Schlittenende seines Rivalen.

In der Mitte der spiegelglatten Strecke schossen ihre Wechselgespanne vom Ufer heran. Aber Harrington bremste nicht ab. Auf den richtigen Moment lauernd sprang er hinüber, sobald der neue Schlitten nah genug herangeschwungen war, und feuerte im selben Augenblick bereits die frischen Hunde zu größerer Geschwindigkeit an. Der andere Fahrer ließ sich irgendwie fallen. Savoy folgte bei seinem Wechsel diesem

Beispiel, und die zurückgelassenen Gespanne schwenkten nach links und rechts, wo sie mit nachfolgenden kollidierten und auf dem Eis ein Chaos verursachten.

Harrington bestimmte das Tempo, Savoy passte sich an. Als sie sich dem Ende des blanken Eises näherten, holten sie den führenden Schlitten ein. Und als sie in die enge Schlittenspur zwischen den weichen Schneebänken hineinjagten, führten sie das Rennen an, und ganz Dawson, das sie im flammenden Nordlicht beobachtete, schwor, dass sie das blitzsauber gemacht hätten.

Wenn der Frost auf kernige sechzig Grad unter Null fällt, können Menschen nicht lange ohne Feuer oder kräftige körperliche Bewegung überleben. Deshalb wechselten Harrington und Savoy nun in die alte Technik des ›Fahren und Laufen‹. Mit der Zugleine in der Hand sprangen sie von ihren Schlitten und rannten hinter diesen her, damit das Blut wieder seinen gewohnten Weg ging und den Frost vertrieb; dann stiegen sie wieder auf den Schlitten, bis die Wärme erneut versiegte. Solchermaßen rennend und fahrend erreichten sie die zweite und dritte Wechselstation. Auf günstigem Eis ließ Savoy seine Hunde einige Mal spurten, aber ebenso oft gelang es ihm nicht, vorbeizukommen. Hinter ihnen kamen in einer fünf Meilen langen Reihe die restlichen Verfolger, vergeblich bemüht sie einzuholen, denn allein Louis Savoy war der Ruhm vergönnt, mit Jack Harringtons mörderischem Tempo mithalten zu können.

Als sie in die Fünfundsiebzigmeilen-Station einbogen, sauste Lon McFane neben sie; Harrington erkannte Wolfszahn an der Spitze seines Gespanns, und er wusste, dass der Sieg ihm gehörte. Kein Gespann des gesamten Nordens würde ihn auf den letzten fünfundzwanzig Meilen überholen können. Und Savoy wusste, sobald er Wolfszahn das

Gespann seines Rivalen anführen sah, dass er aus dem Rennen war, und er fluchte leise in sich hinein in der Art, in der Männer über Frauen fluchen. Aber er hängte sich weiterhin an die stäubende Spur des anderen, um seine Chance bis zum Letzten zu suchen. Und als sie so dahinrasten, während im Südosten der Tag anbrach, wunderten sich die beiden mit Freude oder Kummer über das, was Joy Molineau getan hatte.

Forty Mile war früh aus seinen Schlaffellen gekrochen und hatte sich am Rand der Strecke versammelt. Von diesem Ort aus konnten sie den Kurs etliche Meilen den Fluss hinauf überblicken bis zur ersten Biegung. Von hier konnte man auch über den Fluss zum Ziel in Fort Cudathy schauen, wo der Goldinspektor angespannt wartete. Joy Molineau hatte sich etliche Längen entfernt von der Schlittenbahn postiert, und angesichts der Umstände vermied der Rest von Forty Mile sich dazwischenzustellen. Und so war der Raum zwischen ihr und der schmalen Bahn frei. Man hatte Feuer angezündet, und an diesen wetteten Männer um Gold und Hunde, wobei Wolfszahn die höchsten Quoten erreichte.

»Da kommen sie!«, schrie ein auf einer Kiefer sitzender Indianerjunge schrill.

Am Yukon oben tauchte ein schwarzer Fleck im Schnee auf, dicht gefolgt von einem zweiten. Als diese anwuchsen, wurden noch mehr schwarze Flecken sichtbar, aber in gehöriger Distanz zu den beiden vorderen. Allmählich verwandelten sich die Flecken in Hunde und Schlitten und Männer, die flach auf ihnen lagen.

»Wolfszahn führt«, flüsterte ein Polizeileutnant Joy zu.

Sie lächelte interessiert zurück.

»Zehn zu eins auf Harrington«, schrie ein Birch Creek-König und zog seinen Goldbeutel heraus.

»Die Queen bezahlen Ihnen nicht viel?«, fragte Joy.

Der Leutnant schüttelte den Kopf.

»Sie 'aben etwas Gold, ah, wie viel?«, fuhr sie fort.

Er zog seinen Beutel heraus. Sie schätzte ihn mit schnellem Blick. »Kann sein – sagen wir – zwei'undert, ja? Gut. Nun ich geben, – was ihr nennt – das Tipp. Wetten Sie dagegen.«

Joy lächelte unergründlich. Der Leutnant zögerte. Er blickte die Bahn hinauf. Die zwei Männer, Harrington in Führung, hatten sich auf ihre Knie erhoben und peitschten die Hunde wild nach vorne.

»Zehn zu eins auf Harrington«, grölte der Birch Creek-König seinen Goldbeutel vor dem Gesicht des Leutnants herumschwenkend.

»Wetten Sie dagegen«, ermunterte ihn Joy.

Er gehorchte und zuckte mit den Achseln, um zu zeigen, dass er nicht der Vernunft folgte, sondern ihrem Charme. Joy nickte ihm beruhigend zu.

Der Lärm verstummte. Die Männer unterbrachen ihre Wetten.

Schlitternd und schleudernd und bockend wie ein Küstensegler vor dem Wind rasten die Schlitten wild auf sie zu. Louis Savoys Gesicht zeigte keine Hoffnung, obwohl sein Leithund weiterhin am Ende von Harringtons Schlitten lief. Harringtons Gesicht zeigte Entschlossenheit. Er blickte weder nach rechts noch nach links. Seine Hunde liefen in perfektem Rhythmus, trittsicher, tief in der Spur, und Wolfszahn führte sein Gespann vorbildlich mit gesenktem Kopf und leise heulend.

Forty Mile hielt den Atem an. Kein Ton war zu hören, außer dem Rattern der Kufen und dem Knallen der Peitschen.

Dann schallte die helle Stimme von Joy Molineau durch die Luft: »Ai! Ya! Wolfszahn! Wolfszahn!«

Wolfszahn hörte. Er bog scharf aus der Spur und lief auf seine Herrin zu. Das Gespann folgte ihm, wobei der Schlitten einen Moment auf einer Kufe balancierte, bevor Harrington in den Schnee stürzte. Savoy war wie der Blitz an ihm vorbei. Harrington kämpfte sich auf die Füße und beobachtete, wie Savoy rasch über den Fluss zur Goldregistratur glitt. Dabei musste er mit anhören, was gesagt wurde:

»Ah, er machen es sähr gut«, meinte Joy Molineau zu dem Leutnant. »Er machen – was ihr nennt – das Geschwindigkeit. Ja, er machen das Geschwindigkeit sähr gut.«

Goldblüte

Lon McFane war ein wenig schlecht gelaunt, da er seinen Tabaksbeutel verloren hatte, sonst hätte er mir sicher etwas über die Hütte am Surprise Lake erzählt, bevor wir sie erreichten. Den ganzen Tag hatten wir uns regelmäßig dabei abgewechselt, nach vorne zu gehen und den Trail für die Schlittenhunde zu spuren. Es war schwere Arbeit mit den Schneeschuhen und nicht dazu angetan, einen Mann gesprächig zu machen; aber Lon McFane hätte Gelegenheit genug gehabt, mir Bescheid zu sagen, als wir am Mittag eine Pause machten, um Kaffee zu kochen. Aber er tat es nicht.

Der Surprise Lake war samt Hütte also eine Überraschung für mich. Ich hatte noch nie zuvor davon gehört. Ehrlich gesagt, war ich ein wenig müde. Ich hatte bereits seit einer Stunde darauf gewartet, dass Lon anhalten würde, um das Lager aufzubauen, aber ich war zu stolz, um ihm das vorzuschlagen oder ihn nach seinem Plan zu fragen. Dabei war er mein Dienstmann, den ich für einen stattlichen Lohn angestellt hatte, damit er meine Schlittenhunde führte und meine Anweisungen befolgte. Ich glaube, ich war selbst etwas schlecht gelaunt. Er sagte nichts, und ich war entschlossen, nichts zu fragen, selbst wenn wir die ganze Nacht hindurch weiterreisen würden.

Aber plötzlich kamen wir zu dieser Hütte. Seit einer Woche hatten wir keine mehr angetroffen, und ich hatte erwartet, dass wir aller Wahrscheinlichkeit nach auch in der nächsten Woche keine finden würden. Und nun stand sie da, direkt vor meinen Augen; eine Hütte mit einem schwach erleuchteten Fenster und aus dem Kamin aufsteigendem Rauch.

Goldblüte

»Warum hast du mir nicht gesagt –«, begann ich, aber Lon unterbrach mich sofort und brummelte: »Der Surprise Lake liegt eine halbe Meile weiter einen kleinen Bach hinauf. Es ist bloß ein Teich.«

»Gut, aber die Hütte hier – wer wohnt darin?«

»Eine Frau«, war seine Antwort, und im nächsten Augenblick hatte er schon an der Tür geklopft, worauf ihn eine Frauenstimme aufforderte einzutreten.

»Hast du in letzter Zeit Dave gesehen?«, fragte sie.

»Nein«, antwortete Lon leichthin. »Ich war in der anderen Richtung unterwegs, in Circle City drunten. Dave ist in Dawson oben, oder nicht?«

Die Frau nickte, und Lon ging die Hunde ausschirren, während ich den Schlitten ablud und die Lagerausrüstung in die Hütte trug. Diese bestand aus einem einzigen großen Raum, und die Frau wohnte offensichtlich allein darin. Sie deutete auf den Ofen, wo bereits Wasser kochte, und Lon begann das Abendessen vorzubereiten, während ich die Hunde aus dem Fischsack fütterte. Ich wartete darauf, dass Lon uns vorstellen würde, und war verärgert, als er das nicht tat, denn offensichtlich waren die beiden alte Bekannte.

»Du bist Lon McFane, nicht wahr?«, hörte ich sie ihn fragen. »Ich erinnere mich an dich. Ich sah dich zuletzt auf einem Dampfschiff, oder nicht? Ich weiß noch –« Ihre Stimme schien plötzlich unter angstvollen Erinnerungen einzufrieren, die in ihrem Innern aufgetaucht sein mussten, wie ich aus dem Entsetzen erkannte, das in ihren Augen aufstieg.

Zu meinem Erstaunen war Lon betroffen von ihren Worten und ihrem Verhalten. Sein Gesicht zeigte Ratlosigkeit, doch seine Stimme klang sehr herzlich und fürsorglich, als er sagte: »Das letzte Mal trafen wir uns in Dawson, beim Jubiläum oder Geburtstag der Queen oder etwas Ähnlichem

-- Erinnerst du dich daran? Es gab Kanurennen auf dem Fluss und Hindernisrennen in der Main Street.«

Das Entsetzen verschwand aus ihren Augen, und ihr ganzer Körper entspannte sich. »Oh ja, ich erinnere mich«, sagte sie. »Und du hast eines der Kanurennen gewonnen.«

»Wie geht es denn Dave in letzter Zeit? Ich vermute, er ist weiterhin sehr erfolgreich beim Goldschürfen?«, fragte Lon scheinbar beiläufig.

Sie lächelte und nickte, und als sie bemerkte, dass ich meinen Schlafsack auspackte, deutete sie auf das Ende der Hütte, wo ich ihn ausbreiten sollte. Ihre Schlafstatt war, wie ich sah, am anderen Ende.

»Ich dachte schon, Dave kommt, als ich eure Hunde hörte«, sagte sie. Dann sagte sie nichts mehr und begnügte sich damit, Lon beim Kochen zuzuschauen, und lauschte dabei, ob Hundegeräusche vom Trail her kamen. Ich legte mich auf meine Decken und rauchte und beobachtete sie. Es gab hier ein Geheimnis, das war mir klar, aber ich konnte nicht ergründen, was es war. Warum zum Teufel hatte Lon mich nicht darauf vorbereitet, bevor wir hierher kamen? Ich betrachtete ihr Gesicht, ohne dass sie es bemerkte, und je länger ich schaute, desto schwieriger wurde es, meinen Blick abzuwenden. Es war ein wundervolles Gesicht von überirdischer Schönheit, möchte ich sagen, mit einem Leuchten oder einem Ausdruck darin, wie ich es bislang nirgendwo auf Erden gesehen hatte. Die Angst und das Entsetzen waren vollständig daraus verschwunden, und es war nun ein friedvolles schönes Gesicht – sofern man mit »friedvoll« jenes nicht begreifbare und geheimnisumwobene Etwas charakterisieren kann, von dem ich nicht zu sagen vermag, ob es ein Strahlen oder ein Leuchten war; alles was ich sagen kann, ist, dass es beeindruckend war.

Goldblüte

Plötzlich, als sei es das erste Mal, bemerkte sie meine Anwesenheit. »Haben Sie Dave kürzlich gesehen?«, fragte sie mich.

Es lag mir auf der Zunge, »Welcher Dave?« zu fragen, als Lon in dem Rauch hustete, der von dem brutzelnden Speck aufstieg. Es konnte sein, dass das Husten vom Speck verursacht wurde, ich nahm es aber als einen Wink, sodass ich mir die Frage verkniff und antwortete: »Nein, habe ich nicht. Ich bin neu in diesem Teil des Landes –«

»Aber Sie wollen doch nicht sagen, dass Sie noch nie von Dave gehört haben – von Big Dave Walsh?«, unterbrach sie mich.

»Sehen Sie«, entschuldigte ich mich, »ich bin neu im Land. Ich habe meine meiste Zeit drunten bei Nome verbracht.«

»Erzähl ihm über Dave«, sagte sie zu Lon.

Lon schien nicht in der Stimmung dazu, aber dann begann er in der herzlichen und fürsorglichen Art, die ich zuvor schon an ihm bemerkt hatte. Er schien mir jedoch eine Spur zu herzlich und fürsorglich zu sein, was mich irritierte.

»Oh, Dave ist ein feiner Kerl«, sagte er. »Er ist ein Mann von Kopf bis Fuß und ragt sechs Fuß vier Zoll aus seinen Socken. Sein Wort ist Gold wert. Wer sagt, dass Dave jemals gelogen hat, ist ein Lügner und wird es mit mir zu tun bekommen – sofern da noch etwas von ihm übrig sein sollte, wenn Dave mit ihm fertig ist. Denn Dave ist ein Kämpfer. Oh ja, er ist eine Kämpfernatur seit jeher. Er erledigte einen Grizzly mit einem 38er-Spielzeuggewehr. Hat dabei ein paar Krallen abgekriegt, aber das hat er hingenommen. Er ging mit dem Entschluss in die Bärenhöhle, diesen Grizzly zu erledigen. Er fürchtet sich vor nichts. Er ist freigiebig mit seinem Geld, oder mit seinem letzten Hemd und Streichholz, wenn er kein Geld hat. Er legte den Surprise Lake hier in drei Wochen trocken und holte Neunzigtausend in Gold heraus, stimmt's?«

Sie strahlte und nickte voller Stolz. Während seiner Rede hatte sie jedes Wort mit begierigem Interesse verfolgt.

»Und ich muss sagen«, fuhr Lon fort, »ich bin sehr enttäuscht, dass ich Dave heute Nacht nicht hier treffe.«

Dann servierte er das Abendessen an dem Tisch aus gehobeltem Fichtenholz, und wir begannen zu essen.

Ein Heulen der Hunde ließ die Frau zur Tür gehen. Sie öffnete sie einen Spalt und lauschte.

»Wo ist Dave Walsh?«, fragte ich mit gedämpfter Stimme.

»Tot«, antwortete Lon im gleichen vorsichtig gedämpften Ton. »Wahrscheinlich in der Hölle. Was weiß ich. Sei ruhig.«

»Aber du hast doch eben gesagt, du hättest erwartet, ihn heute Nacht hier zu treffen«, hakte ich nach.

»Oh, sei doch endlich ruhig«, erwiderte er.

Die Frau hatte die Tür wieder geschlossen und kam zurück, und ich saß da und grübelte darüber nach, dass dieser Mann, der mir sagte, ich solle schweigen, von mir ein Gehalt von zweihundertfünfzig Dollar monatlich und seine Verpflegung erhielt.

Lon spülte das Geschirr, während ich rauchte und die Frau beobachtete. Sie schien schöner denn je – freilich fremdartig und unwirklich schön.

Nachdem ich sie fünf Minuten unablässig betrachtet hatte, war ich genötigt, in die reale Welt zurückzukehren und zu Lon McFane zu blicken, um begreifen zu können, dass die Frau ebenfalls real war. Zunächst hatte ich sie für die Frau von Dave Walsh gehalten; aber wenn Dave Walsh tot war, wie Lon sagte, konnte sie nur seine Witwe sein.

Wir gingen früh schlafen, denn wir hatten morgen einen langen Tag vor uns, und als Lon neben mir unter seine

Decken kroch, wagte ich die Frage: »Die Frau ist verrückt, oder nicht?«

»Verrückt wie ein Tauchhuhn«, antwortete er.

Aber noch bevor ich meine nächste Frage formulieren konnte, war Lone McFane tatsächlich bereits eingeschlafen. Er schlief immer so ein – kroch unter die Decken, schloss die Augen und war weg mit tiefen Atemzügen. Lon schnarchte nie.

Am nächsten Morgen gab es ein schnelles Frühstück, dann die Hunde füttern, die Schlitten beladen und hinaus auf den Trail.

Wir verabschiedeten uns beim Wegfahren, und die Frau stand in der Tür und sah uns nach. Ich nahm das Bild ihrer überirdischen Schönheit mit mir, direkt unter meinen Augenlidern, ich musste diese nur schließen und konnte sie jederzeit wieder sehen.

Der Weg war nicht gespurt; Surprise Lake war zu weit entfernt von den befahrenen Trails, und Lon und ich wechselten uns ab beim Spuren des federleichten Schnees mit unseren großen geflochtenen Schneeschuhen, damit die Hunde vorwärtskamen.

»Aber du sagtest doch, dass du erwartet hättest, Dave Walsh in der Hütte zu treffen«, lag mir die ganze Zeit auf der Zunge. Aber ich fragte es nicht. Ich wollte warten, bis wir Rast machten um die Mittagszeit. Aber als die Mittagszeit kam, fuhren wir weiter, da, wie Lon erklärte, bald ein Lager von Elchjägern an der Gabelung des Teelee River kommen werde und wir dieses vor Dunkelheit erreichen könnten. Aber wir erreichten es nicht vor Dunkelheit, da Bright, unser Leithund, sich das Schulterblatt brach und wir uns eine volle Stunde mit ihm abgaben, bevor wir ihn dann doch erschießen mussten.

Wenig später, als wir bei einer Holzstauung den gefrorenen Teelee überquerten, brach am Schlitten eine Kufe, und es blieb uns nichts anderes übrig, als das Lager aufzuschlagen und die Kufe zu reparieren. Ich kochte das Abendessen und fütterte die Hunde, während Lon sich um die Reparatur kümmerte, und gemeinsam holten wir Wasser und Feuerholz für die Nacht. Danach saßen wir auf unseren Decken mit unseren auf Stöcke gesteckten dampfenden Mokassins vor dem Feuer und rauchten unsere abendliche Pfeife.

»Du hast sie nicht gekannt?«, fragte Lon plötzlich.

Ich schüttelte den Kopf.

»Du hast sicher die Farbe ihres Haars und ihrer Augen und ihres Gesichts bemerkt? Nun, die war der Grund, weshalb sie ihren Namen bekam – sie war wie das erste warme Aufblühen eines goldenen Sonnenaufgangs. ›Goldblüte‹ wurde sie deshalb genannt. Hast du jemals von ihr gehört?«

Irgendwie meinte ich mich dunkel erinnern zu können, diesen Namen schon einmal gehört zu haben, aber er sagte mir nichts. »Goldblüte«, wiederholte ich. »Klingt wie der Name eines Tanzhallenmädchens.«

Lon schüttelte den Kopf. »Nein, sie war eine anständige Frau, obwohl sie letztendlich doch auch heftig sündigte.«

»Warum sprichst du von ihr in der Vergangenheitsform, als ob sie bereits tot wäre?«

»Wegen der Dunkelheit in ihrer Seele, welche die gleiche ist, wie die Dunkelheit des Todes. Die Goldblüte, die ich kannte, die Dawson kannte und die Forty Mile zuvor kannte, ist tot. Dieses arme verwirrte Wesen, das wir gestern Nacht sahen, war nicht Goldblüte.«

»Und Dave?«, fragte ich.

»Er hat diese Hütte gebaut«, antwortete Lon. »Er baute sie für sie und für sich. Er ist tot. Und sie wartet dort auf ihn. Sie glaubt wahrscheinlich noch immer, dass er nicht tot ist. Und wer kennt schon die Hirngespinste eines verwirrten Kopfes?

Goldblüte

Kann sein, dass sie unerschütterlich daran glaubt, er sei nicht tot. Jedenfalls wartet sie auf ihn in dieser Hütte, die er baute. Wer könnte die Toten wieder lebendig machen? Und wer wollte dann die Lebenden wieder aufwecken, die tot sind? Ich nicht, und das ist der Grund, weshalb ich letzte Nacht so tat, als ob ich erwarten würde, Dave Walsh zu treffen. Ich versichere dir, dass ich überraschter gewesen wäre als sie, wenn ich ihn letzte Nacht tatsächlich dort getroffen hätte.«

»Das verstehe ich alles nicht«, sagte ich. »Erzähl von Anfang an, wie es sich unter weißen Männern gehört, und erzähl mir die ganze Geschichte.«

Und Lon begann: »Victor Chauvet war ein alter Franzose – geboren im Süden von Frankreich. Er kam nach Kalifornien in den Tagen des Goldrauschs. Er war ein Pionier. Aber er fand kein Gold, sondern wurde stattdessen ein Hersteller von auf Flaschen gezogenem Sonnenschein – kurz, ein Traubenanbauer und Weinmacher. Aber er folgte weiterhin auch den Lockungen des Goldes. Dies brachte ihn schon früh nach Alaska, dann über den Chilcoot Pass und den Yukon hinunter, lange bevor Carmack seinen Goldfund am Klondike machte. Die alte Ansiedlung Ten Mile gehörte Chauvet. Er war es, der die erste Post nach Arctic City brachte. Er steckte ein Dutzend Jahre davor bereits die Kohleminen am Porcupine ab. Er rüstete auch Loftus aus, der ins Nippennuck Country ging. Allerdings war es so, dass Victor Chauvet ein guter Katholik war und zwei Dinge in der Welt liebte: Wein und Frauen. Wein liebte er jeden, Frauen aber nur eine, und sie war die Mutter von Marie Chauvet.«

An dieser Stelle seufzte ich laut, indem ich mich nicht länger beherrschen konnte bei dem Gedanken, dass ich diesem Mann zweihundertfünfzig Dollar pro Monat bezahlte.

»Was ist denn los?«, wollte er wissen.

»Was los ist?«, beschwerte ich mich. »Ich dachte, du würdest mir die Geschichte von Goldblüte erzählen. Ich hab' kein Interesse an der Biografie eines alten französischen Suffkopfs.«

Lon zündete sich ruhig eine Pfeife an, nahm einen kräftigen Zug, legte die Pfeife dann beiseite und sagte: »Du hast mich doch gebeten, von Anfang an zu erzählen.«

»Ja«, sagte ich, »von Anfang an.«

»Aber die Geschichte von Goldblüte beginnt mit dem alten französischen Suffkopf, denn er war der Vater von Marie Chauvet, und Marie Chauvet ist Goldblüte. Was willst du außerdem wissen? Victor Chauvet hatte nie viel nennenswertes Glück. Er richtete sich das Leben so ein, dass er einigermaßen auskam und gut für Marie sorgen konnte, die ihrer Mutter glich, jener Frau, die er geliebt hatte. Er passte sehr gut auf sie auf. Den Kosenamen ›Goldblüte‹ gab er ihr. Der Goldblüten-Bach wurde nach ihr benannt und die Stadt Goldblüte ebenfalls. Der alte Mann war eifrig im Erschließen von Bauland für Ansiedlungen, nur hatte er damit nie Erfolg.«

Mit einem seiner blitzartigen Gedankensprünge sagte Lon dann: »Nun mal ehrlich, du hast sie gesehen, was denkst du über sie? – Über ihr Aussehen, meine ich. Spricht sie dein Schönheitsempfinden an?«

»Sie ist außergewöhnlich schön«, erwiderte ich. »Ich habe in meinem Leben keine vergleichbare Frau gesehen. Obwohl ich gestern Nacht schon geahnt habe, dass sie verwirrt ist, konnte ich meine Augen nicht von ihr lassen. Nicht aus Neugier. Aus Bewunderung, reiner Bewunderung. Sie ist so geheimnisvoll schön.«

»Sie war noch viel geheimnisvoller schön, bevor die Umnachtung über sie kam«, sagte Lon leise. »Sie war wirklich

Goldblüte

die Blüte des Goldlandes. Sie verdrehte allen Männern den Kopf ... und das Herz. Sie erinnert sich nur noch mit Mühe daran, dass ich einst ein Kanurennen in Dawson gewonnen habe – ich, der sie einst liebte, und dem von ihr gesagt wurde, dass sie mich auch liebe. Es war ihre Schönheit, die alle Männer in sie verliebt machte. Sie hätte von Paris den Apfel bekommen, wenn sie ihn verlangt hätte, und es hätte keinen Trojanischen Krieg gegeben, und darüber hinaus hätte sie Paris an der Nase herumgeführt. Und nun lebt sie in der Dunkelheit, und sie, die immer treulos war, ist zum ersten Mal treu – treu einem Schatten, einem toten Mann, von dem sie nicht begreift, dass er tot ist.

Und das alles ist so gekommen: Du erinnerst dich, was ich letzte Nacht über Dave Walsh – Big Dave Walsh – sagte? Er war wirklich so, wie ich ihn beschrieb, das alles und noch viel mehr. Er kam in dieses Land in den späten 80er-Jahren – für dich also ein Pionier. Er war damals zwanzig Jahre alt und ein junger Bulle. Als er fünfundzwanzig war, konnte er dreizehn Fünfzigpfundsäcke mit Mehl frei vom Boden heben. Anfangs trieben ihn noch Hunger und Kälte in jedem Herbst fort von hier. Es war in jenen Tagen ein einsames Land. Kein Dampfschiff auf dem Fluss, keine Vorräte, nichts als Lachsbäuche und Kaninchenfährten. Aber nachdem der Hunger ihn drei Jahre lang hinausgetrieben hatte, sagte er, er habe nun genug von der Flucht, und im nächsten Jahr blieb er hier. Und er blieb den nächsten Winter und den übernächsten. Er verließ das Land nie mehr. Er war ein Bulle, ein mächtiger Bulle. Er konnte den stärksten Mann im Land durch harte Arbeit umbringen. Er konnte mehr schleppen als ein Chilcat-Indianer, konnte härter paddeln als ein Sticks-Indianer, und er konnte den ganzen Tag mit nassen Füßen marschieren, wenn das Thermometer auf minus 50 Grad Fahrenheit stand, und das, sage ich dir, will was heißen bezüglich seiner Lebenskraft. Dir würden die Füße bereits bei minus 25 Grad erfrieren, wenn sie nass wären und du einfach weitergehen würdest.

Dave Walsh aber hatte Kraft wie ein Bulle. Und trotzdem war er sanft und gutmütig. Jeder konnte ihn reinlegen; jeder Grünschnabel vermochte ihm den letzten Dollar aus der Tasche zu lügen. ›Das macht mir nichts aus‹, meinte er lachend über seine Blauäugigkeit. ›Das raubt mir nicht den Schlaf.‹

Aber glaub nun nicht, dass er kein Rückgrat gehabt hätte. Du erinnerst dich an den Bären, den er mit dem 38er-Spielzeuggewehr verfolgte. Wenn's zum Kampf kam, war Dave der Entschlossenste von allen. Er kannte keine Grenzen, sobald er in Aktion trat. Er war nachgiebig und freundlich gegenüber den Schwachen, aber die Starken mussten ihm Platz machen, wenn er kam. Und er war ein Mann, den die Männer schätzten, was das Feinste ist, was man über einen Mann sagen kann.

Dave nahm nicht an dem Wettlauf nach Dawson teil, als Carmack den Bonanza Creek entdeckte. Dave machte zu der Zeit seinen eigenen Fund am Mammon Creek. Holte Vierundachtzigtausend in jenem Winter heraus und baute den Claim so aus, dass er weitere Hunderttausende für den nächsten Winter versprach. Dann, als der Untergrund matschig wurde, unternahm er einen Trip den Yukon hinauf nach Dawson, um zu schauen, wie Carmacks Entdeckung aussah. Und bei dieser Gelegenheit sah er auch Goldblüte. Ich erinnere mich genau an die Nacht. Ich werde mich immer daran erinnern. Es geschah ganz rasch, und der Gedanke lässt einen schaudern, dass aus einem starken Mann die ganze Kraft schwindet durch einen Blick aus den sanften Augen eines schwachen blonden weiblichen Wesens wie Goldblüte. Es war in der Hütte ihres Vaters, des alten Victor Chauvet. Irgendein Freund hatte Dave mitgebracht, um über Siedlungen am Mammon Creek zu reden. Aber er sprach nur wenig, und was er sprach, war ziemlich wirr. Ich sage dir, der Anblick von Goldblüte hat Dave vollkommen durcheinandergebracht. Als Dave schließlich ging, beharrte der alte Victor Chauvet darauf, dass er völlig betrunken gewesen sei. Und das war auch so. Er war betrunken, aber das starke Getränk, das ihn schaffte, war Goldblüte.

Dieser erste Blick von ihr war es, der alles entschied. Er fuhr nicht nach einer Woche zurück, wie er es geplant hatte. Er blieb einen Monat, zwei Monate, den ganzen Sommer. Und wir, die wir ihr auch verfallen gewesen waren, wussten warum und fragten uns lediglich, wie es enden würde. Wir bezweifelten nicht, dass Goldblüte anscheinend ihren Meister gefunden hatte. Und warum auch nicht? Daves ganze Person umgab ein romantischer Zauber. Er war ein König des Mammon, er hatte dem Mammon Creek sein Gold entrissen; er war Urgestein, einer der ersten Pioniere im Land – die Männer drehten sich nach ihm um, wenn er vorbeiging, und sagten zueinander in respektvollem Ton: »Das ist Dave Walsh.« Das war nicht verwunderlich. Er war sechs Fuß und vier Zoll groß, er hatte blondes Haar, das ihm lockig in den Nacken fiel – ein blondmähniger Bulle, der gerade einmal einunddreißig Jahre alt war.

Und Goldblüte verliebte sich in ihn, und nachdem sie einen ganzen Sommer mit ihm getanzt hatte, gaben sie schließlich ihre Verlobung bekannt. Der Herbst kam heran, und Dave hätte eigentlich an den Mammon Creek zurückkehren müssen zur winterlichen Arbeit. Goldblüte weigerte sich aber, sofort zu heiraten. Dave schickte daraufhin Dusky Burns in seinem Auftrag an den Mammon Creek und blieb selbst weiter in Dawson. Es nützte ihm aber nichts. Sie wollte ihre Freiheit noch etwas länger genießen und erst im kommenden Jahr heiraten. Und so kam es, dass Dave Walsh, als das erste Eis kam, allein hinter seinen Hunden den Yukon hinunterfuhr mit dem Versprechen, dass die Hochzeit stattfinden werde, sobald er mit dem ersten Dampfboot im nächsten Jahr zurückkehre.

Nun war Dave Walsh so verlässlich wie der Polarstern, sie aber so unzuverlässig wie eine Magnetnadel in einer Ladung Magneteisenstein. Dave war so standhaft und solide, wie sie wankelmütig und flatterhaft war, und in gewisser Weise misstraute ihr Dave, der sonst niemandem misstraute. Es war wahrscheinlich die Eifersucht des Liebenden, vielleicht aber auch die Botschaft, die sich aus ihrer Seele in die seine drängte; aber wie dem auch war, Dave war geplagt von der Angst vor ihrer Unberechenbarkeit. Er war besorgt darüber, ob er ihr bis zum kommenden Jahr trauen konnte, aber er musste es wohl oder übel.

Manches erfuhr ich später vom alten Victor Chauvet, und nach alldem, was ich mir daraus zusammenreimen konnte, kam ich zu dem Schluss, dass es eine Szene gegeben hatte, bevor Dave mit seinen Hunden nordwärts zog. Er war mit Goldblüte an seiner Seite vor den alten Franzosen getreten und hatte erklärt, dass sie nun durch ein feierliches Versprechen miteinander verbunden seien. Er war dabei sehr dramatisch, mit flammenden Augen, meinte der alte Victor. Dave sagte etwas von »Bis dass der Tod uns scheidet«, und der alte Victor erinnerte sich auch daran, dass Dave Goldblüte dabei an der Schulter packte mit seinen großen Pranken und sie fast schüttelte, als er sagte: »Sogar über den Tod hinaus bist du mein, und ich würde noch aus dem Grab auferstehen, um meinen Anspruch auf dich geltend zu machen!« Der alte Victor erinnerte sich klar und deutlich an diese Worte: »Sogar über den Tod hinaus bist du mein, und ich würde noch aus dem Grab auferstehen, um meinen Anspruch auf dich geltend zu machen!« Und er erzählte mir später, dass Goldblüte dabei ziemlich erschrocken sei, und er deshalb Dave zur Seite genommen und ihm erklärt habe, dass das nicht der richtige Weg sei, um Goldblüte zu halten – dass er vielmehr sie erheitern und liebenswürdig sein müsse, wenn er sie behalten wolle.

Es steht für mich außer Frage, dass Goldblüte verängstigt war. Sie war zwar selbst ziemlich schonungslos in ihrem Umgang mit Männern gewesen, aber die Männer hatten sie stets für etwas Sanftes und Zartes und Vollkommenes gehalten, das man nicht verletzen dürfe. Sie wusste nicht, was Grobheit war – bis Dave Walsh, dieser große, sechs Fuß und vier Zoll messende Bulle sie mit seinen Pranken packte und ihr erklärte, dass sie ihm gehöre bis in den Tod und noch darüber hinaus.

Nun gab es in diesem Winter in Dawson einen Musiker – einen von diesen geschäftstüchtigen makkaronifressenden Itakern mit Schmalzstimme –, und Goldblüte verlor ihr Herz an ihn. Kann sein, dass es nur ein vorübergehender Reiz war – ich weiß es nicht. Zeitweise war es mir so erschienen, als ob sie Dave Walsh wirklich liebte. Vielleicht hatte er sie aber mit seiner ›Bis in den Tod und noch aus dem Grab heraus‹-Nummer so erschreckt, dass sie sich deshalb mit dem Itaker einließ. Aber das sind alles Spekulationen, bleiben wir bei den Fakten. Er war kein Itaker, er war ein russischer Graf – das war sicher, und er war kein berufsmäßiger Klavierspieler oder etwas anderes von der Sorte. Er spielte Geige und Klavier, und er sang – sang gut –, aber es war zu seinem eigenen Vergnügen und dem seiner Zuhörer.

Er besaß auch Geld, aber dazu muss ich anmerken, dass Goldblüte sich nichts aus Geld machte. Sie war launenhaft, aber nicht geldgierig.

Aber nun weiter mit der Geschichte. Sie war also mit Dave verlobt, und Dave würde mit dem ersten Dampfer heraufkommen – es war der Sommer 1898, und das erste Dampfboot wurde für Mitte Juni erwartet. Goldblüte fürchtete sich natürlich davor, Dave betrogen zu haben und ihm danach entgegenzutreten. Sie fasste deshalb einen schnellen Entschluss. Der russische Musiker, der Graf, war dabei ihr gehorsamer Sklave. Sie plante alles, ich weiß es. Ich erfuhr es später vom alten Victor. Der Graf befolgte ihre Anordnungen und nahm das erste Dampfboot flussabwärts. Es war die *Golden Rocket*. Und die nahm auch Goldblüte. Und ich ebenfalls. Es ging nach Circle City, und ich war nicht wenig überrascht, als ich Goldblüte an Bord fand. Ich hatte ihren Namen nicht auf der Passagierliste gesehen.

Sie war die ganze Zeit mit dem Grafenkerl zusammen, fröhlich und lachend, und ich entdeckte, dass der Kerl auf der Liste in Begleitung seiner Frau eingetragen war. Da stand alles, Kabine, Nummer und so weiter. Nun wusste ich, dass er verheiratet war, aber ich konnte seine Frau nicht entdecken ... es sei denn, Goldblüte war als seine Frau eingetragen. Ich fragte mich, ob sie geheiratet hatten, bevor sie an Bord gingen. Weißt du, es hatte solche Gerüchte in Dawson gegeben, und es war gewettet worden, dass der Grafenkerl Dave bereits ausgestochen habe.

Ich sprach mit dem Schiffsmeister. Aber er wusste auch nicht mehr als ich; er kannte Goldblüte überhaupt nicht, und außerdem war er zu Tode erschöpft. Du weißt ja, wie es auf einem Yukon-Dampfboot zugeht, aber du kannst dir nicht vorstellen, wie es auf der *Golden Rocket* war, als sie

Dawson in diesem Juni 1898 verließ. Sie war ein Irrenhaus. Als erster Dampfer, der hinausfuhr, transportierte sie all die Skorbutkranken und Krankenhausfälle. Außerdem muss sie ein paar Millionen an Klondike-Goldstaub und -Nuggets an Bord gehabt haben, ganz zu schweigen von der Menge dichtgedrängter Passagiere, Deckspassagiere in rauen Massen und zahlreiche Rothäute mit Frauen und Hunden. Und sie war bis an die Reling beladen mit Fracht und Gepäck. Auf dem unteren Vorderdeck war davon ein ganzer Berg aufgehäuft, und bei jedem kleinen Halt wurde er noch höher.

Die Kiste sah ich in Teelee Portage an Bord kommen, und ich wusste, wozu sie diente, sodass ich mich fragte, wer der Pechvogel wohl sei, der darin lag. Und sie hievten diese Kiste oben auf den Gepäckberg auf dem unteren Vorderdeck, und sie verstauten sie dabei nicht sehr sicher. Der Maat wollte das wohl später noch erledigen, vergaß es dann aber. Ich grübelte zu der Zeit darüber nach, was mir an dem großen Husky bekannt vorkam, der über das Gepäck und die Fracht kletterte und sich in der Nähe der Kiste hinlegte.

Und dann begegneten wir der *Glendale*, die in Richtung Dawson fuhr. Als sie uns grüßte, dachte ich, dass Dave wohl an Bord sei und nach Dawson eile wegen Goldblüte. Ich schaute mich nach ihr um und sah sie an der Reling stehen. Ihre Augen waren glänzend, aber sie wurden ein wenig ängstlich beim Anblick des anderen Dampfers, und sie drückte sich eng an den Grafen, als suche sie Schutz. Sie hätte sich aber nicht so schutzsuchend an ihn lehnen müssen, und ich hätte mir nicht so viele Gedanken machen müssen über einen enttäuscht in Dawson ankommenden Dave Walsh. Denn Dave Walsh war gar nicht auf der *Glendale*.

Es gab da eine Menge Dinge, die ich nicht wusste, aber bald erfahren sollte – zum Beispiel, dass die beiden noch nicht verheiratet waren. Jedoch begannen innerhalb der nächsten halben Stunde Vorbereitungen für ihre Trauung. Wegen der Kranken im Schiffssalon und des allgemeinen Gedränges auf der *Golden Rocket* wurde als geeignetster Ort für die Zeremonie ein freier Platz im unteren Vorderdeck ausgewählt, in der Nähe der Reling und des Ladestegs, der im Schatten des Frachtberges lag mit der großen Kiste obendrauf und dem schlafenden Husky daneben. Es war ein Geistlicher an Bord, der allerdings in Eagle City aussteigen wollte, was der nächste Halt war, und deshalb mussten sie rasch handeln. Das war es, was sie geplant hatten, sie wollten auf dem Schiff heiraten.

Aber ich bin dem Geschehen vorausgeeilt. Der Grund, weshalb Dave Walsh nicht auf der *Glendale* war, lag darin, dass er auf der *Golden Rocket* war. Das kam so: Nachdem er in Dawson wegen Goldblüte herumgetrödelt hatte, war er auf dem Eis nach Mammon Creek hinuntergefahren. Und da fand er Dusky Burns, der sich so gut um den Claim kümmerte, dass für Dave keine Notwendigkeit bestand, vor Ort zu bleiben. Und deshalb lud er einigen Vorrat auf den Schlitten, schirrte die Hunde wieder an, nahm einen Indianer mit und brach auf zum Surprise Lake. Für diese Gegend hatte er schon immer eine Vorliebe gehabt. Wahrscheinlich wirst du nicht wissen, dass der Bach sich als Enttäuschung herausstellte; aber die Erkundungen sahen zu der Zeit vielversprechend aus, sodass Dave begann, für sich und Goldblüte die Hütte zu bauen. Das ist die Hütte, in der wir letzte Nacht geschlafen haben. Nachdem er sie fertiggestellt hatte, brach er zur Elchjagd an der Gabelung des Teelee River auf, wozu er den Indianer mitnahm.

Und dann geschah Folgendes: Es kam ein Kälteeinbruch. Der Saft im Thermometer ging runter auf minus vierzig, fünfzig, sechzig Grad. Ich erinnere mich an diesen Kälteeinbruch – ich war in Forty Mile, und ich weiß noch genau den Tag. Um elf Uhr morgens fiel das Alkoholthermometer bei der Handelsstation auf minus fünfundsiebzig Grad. Und an diesem Morgen war Dave mit diesem verfluchten Indianer auf Elchjagd in der Nähe der Gabelung des Teelee. Ich hab' das alles später von dem Indianer selbst erfahren – wir haben zusammen eine Fahrt über das Eis nach Dyea gemacht. An diesem Morgen brach Mister Indian durch das Eis und durchnässte sich bis zur Hüfte. Natürlich begann er sofort zu erfrieren. Die einzige Möglichkeit war, ein Feuer zu machen. Aber Dave Walsh war ein Bulle. Es war nur eine halbe Meile weit zum Lager, wo bereits ein Feuer brannte. Warum sollte er deshalb ein weiteres machen? Er warf sich Mister Indian über die Schulter und rannte mit ihm los – eine halbe Meile – bei Temperaturen von minus fünfundsiebzig Grad. Du weißt, was das bedeutet. Selbstmord. Es gibt keine andere Bezeichnung dafür. Denn dieser Indianerbursche wog selbst über zweihundert Pfund, und Dave rannte eine halbe Meile mit ihm. Natürlich erfror er sich dabei die Lungen. Muss sie sich vollständig erfroren haben. Es ist totaler Wahnsinn, so etwas zu tun. Wie dem auch sei, nachdem er sich noch ein paar Wochen schrecklich herumquälte, starb Dave Walsh.

Der Indianer wusste nun nicht, was er mit dem Leichnam tun sollte. Normalerweise hätte er ihn beerdigt und es damit gut sein lassen. Aber er wusste, dass Dave Walsh ein großer Mann war mit einer Menge Geld, ein *hi-yu-skookum*-Häuptling. Auch hatte er gesehen, wie Leichname anderer *hi-yu-skookums* durchs Land transportiert worden waren, als ob sie viel wert seien. Deshalb entschied er, Daves Leichnam nach Forty Mile zu bringen, wo Daves Hauptquartier war. Du weißt ja, wie tief der Boden hierzulande gefroren ist

– nun gut, der Indianer begrub Dave einen Fuß tief unter gefrorener Erde – er legte ihn gewissermaßen auf Eis. Dave hätte so tausend Jahre da bleiben können und wäre immer noch der alte Dave gewesen. Du verstehst – wie in einem Kühlraum. Dann holte der Indianer eine Säge aus der Hütte am Surprise Lake und sägte ausreichend Holz zurecht für die Kiste. Während er darauf wartete, dass es taute, streifte er umher und schoss fast zehntausend Pfund Elchfleisch, das er ebenfalls auf Eis legte. Dann kam das Tauwetter. Der Teelee brach auf. Er baute ein Floß und belud es mit dem Fleisch und der Kiste, in der Dave lag, sowie Daves Hundemeute und fuhr den Teelee hinab.

Das Floß verfing sich in einer Holzstauung und hing da zwei Tage fest. Es war brütend heißes Wetter und Mister Indian hätte beinahe sein Elchfleisch eingebüßt. Deshalb dachte er sich, als er nach Teelee Portage kam, dass ein Dampfboot schneller nach Forty Mile gelangen würde als sein Floß. Und so verlud er seine Fracht, und damit wären wir wieder auf dem unteren Vorderdeck der *Golden Rocket*, wo Goldblüte gerade heiraten wollte und Dave Walsh in seiner Kiste ihr dazu den Schatten spendete. – Eine Sache habe ich noch glatt vergessen: Es war kein Wunder, dass ich dachte, der Husky, der in Teelee Portage an Bord kam, sei mir bekannt. Es war Pee-lat, Daves Leithund und Liebling – und außerdem ein schrecklicher Raufbold. Er lag neben der Kiste.

Goldblüte nahm mich plötzlich zur Kenntnis, rief mich zu sich, gab mir die Hand und stellte mich dem Grafen vor. Sie war wunderschön. Ich begehrte sie immer noch wie früher. Sie schaute mir lächelnd in die Augen und sagte, ich müsse einer der Trauzeugen sein. Und sie ließ keine Weigerung zu. Sie war wie ein Kind, grausam wie Kinder eben sind. Sie erzählte mir auch, dass sie im Besitz der einzigen zwei

Flaschen Champagner sei, die in der vergangenen Nacht noch in Dawson gewesen waren, und noch bevor ich's begriff, war ich auserkoren, auf ihr Wohl und das des Grafen zu trinken. Alle drängten sich ringsum heran, allen voran der Kapitän des Dampfboots, vermutlich um auch etwas von dem Champagner abzubekommen.

Es war eine komische Hochzeit. Da versammelten sich auf dem Oberdeck die kranken Wracks, die mit verschiedenen Füßen bereits im Grab standen, und schauten runter, um alles zu beobachten. Da drängten sich im Kreis die Indianer, große Kerle, und ihre Squaws und Kinder und dazuhin etwa fünfundzwanzig Wolfshunde. Der Geistliche stellte sich vor dem Brautpaar auf und begann mit der Trauung. Aber gerade in dem Augenblick brach ein Hundestreit oben auf dem Frachtberg aus – zwischen dem neben der Kiste liegenden Pee-lat und einem weißhaarigen Köter, der einem Indianer gehörte. Der Streit war noch keine Beißerei. Die Bestien knurrten einander nur aus der Distanz an – testeten die Grenzen des anderen aus, weißt du, so antäuschen und doch nicht wagen, antäuschen und doch nicht wagen. Ihr Lärm war wirklich störend, aber man konnte die Stimme des Geistlichen noch verstehen.

Es gab keine einfache Möglichkeit, zu den Hunden zu gelangen, außer von der anderen Seite des Frachtstapels. Aber da war niemand, weil alle die Zeremonie verfolgten. Es wäre aber auch so alles ordnungsgemäß abgelaufen, wenn nicht der Kapitän einen Prügel nach den Hunden geworfen hätte. Danach überstürzte sich alles. Wie gesagt, hätte der Kapitän den Prügel nicht geworfen, wäre wahrscheinlich nichts geschehen. Der Geistliche war soeben an der Stelle angelangt, an der er sagte: »In bösen wie in guten Tagen« und »Bis dass der Tod euch scheidet«. Und eben da warf der Kapitän den Prügel. Ich sah alles genau. Er traf Pee-lat, und im selben Moment sprang der weiße Köter diesen an. Der Prügel war der Auslöser. Beide Köter prallten gegen die Kiste, die dadurch ins Rutschen kam, mit ihrem unteren Ende voran. Es war eine lange rechteckige Kiste, und sie glitt langsam abwärts, bis sie das Übergewicht bekam und senkrecht herunterstürzte. Die Zuschauer auf dieser Seite des Kreises konnten gerade noch rechtzeitig zur Seite springen. Goldblüte und der Graf, die auf der gegenüberliegenden Seite des Kreises standen, blickten direkt auf die Kiste, der Geistliche stand mit dem Rücken zu ihr. Die Kiste war etwa zehn Fuß heruntergestürzt und mit ihrem Ende aufgeschlagen.

Nun musst du dir vorstellen, nicht einer von uns wusste, dass Dave Walsh tot war. Wir dachten, er wäre auf der *Glendale* auf dem Weg nach Dawson. Der Geistliche war seitwärts getreten, sodass Goldblüte einen direkten Blick auf die Kiste hatte, als sie aufschlug. Es war wie in einem Theaterstück. Es hätte nicht besser geplant sein können. Die Kiste schlug mit dem Ende auf, und zwar mit dem richtigen Ende; der ganze Deckel der Vorderseite sprang auf, und da stand Dave Walsh auf seinen Füßen, halb in eine Decke gewickelt, sein goldenes Haar in der Sonne glänzend. Direkt aus der Kiste, auf seinen Füßen stehend, flog er auf Goldblüte zu. Sie wusste nicht, dass er tot war, aber es war unverkennbar, dass er es war und gerade wieder auferstand, um Anspruch auf sie zu erheben. Das war, was sie vermutlich dachte. Wie dem auch sei, der Anblick ließ sie erstarren. Sie konnte sich nicht bewegen. Sie war wie gelähmt und sah Dave Walsh auf sich zukommen. Und er stürzte auf sie. Es sah fast so aus, als werfe er seine Arme um sie; aber ob das nun so war oder nicht, jedenfalls stürzten sie zusammen auf das Deck. Wir mussten zuerst Dave Walshs Leichnam wegziehen, bevor wir sie aufheben konnten. Sie war ohnmächtig geworden, und es wäre wahrscheinlich besser gewesen, wenn sie aus dieser Ohnmacht nie mehr aufgewacht wäre, denn als sie erwachte, verfiel sie in einen Schreikrampf, wie man ihn von Verrückten kennt. Er hielt Stunden an, bis sie völlig erschöpft war. – Oh doch, sie erholte sich wieder. Du hast sie letzte Nacht gesehen, und du weißt, in welcher Weise sie sich erholt hat. Sie schreit und tobt nicht mehr, aber sie lebt in Umnachtung. Sie glaubt, dass Dave Walsh wiederkommen wird, und so wartet sie auf ihn in der Hütte, die er für sie gebaut hat. Sie ist nicht mehr unbeständig. Es sind nun schon neun Jahre, dass sie Dave Walsh treu ist, und wie es aussieht, wird sie das auch bis zu ihrem Tod sein.«

Lon McFane schlug die Decken zurück und begann hineinzuschlüpfen.

»Wir bringen ihr jedes Jahr genügend Proviant«, fügte er noch hinzu, »und wir haben auch ein Auge auf sie. Letzte Nacht war es übrigens das erste Mal, dass sie mich überhaupt erkannte.«

»Wer ist ›wir‹?«, fragte ich.

»Oh«, antwortete er, »der Graf und der alte Victor Chauvet und ich. Weißt du, ich denke, der Graf leidet am meisten unter der Sache. Dave Walsh hat ja nie erfahren, dass sie ihn betrogen hat. Und sie leidet auch nicht. Ihre Umnachtung ist barmherzig zu ihr.«

Ich lag eine Minute lang still unter meinen Decken. Dann fragte ich: »Ist der Graf noch im Land?«

Aber da war nur das sanfte Geräusch tiefer Atemzüge, und ich wusste, dass Lon McFane eingeschlafen war.

Die Nachtgeborene

Es war in einer für San Francisco warmen Nacht im ehemaligen *Alta-Inyo Club*. Durch die offenen Fenster drang gedämpft und fern der Straßenlärm. Das Gespräch war vom aktuellen Korruptionsprozess gerade zu den neuesten Anzeichen des Niedergangs der Stadt in der ganzen Gemeinheit und Verdorbenheit menschlicher Niedertracht und Bösartigkeit übergegangen, als der Name O'Brien fiel – O'Brien, der vielversprechende Faustkämpfer, der in der Nacht zuvor im Ring bei einem Preiskampf getötet worden war.

Die Stimmung schien plötzlich frischer zu werden. O'Brien war ein anständiger junger Mann mit Idealen gewesen. Er hatte weder getrunken noch geraucht oder geflucht, und er besaß den Körper eines schönen jungen Gottes. Er hatte sogar sein Gebetbuch in die Kampfarena mitgebracht. Sie fanden es in seiner Jackentasche im Umkleideraum – danach.

Da war Jugend, sauber, gesund, makellos – Hoffnung auf jene Art Ruhm und Ehre, die Männer beschwören … nachdem sie diese verloren haben und ins mittlere Alter gekommen sind. Und ebenso beschworen wir sie, diese romantischen Gefühle, die uns für eine Stunde weit weg führten von der chaotischen Stadt mit all ihrem Lärm. Bardwell machte gewissermaßen den Anfang, indem er Thoreau zitierte; aber es war der alte Trefethan mit seinem kahlen Schädel und seiner Wampe, der das Zitat aufnahm und für die kommende Stunde die Romantik leibhaftig verkörperte. Zunächst fragten wir uns, wie viel Scotch er seit dem Abendessen wohl schon getrunken habe, aber sehr bald war das gänzlich vergessen.

»Es war 1898 – ich war damals fünfunddreißig«, begann er. »Ja, ich weiß, ihr rechnet jetzt nach. Ihr habt recht. Ich bin jetzt siebenundvierzig und sehe zehn Jahre älter aus, und die Ärzte sagen ... doch zum Teufel mit den Ärzten!«
Er führte das Trinkglas an die Lippen und nahm bedächtig ein Schlückchen, um seine Verärgerung zu vertreiben.
»Aber ich war jung – damals. Ich war jung vor zwölf Jahren, und ich hatte noch Haare auf dem Kopf, mein Bauch war so schlank wie der eines Läufers, und der längste Arbeitstag war nicht zu lang für mich. Ich war ein ganzer Kerl damals anno '98. Du erinnerst dich noch an mich, Milner. Du hast mich damals bereits gekannt. War ich nicht ein wirklicher Prachtkerl?«
Milner nickte zustimmend. Wie Trefethan war auch er einer der Bergbauingenieure, die ihr Glück im Klondike gemacht hatten.
»Sicher warst du so, Alter«, sagte Milner. »Ich werde niemals vergessen, wie du diese Holzfäller aus dem *M. & M.* hinausgefegt hast in jener Nacht, in der dieser kleine Zeitungsfritze euch aufhetzte.« Zu uns gewandt fuhr Milner fort: »Slavin war in jener Zeit im Land, und sein Manager wollte einen Kampf mit Trefethan.«
»Tja, und schaut mich jetzt an«, kommentierte Trefethan ärgerlich. »Das hat die Goldbuddelei aus mir gemacht – Gott weiß wie viele Millionen, aber sie hat mir nichts gelassen, weder in meiner Seele noch in meinen Adern. Das gute rote Blut ist dahin. Ich bin nur noch eine Qualle, eine große schwabbelige Masse aus zitterndem Protoplasma – ein, ein –«
Ihm fehlten die Worte, und er suchte Trost in seinem Scotchglas.
»Die Frauen schauten mich an damals, und wandten den Kopf sogar für einen zweiten Blick. Seltsam, dass ich nie

geheiratet habe. Aber jenes Mädchen – das ist's, wovon ich euch erzählen möchte. Ich begegnete ihr tausend und noch ein paar mehr Meilen entfernt vom Nirgendwo. Und sie zitierte mir eben diese Worte von Thoreau, die Bardwell vorhin zitiert hat – die über die taggeborenen Götter und die nachtgeborenen.

Es war, nachdem ich meine Fundstellen am Goldstead markiert hatte – und noch nicht wusste, als was für eine Goldgrube sich dieser Bach erweisen würde –, da machte ich eine Reise nach Osten über die Rocky Mountains in Richtung des Great Slave Lake. Hoch im Norden sind die Rockies etwas mehr als ein bloßer Bergrücken. Sie sind eine Grenze, eine Scheidelinie, eine unzugängliche und schwer bezwingbare Wand. Es gibt keinen Verkehr über sie hinweg, obwohl in früheren Tagen umherziehende Fallensteller sie gelegentlich überquerten, wobei auf diesem Weg aber mehr verloren gingen als rüberkamen. Und genau das war es, weshalb ich diese Sache in Angriff nahm. Es war eine Überquerung, die zu machen jeden Mann mit Stolz erfüllen würde. Ich bin darauf bis heute noch stolzer als auf alles andere, was ich jemals gemacht habe.

Es ist ein unbekanntes Land. Große Landstriche davon wurden bislang nie erforscht. Es gibt da große Täler, in die noch nie ein weißer Mann seinen Fuß gesetzt hat, und Indianerstämme so ursprünglich wie vor zehntausend Jahren – beinahe wenigstens, denn sie hatten bereits ersten Kontakt mit Weißen. Einige von ihnen kamen manchmal hinaus zum Handeln, aber das ist alles. Selbst die Hudson Bay Company versäumte, sie zu finden und in ihr Handelsnetz einzubeziehen.

Aber nun zu dem Mädchen. Ich kam ein Gewässer hoch – hier in Kalifornien würde es ein Fluss genannt werden –,

Die Nachtgeborene

das unkartiert und unbenannt war. Es war ein prächtiges Tal, bald eng eingeschlossen von hohen Canyonwänden, bald sich weit öffnend in ausgedehnte schöne Passagen mit schulterhohem Gras auf dem Talgrund, Blumenwiesen und Baumgruppen mit Fichten, alles unberührt und prächtig.

Die Hunde transportierten das Gepäck auf ihren Rücken und waren wundgelaufen und erschöpft, sodass ich Ausschau hielt nach irgendwelchen Indianern, um Schlitten und Hundeführer zu bekommen, mit denen ich auf dem ersten Schnee weiterreisen konnte. Es war spät im Herbst, aber dass die Blumen im Tal weiterhin blühten, erstaunte mich. Ich war der Auffassung, mich im subarktischen Amerika zu befinden, und jetzt war da ein langblühendes Blumenmeer. Eines Tages werden weiße Siedler hier ansässig werden und im ganzen Tal Weizen anbauen.

Und dann sah ich Rauch aufsteigen und hörte das Bellen von Hunden – Indianerhunden – und kam in ein Lager. Es müssen an die fünfhundert gewesen sein, richtige Indianer. An den Trockengerüsten konnte ich erkennen, dass die Herbstjagd gut verlaufen war. Und dann traf ich sie – Lucy. Das war ihr Name.

Zeichensprache war zunächst das einzige Verständigungsmittel gewesen, bis sie mich zu einem großen Windschutz führten, so eine Art Halbzelt, wisst ihr, auf der einen Seite offen, dort wo das Lagerfeuer brennt. Es war ganz aus Elchhaut, aus geräucherten, handgegerbten, goldbraunen Elchhäuten. In ihm war alles so ordentlich und sauber, wie in keinem Indianerlager sonst. Das Bett lag auf frischen Fichtenzweigen. Es gab Pelze in Hülle und Fülle, und über allem lag eine Decke aus Schwanenbälgen – weißen Schwanenbälgen –, ich habe nie etwas gesehen, das wie diese Decke war. Und auf ihr saß mit gekreuzten Beinen

Lucy. Sie hatte eine bronzefarbene Haut. Ich habe sie ein Mädchen genannt. Aber das war sie nicht. Sie war eine Frau, eine bronzefarbene Frau, eine Amazone, eine vollblütige, körperlich voll entwickelte Frau von königlicher Reife. Und ihre Augen waren blau.

Das war es, was mir die Knie weich werden ließ – ihre Augen –, blau, nicht hellblau, sondern tiefblau, als wären das Meer und der Himmel miteinander verschmolzen, und sie waren sehr lebenserfahren. Darüber hinaus war ein Strahlen in ihnen – ein warmes Strahlen, sonnenwarm und sehr menschenfreundlich und – soll ich sagen weiblich? Das waren sie. Sie waren die Augen einer Frau, die Augen einer richtigen Frau. Ihr wisst, was das heißt. Muss ich mehr sagen? Aber in diesen blauen Augen war eine heftige Unruhe, ein schwermütiges Sehnen und gleichzeitig eine Ruhe, eine absolute Ruhe, eine Art allwissender und gelassener Stille.«

Trefethan unterbrach sich plötzlich.

»Ihr Burschen denkt nun, ich sei besoffen. Ich bin's nicht. Das ist erst mein fünftes Glas seit dem Essen. Ich bin stocknüchtern. Und ich bin todernst. Ich sitze hier gerade Seite an Seite mit meiner heiligen Jugend. Es ist nicht der alte Trefethan, der erzählt; es ist meine Jugend, die sagt, dass es die wundervollsten Augen waren, die ich je gesehen habe – so unglaublich ruhig, so unglaublich rastlos; so lebenserfahren, so neugierig, so seltsam alt und zugleich jung, so zufrieden und gleichzeitig so sehnsüchtig. Jungs, ich kann sie nicht beschreiben. Wenn ich euch mehr von ihr erzählt haben werde, werdet ihr vielleicht besser verstehen können.

Sie erhob sich nicht. Aber sie streckte ihre Hand aus.

›Fremder‹, sagte sie in dem Westerndialekt der Pioniere an der Siedlungsgrenze, ›ich bin wirklich erfreut, Sie zu sehen.‹

Ich überlasse es euch, diese durchdringende hinterwäldlerische Art des Sprechens zu beurteilen. Stellt euch meine Empfindungen vor. Sie war eine Frau, eine weiße Frau, aber dieser Slang! Es war erstaunlich, dass es eine weiße Frau hier hinter der letzten Grenze der Zivilisation gab – aber mit diesem Makel. Ich sage euch, es schmerzte. Es war wie der Schmerz über einen Misston. Aber jetzt lasst mich erzählen, dass diese Frau auch eine Poetin war. Ihr werdet sehen.

Sie schickte die Indianer weg. Und, beim Jupiter, sie gingen. Sie nahmen ihre Anweisungen entgegen und gehorchten ihr blind. Sie war der *hi-yu-skookum*-Häuptling. Sie sagte den Burschen, sie sollen mir ein Lager herrichten und auf meine Hunde achtgeben. Und sie taten auch das. Und sie wussten genau, dass von meiner Ausrüstung nicht einmal ein Mokassin-Riemen wegkommen durfte. Sie war einfach die, der gehorcht werden musste, und ich kann euch sagen, es ging mir durch Mark und Bein und schickte mir diese kleinen Schauer den Rücken hinauf und hinab, dass ich hier tausend Meilen im Niemandsland eine weiße Frau fand, die das Oberhaupt eines Stammes von Wilden war.

›Fremder‹, sagte sie, ›ich vermute, dass Sie sicherlich der erste Weiße sind, der jemals seinen Fuß in dieses Tal gesetzt hat. Setzen Sie sich, und lassen Sie uns eine Weile reden, bevor wir etwas essen.‹ Und ich saß auf dem Rand der Schwanendaunendecke und lauschte und schaute auf diese wundervollste Frau, die jemals den Buchseiten von Thoreau oder irgendeinem anderen Schriftsteller entstiegen ist.

Ich blieb eine Woche dort. Es war auf ihre Einladung. Sie versprach, mich mit Hunden und Schlitten auszurüsten und mit Indianern, die mich über den besten Pass der Rockies führen würden, den es auf 500 Meilen gibt.

Ihr Zelt war abseits der anderen auf dem hohen Ufer des Flusses errichtet, und ein paar Indianermädchen kochten für sie und besorgten die Hausarbeit. Und so konnten wir miteinander reden und reden, während der erste Schnee fiel und sich verdichtete und eine Grundlage für meine Schlitten schuf.

Und das war ihre Geschichte:

Sie war an der Grenze zwischen Wildnis und Zivilisation als Kind armer Siedler geboren worden, und ihr wisst, was das bedeutet – Arbeit, Arbeit und noch einmal Arbeit, viel Arbeit und kein Ende.

›Ich habe nie die Herrlichkeit der Welt gesehen‹, sagte sie. ›Ich hatte keine Zeit dazu. Ich wusste, sie war da draußen, überall und rings um die Hütte, aber da musste immer Brot gebacken, gewaschen und geputzt werden und all die anderen Dinge, die nie zu einem Ende kommen. Ich wurde zu jener Zeit schwermütig vor Sehnsucht, aus allem auszubrechen; besonders im Frühjahr, wenn der Gesang der Vögel mich fast verrückt machte. Ich wollte hinausrennen durch das hohe Weidegras, meine Beine mit seinem Tau benetzen und über die Einzäunungen klettern und weiter durch die Wälder und hinauf auf die Bergkämme rennen, um freie Sicht rundum zu bekommen. Oh – ich hatte alle Arten von Sehnsüchten: den Talschluchten hinab zu folgen und dabei von Wasserbecken zu Wasserbecken zu springen und Freundschaften zu schließen mit den Fischottern und den Regenbogenforellen; oder heimlich die Eichhörnchen und die Kaninchen und die anderen kleinen Pelztiere zu beobachten, um zu sehen, was sie tun, und die Geheimnisse ihrer Lebensweise zu erkunden. Ich hatte das Gefühl, ich könnte unter die Blumen kriechen und, wenn ich behutsam und leise wäre, ihr Geflüster miteinander hören, das von allerlei geheimen Erfahrungen erzählt, von denen normale Menschen keine Ahnung haben.‹«

Trefethan machte eine Pause, um nachzuschauen, ob sein Glas wieder gefüllt worden war.

»Ein anderes Mal sagte sie: ›Ich wollte durch die Nächte laufen wie ein ungezähmtes Geschöpf, nur so durch den Mondschein unter den Sternen laufen und rennen, immer nur rennen. Eines Abends war ich sehr erschöpft – es war ein furchtbar harter heißer Tag gewesen, an dem der Brotteig nicht aufgehen wollte und das Buttern fehlgeschlagen und ich völlig gereizt und ärgerlich war. – An diesem Abend erwähnte ich meinem Vater gegenüber mein Verlangen nach dem Hinauslaufen. Er schaute mich etwas sonderbar und ein wenig beunruhigt an. Und dann gab er mir zwei Pillen und sagte, ich solle zu Bett gehen und gut schlafen, und dann sei am nächsten Morgen alles wieder in Ordnung. Danach erwähnte ich ihm gegenüber meine Sehnsüchte nie mehr und auch gegenüber niemand sonst.‹

Dann gab Lucys Familie die Siedlung in den Bergen auf – abgewirtschaftet, vermute ich – und sie zogen nach Seattle, um zu überleben. Dort arbeitete Lucy in einer Fabrik – lange Arbeitstage, wisst ihr, und all das Übrige, todlangweilige Arbeit. Und nach einem Jahr wurde sie Bedienung in einem billigen Restaurant – einer ›Bulettenbude‹, wie sie es nannte.

Einmal sagte sie zu mir: ›Romantik war, was ich eigentlich wollte. Aber da schwebte ebenso wenig Romantik zwischen den Geschirrspülen und Waschtrögen herum wie in den Fabriken und Bulettenbuden.‹

Als sie achtzehn war, heiratete sie – einen Mann, der nach Juneau hinaufwollte, um ein Restaurant zu eröffnen. Er hatte ein paar Dollars gespart und versprach erfolgreich zu sein. Sie liebte ihn nicht – sie war sich darüber im Klaren; aber sie war müde von der endlosen Schufterei, und sie wollte davon wegkommen. Außerdem war Juneau in Alaska, und ihre

Sehnsucht verlangte danach, dieses Wunderland zu sehen. Aber sie sah wenig davon. Er eröffnete das Restaurant – eines von der billigen Sorte –, und sie begriff schnell, wofür er sie geheiratet hatte ... zum Einsparen von Arbeitslöhnen. Sie musste nahezu den ganzen Laden schmeißen und alle Arbeiten erledigen vom Bedienen bis zum Geschirrspülen. Auch Kochen musste sie die meiste Zeit. Und das ging Jahre so.

Könnt ihr euch das vorstellen, dieses wilde Geschöpf des Waldes, ausgestattet mit uralten Instinkten und sich nach der freien Natur sehnend, und nun irrsinnige vier Jahre eingesperrt in einer schäbigen kleinen Bulettenbude?

›Da war keinerlei Sinn in irgendetwas‹, sagte sie. ›Was sollte das alles? Wozu war ich auf der Welt? War das der ganze Sinn des Lebens – immer nur arbeiten und arbeiten und immer erschöpft sein? – Müde ins Bett gehen und müde wieder aufstehen, jeder Tag gleich wie der andere oder noch härter.‹

Sie sagte, sie habe die Prediger vom ewigen Leben reden gehört, sie konnte sich jedoch nicht vorstellen, dass das, was sie tat, eine geeignete Vorbereitung auf ihre Unsterblichkeit war.

Aber sie hatte noch immer ihre Träume, wenn auch seltener. Sie las ein paar Bücher – welche, ist schwer zu sagen, wahrscheinlich billige Unterhaltungsromane, die aber dennoch Nahrung für ihre Phantasie waren.

›Manchmal‹, sagte sie, ›wenn mir so schwindlig von der Hitze in der Küche war, dass ich in Ohnmacht gefallen wäre, wenn ich nicht frische Luft bekommen hätte, steckte ich meinen Kopf zum Küchenfenster hinaus und schloss meine Augen und sah dann wundervolle Dinge. Plötzlich ging ich eine Landstraße hinunter, alles ist sauber und ruhig, kein

Staub, kein Dreck, nur Bäche, die durch duftende Wiesen plätschern, wo Schäfchen spielen und ein leichter Wind den Duft von Blumen verbreitet, und auf allem liegt sanfter Sonnenschein. Schöne Kühe stehen bis zu den Knien in stillen Teichen und an der Biegung eines Baches baden junge Mädchen, ganz weiß und schlank, wie die Natur sie erschaffen hat. – Und da wusste ich, dass ich in Arkadien war. Ich hatte über dieses Land einmal in einem Buch gelesen. Und möglicherweise kamen dann Ritter in der Sonne glänzend um eine Biegung der Straße geritten oder eine Edelfrau auf einer milchweißen Stute, und in der Ferne konnte ich die Türme einer Burg sehen, oder ich wusste wenigstens, dass ich hinter der nächsten Biegung zu einem Palast kommen würde, alles ganz weiß und luftig und märchenhaft mit verspielten Springbrunnen und Blumen überall und Pfauen auf dem Rasen –, und dann öffnete ich meine Augen wieder, und die Hitze des Kochherdes schlug mir entgegen, und ich hörte Jack – meinen Ehemann – fragen, warum die Bohnen noch nicht serviert seien und ob ich glaube, dass er den ganzen Tag darauf warten könne. Romantik! – Ich glaube, am nächsten kam ich ihr überhaupt mal, als ein betrunkener armenischer Koch durchdrehte und mir mit dem Kartoffelschälmesser die Kehle durchzuschneiden versuchte, wobei ich mir den Arm verbrannte, bevor ich ihn mit dem Kartoffelstampfer außer Gefecht setzen konnte.

Ich wollte ein leichteres Leben und schöne Dinge und Romantik und all das; aber es schien so, als ob ich nie Glück haben sollte und nur und ausschließlich zum Kochen und Abspülen geboren worden sei. Es gab in jenen Tagen in Juneau ein wildes Leben, aber ich schaute mir die Frauen an, und ihre Art zu leben begeisterte mich nicht. Ich glaube, ich wollte anständig bleiben. Ich weiß nicht warum, aber ich wollte es einfach. Und ich schätzte es so ein, dass es keinen Unterschied machte, ob ich beim Geschirrspülen oder auf ihre Art sterben würde.‹«

Trefethan hielt einen Augenblick inne mit seiner Erzählung, um seine Gedanken zu ordnen.

»Und das ist die Frau, die ich da droben in den arktischen Gefilden traf und die nun einen Stamm von wilden Indianern und ein Jagdgebiet von einigen tausend Quadratmeilen regierte. Und dazu kam es relativ einfach, angesichts der Möglichkeit, dass sie auch zwischen ihren Töpfen und Pfannen hätte weiterleben und sterben können. Aber es ging wie in dem Sprichwort ›Kommt Zeit, kommt Rat‹. Das war alles, was sie brauchte, und sie bekam es.

›Ich wachte eines Tages auf‹, erzählte sie, ›und da geschah es in Form eines von einer Zeitung abgerissenen Fetzens, auf dem Folgendes stand.‹

Und dann zitierte sie aus Thoreaus *Schrei des Menschen*:

Die jungen Kiefern, die Jahr für Jahr im Getreidefeld aus dem Boden sprießen, sind für mich eine erfrischende Erscheinung. Wir sprechen davon, den Indianer zu zivilisieren, aber das ist nicht die richtige Bezeichnung für seine Weiterbildung. Denn die wachsame Selbstständigkeit und Zurückgezogenheit seines Lebens in den dunklen Wäldern hält seine Beziehung zu seinen heimischen Göttern aufrecht und ermöglicht ihm von Zeit zu Zeit eine seltene und besondere Gemeinschaft mit der Natur. Er hat dabei Augenblicke von sternenklarer Erkenntnis, die in unseren Salons unbekannt sind. Die ruhige und nur aus der Distanz beschränkt wirkende Ausstrahlung seines Geistes ist wie das schwache, aber beglückende Licht der Sterne im Vergleich mit dem blendenden, aber unzulänglichen und kurzlebigen Licht von Kerzen. Die Einwohner der

Die Nachtgeborene

Gesellschaftsinseln hatten ihre taggeborenen Götter, aber es wurde nicht angenommen, dass sie von gleicher Ehrwürdigkeit seien wie die nachtgeborenen Götter.

Sie gab es Wort für Wort wieder, es war feierlich, ein Glaubensbekenntnis – heidnisch, wenn ihr wollt, aber gekleidet in das lebendige Gewand ihrer Seele.

›Der Rest des Textes war verloren gegangen‹, fügte sie mit tonloser Stimme hinzu. ›Es war nur ein Fetzen Zeitungspapier. Aber dieser Thoreau war ein weiser Mann, ich wünschte mehr über ihn zu erfahren.‹ Sie schwieg einen Augenblick, und ich schwöre, dass ihr Gesicht einen ganz verklärten Ausdruck hatte, als sie sagte: ›Ich hätte ihm eine gute Frau sein können.‹

Danach fuhr sie fort: ›Ich wusste augenblicklich, was mit mir los war, als ich das las. Ich war eine Nachtgeborene. Deshalb war ich nie zufrieden gewesen mit dem Kochen und Abwaschen; von daher die Sehnsucht, nackt durch das Mondlicht zu rennen. Und ich wusste nun, dass diese schäbige Bulettenbude in Juneau kein Ort für mich war. Und genau hier und jetzt sagte ich: Ich steige aus. Ich packte meine paar armseligen Kleider zusammen und brach auf.

Jack erwischte mich dabei und versuchte mich aufzuhalten.

›Was hast du vor?‹, fragte er mich.

›Mich von dir trennen‹, antwortete ich. ›Ich breche in die großen Wälder auf, wo ich hingehöre.‹

›Das wirst du nicht‹, sagte er und packte mich, um mich aufzuhalten. ›Das Kochen ist dir zu Kopf gestiegen. Du wirst jetzt auf das hören, was ich sage, bevor du abhaust und Blödsinn anstellst.‹

Aber ich zog eine Pistole – einen kleinen 44er-Colt – und sagte: ›Der hier wird für mich sprechen!‹

Dann ging ich.‹«

Trefethan leerte sein Glas und bestellte ein neues.

»Jungs, begreift ihr, was dieses Mädchen tat? Sie war zweiundzwanzig. Sie hatte ihr Leben am Abwaschbecken verbracht, und sie wusste von der Welt nicht mehr als ich von der vierten oder fünften Dimension des Raumes. Alle Straßen führten zu ihren Sehnsüchten. Nein, sie steuerte nicht die Tanzhallen an. Sie ging hinunter zum Strand. Im Pfannenstiel Alaskas ist es besser, auf dem Wasser zu reisen. Ein Indianerkanu brach gerade nach Dyea auf – ihr kennt die Art, gehauen aus einem einzigen Stamm, eng und tief und sechzig Fuß lang. Sie gab ihnen ein paar Dollar und ging mit an Bord.

›Romantik?‹, sagte sie zu mir. ›Es war Romantik von Anfang an. Es waren drei ganze Familien in dem Kanu, und es war so voll mit Hunden und herumzappelnden Kindern, dass nicht genug Raum war, um sich umzudrehen. Alle Männer packten ein Paddel und brachten das Kanu in Fahrt. Und rundum waren die großen herrlichen Berge und über ihnen vorbeiziehende Wolken im Sonnenschein. Und dann – die Stille! Die große wunderbare Stille! Und einmal der Rauch eines Jägerlagers, der weit entfernt durch die Baumkronen strich. Es war wie ein Ausflug, ein großer Ausflug, ich konnte sehen, wie meine Träume Wirklichkeit wurden, und ich war bereit, etwas Neues geschehen zu lassen. Und es geschah auch.

Das erste Lager auf der Insel! Die Jungen fingen Fische mit dem Speer in der Mündung des Baches, und ein Bursche schoss ganz in der Nähe einen Hirsch. Und überall waren Blumen, und hinter der Bucht war das Gras üppig und saftig und brusthoch. Einige von den Mädchen gingen mit mir hindurch, und wir erklommen den Hügel dahinter, um

Die Nachtgeborene

Beeren zu sammeln und Wurzeln, die säuerlich schmeckten, aber gut essbar waren. Dabei trafen wir auf einen großen Bär, der in den Beeren seine Mahlzeit hielt und »Oof!« sagte und wegrannte, genauso erschrocken wie wir. Und dann das Lager und der Rauch des Lagerfeuers und der Duft von frischem Wildbraten.

Es war wunderbar. Ich war endlich bei den Nachtgeborenen, und ich wusste, dass ich da hingehörte. Und zum ersten Mal in meinem Leben, so schien es mir, ging ich an diesem Abend glücklich zu Bett. Unter einer Ecke der Zeltplane hindurch blickte ich zum Sternenhimmel empor, der an der schwarzen Schulter eines großen Berges endete, und lauschte auf die Nachtgeräusche und wusste, dass es so weitergehen würde, morgen und für immer, denn ich würde nicht zurückgehen. Und ich ging auch nie mehr zurück.

Romantik! Ich bekam sie am nächsten Tag. Wir mussten einen großen Meeresarm überqueren – zwölf oder fünfzehn Meilen breit, mindestens, und es kam ein Sturm auf, als wir in der Mitte waren. An diesem Abend war ich allein am Ufer mit einem Wolfshund, denn ich war die einzige Überlebende.‹

Verbildlicht euch das«, unterbrach Trefethan seine Schilderung. »Das Kanu war gekentert und untergegangen, und alle wurden an den Klippen zu Tode geschmettert, nur sie nicht. Sie gelangte am Schwanz des Hundes hängend zum Land, entkam den Klippen und wurde in eine kleine Bucht geschwemmt, die einzige meilenweit.

›Zum Glück für mich war es am Festland‹, erzählte sie. ›So konnte ich direkt durch die Wälder und über die Berge überall hingehen. Ich fühlte, ich suchte etwas und würde es auch finden. Ich fürchtete mich nicht. Ich war eine Nachtgeborene, und der große Wald konnte mich nicht töten. Und am zweiten Tag fand ich es. Ich kam auf eine kleine

Lichtung mit einer halbverfallenen Hütte. Seit vielen Jahren war niemand mehr da gewesen. Das Dach war eingestürzt. Auf den Schlafstellen lagen noch verrottete Decken, und auf dem Herd standen Töpfe und Pfannen. Aber das war nicht das Merkwürdigste an der Sache. Es ist kaum zu glauben, was ich draußen am Waldrand neben der Hütte fand: die Skelette von acht Pferden, jedes an einen Baum gebunden. Sie waren vermutlich verhungert, und es waren von ihnen nur noch Haufen von Knochen übrig, die überall verstreut lagen. Und jedes Pferd hatte Packsäcke auf dem Rücken gehabt. Diese lagen nun zwischen den Knochen – Säcke aus wasserdichtem Segeltuch und darin Elchledersäcke. Und in diesen Elchledersäcken war – was denken Sie?‹

Sie hielt inne, griff unter eine Ecke ihres Bettes zwischen die Fichtenzweige und zog einen Ledersack hervor. Sie löste die Verschnürung und ließ aus der Öffnung den schönsten Strom von Gold in meine Hand fließen, den ich jemals gesehen habe – alle Sorten von Gold, etwas grober Staub, vor allem aber Nuggets, und alles war frisch und roh und zeigte so gut wie keine Zeichen eines Waschvorgangs.

›Sie sagen, dass Sie Bergbauingenieur sind‹, meinte sie, ›und das Land kennen. Können Sie mir einen reichen Bach nennen, der Gold von dieser Farbe hat?‹

Ich konnte nicht. Da war keine Spur Silber drin. Es war fast reines Gold, und das sagte ich ihr auch.

›Sie können darauf wetten‹, sagte sie, ›dass ich's für neunzehn Dollar die Unze verkaufen könnte. Für Gold vom Eldorado Creek können Sie nicht mehr als siebzehn bekommen, und das Gold vom Minook Creek bringt auch nicht mehr als achtzehn. Nun, das war es, was ich zwischen den Knochen gefunden habe – acht Pferdeladungen davon, einhundertundfünfzig Pfund pro Ladung.‹

›Mehr als eine Viertelmillion Dollar!‹, rief ich.

›Das ist, was auch ich grob geschätzt habe‹, antwortete sie. ›Sprechen wir über Romantik! Und über mich, die all die Jahre versklavt war und innerhalb von drei Tagen dies erlebte, nachdem ich endlich fortzugehen gewagt hatte. Aber was wurde wohl aus den Männern, die all das Gold herausgeholt hatten? Immer und immer wieder frage ich mich das. Sie ließen ihre Pferde gesattelt und angebunden zurück und verschwanden einfach vom Erdboden, ohne die geringste Spur zu hinterlassen. Ich habe nie jemanden etwas über sie erzählen gehört. Niemand weiß etwas über sie. – Nun gut, da ich eine Nachtgeborene bin, war ich wohl eine passende Erbin.‹«

Trefethan machte eine Pause, um eine Zigarre anzuzünden.

»Wisst ihr, was das Mädchen dann tat? Sie versteckte das Gold, bis auf dreißig Pfund, die sie mit sich zur Küste nahm. Dort machte sie sich einem vorbeikommenden Kanu bemerkbar, mit dem sie zu Pat Healys Handelsposten in Dyea fuhr, wo sie sich ausrüstete, um über den Chilcoot Pass zu gehen. Das war anno 1888 – acht Jahre vor dem Goldrausch am Klondike, als das Yukon-Gebiet noch pure Wildnis war. Sie fürchtete sich vor den Rumtreibern dort, aber sie nahm zwei junge Indianermädchen mit sich, fuhr mit einem Boot über die Seen und dann den Fluss hinab zu all den frühen Lagern am unteren Yukon. Sie erkundete mehrere Jahre das Land, bis sie dahin kam, wo ich sie traf.

›Ich verliebte mich in diese Gegend‹, sagte sie, ›als ich auf dem Talgrund einen großen Karibu-Bullen knietief in purpurroten Irisblüten stehen sah.‹

Sie schloss sich den dort lebenden Indianern an, gab ihnen einige medizinische Hilfe, gewann dadurch ihr Vertrauen und übernahm allmählich die Führung des Stammes. Seither hatte sie diese Gegend nur einmal noch verlassen, als sie mit einer Schar junger Männer über den Chilcoot ging, ihr Goldversteck ausräumte und mit dem Gold zurückkehrte.

›Und hier lebe ich nun, Fremder!‹, schloss sie ihre Erzählung. ›Und hier habe ich das Wertvollste, was ich besitze.‹

Sie zog einen kleinen Beutel aus Wildleder hervor, den sie wie Schmuck an einem Band um den Hals trug, und öffnete ihn. Und drinnen war, eingehüllt in Wachstuch, vergilbt vom Alter, abgegriffen und zerlesen, der originale Fetzen Zeitungspapier mit dem Zitat Thoreaus.

›Und Sie sind glücklich hier? – Zufrieden?‹, fragte ich sie. ›Mit einer viertel Million Dollar müssten sie drunten in den Staaten nicht mehr arbeiten. Sie versäumen da 'ne Menge.‹

›Nicht viel‹, antwortete sie. ›Ich würde meinen Platz nicht tauschen mit irgendeiner Frau in den Staaten drunten. Dies ist mein Volk, hier gehöre ich her. Aber es gibt Zeiten,‹ – und da glomm in ihren Augen dieser sehnsüchtige Hunger auf, den ich bereits erwähnt habe – ›es gibt Zeiten, in denen ich mir so furchtbar wünsche, dass ein Mann wie Thoreau vorbeikommen würde.‹

›Warum?‹, fragte ich.

›Damit ich ihn heiraten könnte. Manchmal fühle ich mich so unsagbar einsam. Ich bin eben eine Frau – eine richtige Frau. Ich habe von anderen Frauen gehört, die wie ich losgezogen sind und ungewöhnliche Dinge taten; die zum Beispiel Soldaten in Armeen oder Seeleute auf Schiffen wurden. Aber diese Frauen sind selbst ungewöhnlich. Sie sind mehr wie Männer als wie Frauen; sie sehen wie Männer aus und haben nicht die gewöhnlichen Bedürfnisse einer Frau. Sie möchten weder Liebe noch Kinder in ihren Armen und auf ihren Knien. Ich gehöre nicht zu dieser Art

Die Nachtgeborene

Frau. – Ich überlasse es ihrem Urteil, Fremder. Sehe ich wie ein Mann aus?‹

Nein, das tat sie nicht. Sie war eine Frau, eine schöne bronzefarbene Frau mit einem kräftigen, rundum gesunden Frauenkörper und mit wundervollen tiefblauen weiblichen Augen.

›Bin ich keine Frau?‹, fragte sie erneut. ›Ich bin eine. Ich bin sogar eine Frau in ganz besonderem Maße. Aber das Verrückte ist, dass ich, obwohl ich eine Nachtgeborene in allem anderen bin, es nicht mehr bin, sobald es ums Heiraten geht. Ich vermute, dass bei dieser Sache jeder seine eigene Art am meisten begehrt. Jedenfalls ist es bei mir so, und so war es die ganzen Jahre hier.‹

›Sie wollen mir sagen –‹ begann ich.

›Niemals‹, sagte sie und schaute mir mit der Festigkeit der Wahrheit in die Augen. ›Ich habe nur einen Mann gehabt – ich nenne ihn den Ochsen, und ich vermute, dass er immer noch in Juneau drüben seine Bulettenbude betreibt. Schauen Sie mal nach ihm, wenn Sie je dahin zurückkommen, – und Sie werden feststellen, dass ich ihn zu Recht so genannt habe.‹

Und ich habe zwei Jahre später tatsächlich nach ihm geschaut. Es war alles wie sie sagte – stur und stumpf wie ein Ochse schlurfte er zwischen den Kneipentischen herum und bediente.

›Sie brauchen eine Frau, die Ihnen hilft‹, sagte ich.

›Ich hatte früher mal eine‹, war seine Antwort.

›Witwer?‹

›Jau. Sie war übergeschnappt. Sie sagte immer, die Hitze beim Kochen würde sie schaffen, und das tat sie auch. Sie zog eines Tages 'nen Revolver gegen mich und haute mit 'n paar Indianern in 'nem Kanu ab. An der Küste erwischte sie 'n Sturm und die ganze Besatzung ersoff.‹«

Trefethan widmete sich seinem Glas und verharrte schweigend.

»Aber das Mädchen? Du hast deine Erzählung gerade abgebrochen, als es interessant zu werden versprach, mein Lieber. Wurde es das?«, hakte Milner nach.

»Das wurde es«, antwortete Trefethan. »Wie sie gesagt hatte, sie war in allem unkonventionell, außer wenn es um die Ehe ging, da wollte sie einen von ihrer Herkunft. Sie war diesbezüglich sehr liebenswürdig, aber sie war dabei auch sehr direkt. Sie wollte mich heiraten.

›Fremder‹, sagte sie, ›Ich brauche Sie unbedingt. Sie mögen doch diese Art zu leben, sonst hätten Sie nicht versucht, die Rocky Mountains bei Herbsteinbruch zu überqueren. Es ist ein angenehmer Ort hier. Sie werden wenig angenehmere finden. Wollen Sie sich nicht einfach hier niederlassen? Ich würde Ihnen eine gute Frau werden!‹

Dann war es an mir, zu sprechen. Und sie wartete. Ich scheue mich nicht, zu gestehen, dass ich sehr in Versuchung geführt war. Ich war zu diesem Zeitpunkt bereits ziemlich in sie verliebt. Ihr wisst doch, dass ich nie geheiratet habe. Und ich scheue mich auch nicht hinzufügen, dass sie, wenn ich mein Leben überschaue, wohl die einzige Frau war, die mich jemals in dieser Hinsicht so verunsicherte. Aber die ganze Sache war doch zu grotesk, und ich log deshalb wie ein Gentlemen. Ich erzählte ihr, dass ich bereits verheiratet sei.

›Wartet Ihre Frau auf Sie?‹, fragte sie.

Ich sagte ja.

›Und sie liebt Sie?‹

Ich sagte ja.

Und das war's dann. Sie kam auf die Angelegenheit nicht mehr zu sprechen – außer einmal, und da zeigte sie noch einmal Leidenschaft.

Die Nachtgeborene

›Alles was ich tun müsste‹, sagte sie, ›wäre einen Befehl zu geben, und dann kämen Sie hier nie mehr weg. Wenn ich diesen Befehl gebe, bleiben Sie ... Aber ich werde ihn nicht geben. Ich würde Sie nicht haben wollen, wenn Sie es nicht wollen – und wenn Sie mich nicht haben wollen.‹ Dann ging sie, rüstete mich aus und brachte mich auf meinen Rückweg.

›Es ist wirklich verflixt schade, Fremder‹, sagte sie beim Abschied. ›Ich mag Ihr Aussehen, und ich mag Sie. Wenn Sie sich jemals anders besinnen, kommen Sie zurück.‹

Nun gab es eine Sache, die ich gerne getan hätte, und das war, sie zum Abschied zu küssen, aber ich wusste weder, wie ich es anfangen sollte, noch wie sie es auffassen würde. – Ich war, wie ich schon sagte, halb verliebt in sie. Aber sie richtete diese Sache selbst.

›Küssen Sie mich‹, sagte sie, ›nur so zum Abschied und zur Erinnerung.‹

Und wir küssten uns dort im Schnee in jenem Tal bei den Rockies, und dann ließ ich sie am Trail stehen und wandte mich meinen Hunden zu. Ich benötigte sechs Wochen, um den Pass zu überqueren und zum ersten Handelsposten am Great Slave Lake zu kommen.«

Der Lärm der Straßen von Frisco drang zu uns herauf wie eine ferne Brandung. Ein sich geräuschlos bewegender Kellner brachte neue Sodaspender. Und in dieser Stille ertönte Trefethans Stimme wie eine Friedhofsglocke:

»Es wäre besser gewesen, wenn ich geblieben wäre. Schaut mich doch an.«

Wir sahen seinen ergrauten Schnurrbart, die Glatze auf seinem Kopf, die Tränensäcke unter seinen Augen, die hängenden Backen, das schwere Doppelkinn, die allgemeine Müdigkeit, Erschlaffung und Fettleibigkeit, die ganze Ruine eines Mannes, der einst stark gewesen war, aber seither zu leichtsinnig und zu fett gelebt hatte.

»Es ist noch nicht zu spät, alter Mann«, sagte Bardwell fast flüsternd.

»Bei Gott! Ich wünschte, kein Feigling zu sein!«, war Trefethans Antwortschrei. »Ich könnte zurück zu ihr. Sie ist noch dort. Ich könnte mich wieder in Form bringen und noch viele Jahre leben – mit ihr – dort oben. Hier zu bleiben, bedeutet Selbstmord zu begehen. Aber ich bin ein alter Mann – siebenundvierzig –, schaut mich an. Das Problem ist«, er hob sein Glas und warf einen kurzen Blick darauf, »das Problem ist, dass Selbstmord dieser Art so bequem ist. Ich bin verweichlicht und empfindlich. Der Gedanke an lange Tagesreisen mit den Hunden entsetzt mich; der Gedanke an den beißenden Frost am Morgen und die gefrorenen Schlittengeschirre schreckt mich –«

Das Glas bewegte sich unwillkürlich in Richtung seiner Lippen. In einem plötzlichen Wutanfall tat er so, als ob er es auf den Boden schmettern wolle. Doch dann zögerte er und dachte nach. Das Glas bewegte sich zu seinen Lippen hinauf und verharrte dort. Dann lachte er rau und bitter, aber seine Worte waren feierlich:

»Nun gut, dieses Glas hier auf die Nachtgeborene. Sie *war* ein Wunder.«

Nachwort

Der 1876 in San Francisco/Kalifornien geborene Schriftsteller Jack London hat neben zwei Dutzend Romanen, von denen besonders »Wolfsblut«, »Der Ruf der Wildnis« und »Der Seewolf« berühmt wurden, auch fast 200 Erzählungen geschrieben. Die meisten davon sind Abenteuergeschichten, die zunächst in amerikanischen Zeitungen und Zeitschriften abgedruckt wurden, bevor sie dann in Sammelbänden auch in Buchform erschienen. Seine Erzählungen und Romane ließen Jack London zu einem der meistgelesenen Schriftsteller des 20. Jahrhunderts werden.

Am beliebtesten wurden die Geschichten, die vom großen Goldrausch im amerikanischen Norden an den Flüssen Yukon und Klondike erzählen. Dorthin reiste Jack London im Frühjahr 1897 und blieb ein Jahr lang. Er fand dabei zwar kein Gold, aber den goldwerten Stoff für die Erzählungen, mit denen er seine Schriftstellerkarriere aufbauen konnte. Aus diesem Fundus der im Norden spielenden Erzählungen stammt ein Großteil der im vorliegenden Band versammelten Geschichten. So wird z. B. in »Wie Argos in den alten Zeiten« eindrucksvoll der mühsame und gefährliche Weg der Goldgräber geschildert, den sie von der Küste über das Gebirge zu den Goldbächen im Yukon-Territorium auf sich nehmen mussten.

Auch seine Jugend in San Francisco lieferte Jack London literarischen Stoff. Aus ärmlichen Verhältnissen stammend, hatte er schon früh zum Lebensunterhalt der Familie beitragen müssen, indem er zunächst als Zeitungsboy, dann in Fabriken arbeitete und schließlich Austernpirat in der Bucht von San Francisco wurde. Es war eine harte Welt, in der man kämpfen musste. Ohne diese Erfahrungen hätte er die im vorliegenden Band abgedruckte Erzählung »Ein Stück Fleisch«, die im Boxer-Milieu spielt, psychologisch sicher nicht so überzeugend schildern können.

Weiteren Stoff erschloss sich Jack London durch Reisen. Die Erzählung »Der Wahnsinn des John Harned« spielt in Südamerika in Ecuador, wo er 1909 auf der Rückreise von seinem großen Segeltörn durch die Südsee nach Australien einen Zwischenstopp einlegte. Sie verknüpft auf ebenso spannende wie interessante Weise die Erfahrungsbereiche Stierkampf und Boxen, die zugleich für die in Amerika kontrastierenden Welten der spanischstämmigen und der angelsächsischen Kultur stehen.

Diese Verknüpfungen zeigen, dass die weithin übliche Einstufung von Jack Londons Erzählungen als Abenteuergeschichten im Sinne von Unterhaltungsliteratur nicht zutreffend und einseitig ist. Im Vergleich zu Abenteuergeschichten, die vorrangig auf Aktion und Nervenkitzel setzen, sind seine Geschichten mehr: Es sind faszinierende psychologische Porträts von Menschen in außergewöhnlichen Situationen, in denen auch zwischenmenschliche und soziale Aspekte nicht ausgeblendet werden.

Im Mittelpunkt der Erzählungen stehen freilich oft »harte Kerle«, wie z. B. in der Story »Ein Stück Fleisch«, die sachkundig und psychologisch grandios das Leben des Preisboxers Tom King schildert. Jack London schickte diese 1909 zur Veröffentlichung zunächst an die Zeitschrift »Cosmopolitain«, deren Verleger ihm aber eine Absage mit den Worten erteilte: »Unsere Redaktion ist zu der Auffassung gelangt, dass in der Story ein wenig zu viel ›Fleisch‹ gezeigt wird für unsere halbe Million weibliche Leser.«

Jack Londons Werk wurde also auch als »Männerliteratur« eingestuft. Dabei sind seine Abenteuergeschichten aber

Nachwort

keineswegs nur Geschichten über und für »harte Kerle«, sondern beziehen durchaus Frauen ein, teilweise sogar in Hauptrollen. Die vorliegende Erzählsammlung will diesen in bisherigen Sammlungen etwas vernachlässigten Aspekt stärker aufzeigen. In der Hälfte der Geschichten stehen deshalb Frauen im Mittelpunkt.

Eine interessante Frage ist dabei, wie Jack London diese Frauen darstellte. Dazu ist zunächst zu bemerken, dass von einem Schriftsteller, der zwischen 1876 und 1916 gelebt hat, keine Frauenporträts zu erwarten sind, die dem heutigen Status der Emanzipation entsprechen. Aber ausgehend vom damaligen Stand der Frauenfrage und dem Umgang vieler zeitgenössischer Schriftsteller damit, besonders im Genre der Abenteuerliteratur, ist doch bemerkenswert, wie selbstständig und selbstbewusst Jack London die Frauen in seinen Erzählungen agieren lässt – sei es Maria Valenzuela in »Der Wahnsinn des John Harned«, Dorothy Sayther in »Die große Frage«, Molly Travis in »Siwash«, Joy Molineau in »Eine Tochter des Nordlichts«, Marie Chauvet in »Goldblüte« oder Lucy in »Die Nachtgeborene«. Sie sind keine bloß schmückende Beigabe zur Erzählung, wie es im Abenteuer-Genre oft der Fall ist, und sie sind auch keine untertänigen Opfer der Männer, sondern selbstständig handelnde Personen, die in der Auseinandersetzung mit dem anderen Geschlecht nicht selten sogar die Oberhand behalten. Auch die indianischen »Squaws«, die damals von den meisten Männern wie Dienstmägde oder gar Sklavinnen behandelt wurden, bekommen bei Jack London ein Gesicht und Würde, beispielsweise Winapie in »Die große Frage«, Killisnoo in »Siwash« oder Lashka in »Das Vertrauen der Männer«.

Freilich würden bei einer genaueren Analyse natürlich auch die Chauvinismen und Rassismen jener Zeit um 1900, die in den Erzählungen versteckt oder offen vorhanden sind, sichtbar. So kommt z. B. in der Geschichte »Siwash« durchaus der »Male Chauvinism« zum Vorschein, mit dem die amerikanische Frauenbewegung den männlichen Überlegenheitswahn benannt hat. Molly Travis, die sich ermutigt durch die damals entstehende Emanzipationsbewegung allein auf den gefährlichen Weg zu den Goldfeldern an Yukon und Klondike macht, wird von den Goldsuchern Tommy und Dick Humphries, die sie auf dem Weg trifft, nicht für voll genommen; ihr Eigensinn wird verminderter weiblicher Vernunftfähigkeit zugeschrieben. Immerhin vertritt aber einer der beiden Männer die Meinung, dass solche eigensinnigen Frauen auch ein Gewinn sein können.

In der Binnengeschichte von »Siwash«, in der Tommy von seiner früheren Ehe mit einer Indianerin erzählt, wird eine andere Zwiespältigkeit in Jack Londons Weltbild deutlich: Zum einen wird dieser indianischen Frau, ihrer Tüchtigkeit und Treue, ein Denkmal gesetzt, was damals durchaus nicht selbstverständlich war, da indianische Frauen unter Weißen weithin als nicht gesellschaftsfähig galten; zum anderen wird sie aber auch benutzt, um der weißen Zivilisation ein Loblied zu singen. Auf diese Weise schimmert bei Jack London immer wieder der Mythos von der Überlegenheit der weißen Zivilisation gegenüber allen anderen durch.

All das kann hier nicht ausführlich thematisiert werden, aber vielleicht vermag die vorliegende Sammlung Anstoß sein, diese Themen bei Jack London näher in den Blick zu nehmen. Zunächst ist aber zu hoffen, dass diese Aspekte die Lektüre des vorliegenden Bandes für die Leserschaft Jack Londons, unter der sich seit Langem auch ein großer Anteil an Leserinnen befindet, noch interessanter machen, als sie mit ihren spannenden Geschichten ohnehin ist.

Nachwort

Zur Übersetzung

Die Übersetzungen der vorliegenden Erzählungen sind dem Prinzip der Werktreue verpflichtet. Jack London hat einen Stil geschrieben, der sich sehr gut ins Deutsche übertragen lässt. Von daher ist ein freier Umgang mit den Texten, wie er teilweise in den bisherigen Übersetzungen festzustellen ist, weder notwendig noch philologisch wünschenswert. Die vorliegenden Übersetzungen sind deshalb alle ungekürzt und so nah wie möglich am englischsprachigen Originaltext von Jack London.

Danken möchte ich im Verlagshaus Römerweg dem Verleger Lothar Wekel für die Veröffentlichung sowie Anna Schloss für das hilfreiche Lektorat.

Herbert Schnierle-Lutz

Wort- und Sacherklärungen

Hinweis: Orte, deren Lage aus der Erzählung erschließbar ist oder die keine wesentliche Rolle in der Erzählung spielen, werden nicht erläutert.

Amazone: in der griechischen Mythologie die Angehörige eines kriegerischen Frauenvolkes
Argos: in der griechischen Mythologie der Erbauer des Schiffes Argo, mit dem die Argonauten sich auf eine gefahrvolle Reise begeben, um das wertvolle goldene Vlies (Fell) eines sagenumwobenen Widders (Schafbocks) zu erobern
Arkadien: in der Literatur beschriebene paradiesische, idyllische Landschaft
Australien: Die 1909 geschriebene Geschichte »Ein Stück Fleisch« spielt in Australien, das Jack London in jenem Jahr als Endpunkt der großen Reise mit seinem Segelboot *Snark* besuchte. Das Boxer-Milieu hatte er bereits in seiner Jugend in San Francisco kennengelernt.
Birch-Creek: 240 km langer Nebenfluss des Yukon in Alaska, an dem 1891 Gold gefunden wurde
Bonanza: spanischstämmiges Wort für »ergiebige Goldgrube«
Captaine Constantine: legendärer Befehlshaber der kanadischen → Northwest Mounted Police
Chilcat-Indianer: Untergruppe der im amerikanischen Nordwesten (südliches Alaska) lebenden Tlingit-Indianer
Chilcoot (auch Chilkoot): Steiler, über 1000 m hoher Pass, auf dem von der Küste bei → Dyea kommend das Küstengebirge überwunden werden musste, um in das Quellgebiet des Yukon zu gelangen.

Wort- und Sacherklärungen

Chinook: eine der indianischen Sprachen des amerikanischen Nordwestens
Circle City: Siedlung am → Yukon in Alaska
Claim: abgesteckter Bereich mit festgelegter Größe in einem Goldfeld, der behördlich angemeldet und eingetragen werden muss, damit der Claim-Abstecker darin nach Gold graben darf
Dawson: am Zusammenfluss von Yukon und Klondike River gelegen, Hauptstadt des Goldrauschs 1896, wuchs damals innerhalb von zwei Jahren auf über 30 000 Bewohner an; heute ein kleines Touristenstädtchen
Dyea: Hafenort in der Nähe von Skagway im → Pfannenstiel von Alaska; hier begann der Weg über den → Chilcoot Pass zu den Goldgebieten am → Yukon
Ecuador: Republik im Nordwesten Südamerikas am Pazifik; die Hauptstadt ist Quito
Eldorado: spanisch »der Vergoldete«, Goldland, Traumland
Elsass und Lothringen: in der Geschichte umkämpfte Regionen zwischen Deutschland und Frankreich; gehören heute zu Frankreich, damals 1871–1919 jedoch zu Deutschland
Fahrenheit: Temperaturskala, die durch den Danziger Physiker Gabriel Daniel Fahrenheit (1686–1736) festgelegt wurde. Danach liegt der Gefrierpunkt von Wasser bei 32° Fahrenheit (= 0° Celsius) und der Siedepunkt bei 212° F (= 100° C). Fahrenheitthermometer werden heute noch in den USA benutzt. Weltweit gebräuchlicher ist die Celsius-Skala. Fahrenheit-Werte werden mit folgender Formel in Celsius-Werte umgerechnet: n Grad Fahrenheit = 5/9 (n−32) Grad Celsius.
Faro: Glücksspiel mit Karten
Foot, feet, inch, inches: amerikanische Längenmaße, 1 foot (Fuß) = 30,48 cm = 12 inches; 1 inch (Zoll) = 2,54 cm

Forty Mile: Goldgräbersiedlung am → Yukon, 77 km flussaufwärts von → Dawson; wurde 1887 als erste Stadt im Yukon-Territorium gegründet; heute eine Geisterstadt
Goldenes Vlies: in der griechischen Sage wertvolles Fell eines sagenumwobenen Widders, das die Argonauten (→ Argos) zu finden versuchten
Gringo: in spanischsprachigen Ländern die Bezeichnung für englischsprachige Ausländer, besonders US-Amerikaner
Grizzly: Braunbär, größte Bärenart in Nordamerika
Guayaquil: größte Hafenstadt → Ecuadors
Halbblut: zu Jack Londons Zeit gebrauchter Ausdruck für Menschen mit einem indianischen und einem europäischstämmigen Elternteil
Hiob: biblische Gestalt, die viel erleiden und erdulden musste
Hi-yu-skookum: indianischer Ausdruck für etwas Wichtiges; ein *hi-yu-skookum*-Häuptling hat den höchsten Rang
Hudson Bay Company: 1670 gegründete Handelsgesellschaft, die als erste Nordamerika von der Hudson Bay bis nach Alaska mit Handelsposten erschloss
Husky: als Schlittenhund besonders geeignete nordische Hunderasse mit dickem Fell
Itaker: abschätzige Bezeichnung für Italiener
Juneau: Stadt im → Pfannenstiel Alaskas, 1880 als Goldgräbersiedlung entstanden, seit 1906 Regierungssitz Alaskas
Karibu: nordamerikanisches Rentier
Kirke, Circe: in der griechischen Odysseus-Sage eine mächtige Zauberin, die Odysseus' Gefährten in Schweine verwandelte und ihn »becircte« (bezauberte)
Kleopatra, Cleopatra: ägyptische Königin von 69–30 v. Chr.
Klondike: Nebenfluss des → Yukon; in seinem Bereich wurde das Gold gefunden, das den Goldrausch 1896 auslöste

Wort- und Sacherklärungen

Klooch: indianische Bezeichnung für Nebenfrau, auch Freudenmädchen

Koyokuk: am nördlichen Yukon lebende Indianer und Name eines Nebenflusses des Yukon

Krieg: Die in der Tradition der amerikanischen Short Story geschriebene Geschichte »Krieg« hat wahrscheinlich den amerikanischen Unabhängigkeitskrieg gegen die Engländer von 1775 bis 1783 zum Schauplatz.

Lima: Hauptstadt von Peru

Mackinaw-Jacke: schwere, wasserabweisende Wolljacke

Malemutes: Schlittenhunde, ähnlich den Huskys, aber größer

Mammon: abschätziger Begriff für Geld, Reichtum

Mile: amerikanisches Längenmaß; 1 Meile = 1,609 Kilometer

Mokassins: Schuhe aus Fell

mongolisch: Hier wird von der Annahme ausgegangen, dass die indianische Bevölkerung Amerikas ursprünglich aus Zentralasien (Mongolei) gekommen sei.

New South Wales: Bundesstaat im Südosten Australiens mit Hauptstadt Sydney

Nome: Stadt an der Westküste Alaskas

Northwest Mounted Police: berittene kanadische Polizeitruppe; Vorläuferin der *Royal Canadian Mounted Police*

Nugget: Goldklumpen

Paris: In der griechischen Sage entführte der trojanische Königssohn Paris die schöne Griechin Helena, die als schönste Frau der Welt galt, und löste damit den trojanischen Krieg aus.

Pfannenstiel Alaskas: ca. 800 km langer schmaler Küstenstreifen, der den Süden Alaskas bildet und zwischen Pazifik und British Columbia liegt

Pfund, Penny: Währung in Großbritannien und früher auch in Australien (bis 1966)

Pizzaro, Francisco: spanischer Konquistador (1478–1541); eroberte 1532/33 mit hohem Blutzoll das Inkareich im heutigen Peru

Porcupine: 900 km langer Fluss, der am Polarkreis bei Fort Yukon/Alaska in den Yukon fließt

Portage: Stelle, bei der die Boote über Land getragen werden müssen

Potlach: Hohes Fest der Indianer mit Austausch von Geschenken

Quito: Hauptstadt → Ecuadors, im Andenhochland in 2850 m Höhe gelegen

Reel: aus Schottland und Irland stammender Volkstanz

Sassafras-Wurzel: nordamerikanischer Fenchelholzbaum oder Nelkenzimtbaum aus der Familie der Lorbeergewächse; die Wurzel enthält halluzinogene Stoffe

Schamane: Medizinmann, spiritueller Führer des Stamms

Siwash: abschätziger Name für Indianer

Skorbut: gefährliche Mangelkrankheit durch Fehlen von vitaminreichem Gemüse und Obst in der Ernährung; häufige Winterkrankheit in der Goldrauschzeit

Sonoma County: Distrikt in Kalifornien nördlich von San Francisco mit der Hauptstadt Santa Rosa

Squaw: indianische Bezeichnung für Frau

Tanana: Fluss, der in Alaska in den → Yukon fließt

Thoreau, Henry David: amerikanischer Schriftsteller und Philosoph (1817–1862). Die Natur war für ihn Sprache der göttlichen Weltseele und Spiegel der eigenen Seele.

Totempfahl: aus einem Baumstamm geschnitzter, prächtig verzierter Wappenpfahl bei den Indianern der amerikanischen Westküste, der die Bedeutung der jeweiligen Familie zeigt

Wort- und Sacherklärungen

Trail: hier: Weg, auch Schlittenbahn, durch die Wildnis des amerikanischen Nordens

Voyageurs: französisch für ›Reisende‹, Trapper meist französisch-kanadischen Ursprungs, die zu Fuß und mit Booten die Wildnis des amerikanischen Nordens erschlossen

Winchester: ab 1860 in den USA entwickeltes Unterhebelrepetiergewehr

Yankee: Spitzname ursprünglich für die Bewohner des Nordostens der USA, heute allgemein für die US-Amerikaner

Yard: amerikanisches Längenmaß; 1 Yard = 3 feet = 91,44 cm

Yukon: Hauptfluss im Nordwesten Nordamerikas; fließt zwischen Küstengebirge und Rocky Mountains nordwärts, durchfließt das kanadische Yukon-Territorium und den US-amerikanischen Bundesstaat Alaska, bevor er nach 3185 Kilometern in das Beringmeer mündet

Zinkands Restaurant: von dem 1850 in Frankfurt am Main geborenen Karl Adam Zinkand 1887 in San Francisco eröffnetes Restaurant

Quellenverzeichnis

Krieg. Originaltitel: *War* (1911), in: Jack London: The Night-Born and Other Stories, New York 1913

Der Wahnsinn des John Harned. Originaltitel: *The Madness of John Harned* (1909), in: Jack London: The Night-Born and Other Stories, New York 1913

Ein Stück Fleisch. Originaltitel: *A Piece of Steak* (1909), in: Jack London: When God Laughs and Other Stories, New York 1911

Wie Argos in den alten Zeiten. Originaltitel: *Like Argus of the Ancient Times* (1917), in: Jack London: The Red One and Other Stories, New York 1918

Es lebe der Mann auf dem Trail. Originaltitel: *To the Man on the Trail* (1899), in: Jack London: The Son of the Wolf and Other Stories, Boston 1900

Das Vertrauen der Männer. Originaltitel: *The Faith of Men* (1904), in: Jack London: The Faith of Men and Other Stories, New York 1904

Die große Frage. Originaltitel: *The Great Interrogation* (1901), in: Jack London: The God of his Fathers and Other Stories, New York 1901

Siwash. Originaltitel: *Siwash* (1901), in: Jack London: The God of his Fathers and Other Stories, New York 1901

Quellenverzeichnis

Eine Tochter des Nordlichts. Originaltitel: *A Daughter of the Aurora* (1901), in: Jack London: The God of his Fathers and Other Stories, New York 1901

Goldblüte. Originaltitel: *Flush of Gold* (1910), in: Jack London: Lost Face and Other Stories, New York 1910

Die Nachtgeborene. Originaltitel: *The Night-Born* (1911), in: Jack London: The Night-Born and Other Stories, New York 1913

Bibliografische Information der Deutschen Nationalbibliothek
Die Deutsche Nationalbibliothek verzeichnet diese Publikation in der Deutschen
Nationalbibliografie; detaillierte bibliografische Daten sind im Internet über
http://dnb.d-nb.de abrufbar.

Es ist nicht gestattet, Texte dieses Buches zu scannen, in PCs oder auf CDs zu speichern
oder mit Computern zu verändern oder einzeln oder zusammen mit anderen
Bildvorlagen zu manipulieren, es sei denn mit schriftlicher Genehmigung des Verlages.

Alle Rechte vorbehalten

© by marixverlag in der Verlagshaus Römerweg GmbH, Wiesbaden 2018
Covergestaltung: Anja Carrà, Weimar
Lektorat: Anna Schloss, Wiesbaden
Bildnachweis: akg-images
Satz und Bearbeitung: Medienservice Feiß, Burgwitz
Der Titel wurde in der Minion Pro gesetzt.
Gesamtherstellung: CPI books GmbH, Leck – Germany

ISBN: 978-3-7374-1088-5

www.verlagshaus-roemerweg.de